Andrea & Matthias Oppermann

Bitte sag,
dass das nicht wahr ist.
Ich liebe Dich doch

Das etwas andere Sachbuch
mit Fotos von Susanne Fink

ISBN 978-3-942304-00-9
Alle Rechte vorbehalten
www.bittesag.de

© 2010 Wortmacht Verlag, Neunkirchen-Seelscheid
www.wortmacht.com

Text: Andrea und Matthias Oppermann
www.oppermann-beratung.de

Umschlaggestaltung, Gestaltung Buchblock, Fotoauswahl:
Andrea Oppermann und Susanne Fink

Satz: Susanne Fink, Köln, www.fotoseele.de

Zeichnungen: Andrea Oppermann

Korrektorat: Ute Wendt, Köln, www.wendt-korrekturservice.de

Herstellung: Brandt GmbH, Bonn

Andrea & Matthias Oppermann

Bitte sag,
dass das nicht wahr ist.
Ich liebe Dich doch

Das etwas andere Sachbuch
mit Fotos von Susanne Fink

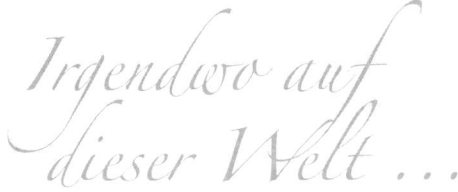

Irgendwo auf dieser Welt …

Es war warm und man konnte die Luft auf der Haut spüren. Kleine Kinder und ihre Eltern machten einen höllischen Lärm. Man hörte da das Knistern der Tüten, dort eine Mutter, die ihr Kind anschrie. Man sah einen Vater, der damit beschäftigt war, seine drei Kinder vom Zaun des Affengeheges fernzuhalten.

Es gab auch die Unbedarften, die, die ihre Kinder aus dem Blick verloren. Die, die den Kopf wegdrehten, wenn auch nur für ein paar Sekunden. Die, die im Nachhinein sagten: „Es war nur ein kurzer Augenblick, dann war es geschehen. So schnell konnte ich nicht mehr zugreifen."

Irgendwo da am Zaun spielte es sich genau so ab. Ein kleiner Junge lehnte sich über das Geländer und stürzte kopfüber in das Gehege der Gorillas. Zuerst unbemerkt folgte dann umso lauter ein Aufschrei durch die Menge. Eltern griffen instinktiv nach ihren Kindern, andere riefen nach ihnen und verloren für kurze Zeit den Halt in sich. Man spürte die Hysterie in der Menge, die langsam in Bewegung kam, gebannt von der Szene, die sich dort abspielte. Hilflosigkeit und Entsetzen machten sich breit. Die Menge wartete auf das Blut, auf das, was unweigerlich zu sein schien.
Der Junge befand sich in einer „Löwengrube", die gefüllt war mit ausgewachsenen Gorillas, die scheinbar nur darauf warteten, sich über dieses arme Menschenkind herzumachen. Der Kleine lag wie eine Stoffpuppe im Gehege und bewegte sich nicht mehr. Man konnte sehen, dass er Verletzungen am Kopf hatte, und somit schien das Ende besiegelt. Einige dachten vielleicht: „Was stand auf dem kleinen Schild, auf dem in Kurzform die Biografie der Gorillas erklärt wurde? Stand da irgendwo etwas von Vegetariern? Scheiße, hätte ich doch …"

Es war eine Gruppe von Tieren, die sich untereinander mehr schlecht als recht verstanden. Der Platz war beengt. Der Wunsch nach hohen Bäumen und Blättern blieb ungehört und somit für die Insassen des Geheges in diesem Leben nicht mehr erreichbar. Es war ein trübes Leben. Es roch nach Urin und diese Gruppe war eine Karikatur von einer Gorillagruppe, die in der Natur ihr Leben in Ugandas Regenwäldern wandernd verbringt.

Ein Gorillaweibchen hatte, da sie bei Menschen groß geworden war, eine Sonderstellung in der Gruppe. Sie löste sich aus ihrer Starre, erinnerte sich scheinbar, dass das, was da lag, nicht fremd war. Es löste Impulse in ihr aus, die mit Angenehmem verbunden waren und mit einer unerklärlichen Sehnsucht, die nie gestillt war. Sie hatte vielleicht mal den Regenwald in sich wahrgenommen, das unverkennbare Trommeln auf der Brust in sich gespürt, das mütterliche Streicheln auf ihrem Kopf erahnt.
Tief in ihr lag diese Sehnsucht nach dieser Liebe, diesem Schutz, der wissenden Fürsorge ihrer Mutter und der Bedeutung in ihrer Familie. Die Einheit, die man auch Geburtsrecht nennt. Das, was am Beginn

da ist. Das Urvertrauen, das wie ein Samen in einen hineingepflanzt wird und seine Früchte im kommenden Leben trägt. Sie hatte das nicht in sich, sie lebte zwischen den Welten. Der der Menschen und ihrer Herkunftsfamilie. Sie war wie ein Adoptivkind immer auf der Suche nach ihren Wurzeln, nie ankommend. Gleichzeitig wie ein Kind von Auswanderern, das die einzige scheinbare Lösung darin sah, im Niemandsland ein Zuhause zu finden. Dieses sehnsüchtige Wesen machte sich jetzt auf den Weg, den kleinen Jungen aus dem nach Urin stinkenden erbärmlichen Gehege zu retten. Sie ahnte, dass sie handeln musste, damit weder einer aus ihrer Familie in dieser Behausung zu Schaden kam noch dieses Menschenkind. Sie ging auf den Jungen zu, und von oben ging ein Aufschrei durch die Menge. Ihre Seelenbewegung blieb für die Masse dort oben bedrohlich und unerkannt. Die Menge konnte nicht erkennen, dass sie ein Mittler zwischen den Welten war. Sie trug die rettende Möglichkeit in sich und niemand erkannte das.

Selbst die Pfleger und der Zoodirektor dachten über Abschuss nach und hätten der Forderung auch ohne Zögern nachgegeben.

Einer aus der Masse dachte an seinen Onkel, der Großwildjäger war und gerne den Abschuss vorgenommen hätte, unter Applaus der Öffentlichkeit. Ein gezielter Schuss hätte zum Erfolg geführt und endlich hätte man mit stolzgeschwellter Brust von der Jägerschaft erzählen können. Viele Träume sind wohl in diesen Momenten geträumt worden, aber auch dieser. In diesem Gehege spielte aber die Zeit eine Rolle und der Griff zur Großwildwaffe war zeitlich nicht vereinbar. Alles ging schnell und ohne das Zutun der Menschen. Bis auf die scheinbare Tatsache, dass die Eltern des Jungen einen Augenblick nicht aufgepasst hatten.

Sie trug den verletzten Jungen zum Ausgang und schaute nach oben. Die Stimmen der Menschen und die der Affen wurden eine Einheit, alles brüllte. Sie hielt ihn und wartete.

Nachdem man sie von der Tür verscheucht und den Jungen aus dem Gehege geholt hatte, blieb ihr der Blick auf die verschlossene Tür. Sie wusste, dass es hinter dieser versteckten Tür eine andere Welt gab, und sie wäre gerne Teil davon

irgendwie und irgendwo.

Die Reise

Worin unterscheiden sich Ihre Katze, Ihr Hund oder Ihr Pferd von diesem Affen? Im Wesentlichen in nichts. Auch Ihr Tier möchte den gestürzten Teil von Ihnen ans rettende Tor bringen.

Dieses Buch ist eine Reise zu einem Ziel, das man vielleicht nur als eine unbestimmte Sehnsucht in sich spürt. Ein Ziel, das man in sich spürte, als man in die Augen eines Tieres sah. Ein Ziel und eine Sehnsucht, die der Grund wurde, sich ein Tier anzuschaffen, es aufzunehmen, mit ihm Zeit zu verbringen oder sich für Tiere einzusetzen. Vielleicht eine Sehnsucht nach „mehr". Mehr Beziehungen, mehr Sinn, mehr Teil von der Natur sein, mehr erleben – mehr leben. Man wünschte sich, dass das Tier dem eigenen Sein mehr Leben einhaucht und für mehr Durchblutung in der Seele sorgt. Diese Sehnsucht ist im eigentlichen Sinne auch die Sehnsucht nach einem Ganzsein, nach einem Vollständigsein und damit auch die Sehnsucht nach Heilung.

Bei dieser Reise möchte Ihr Tier Sie begleiten. Denn es kennt den Weg, kennt sich aus, fürchtet sich nicht, den richtigen Pfad zu wählen, auch wenn dieser streckenweise beschwerlich und unheimlich erscheint. Es steht Ihnen zur Seite, geht mit Ihnen, egal wie lange die Reise dauern wird.

Vielleicht ist die erste Station auf der gemeinsamen Reise ein Ort, den man sich ganz anders vorgestellt hat? Wahrscheinlich hat man sich gewünscht, dass man beim Ausgangspunkt der Reise bereits das Ziel erreicht hat. Man holt sich ein Tier und es soll einfach nur schön, harmonisch und vollkommen sein. Doch dann ist alles anders. Zum Beispiel, wenn ein Hund den Besuch an der Wohnungstür anbellt und nicht hereinlassen will. Das hat man sich anders vorgestellt. Auch die Katze, die in das Bett der Eltern pinkelt, aber nicht in das der Kinder, zeigt einem, dass man nicht dort ist, wo man hinwollte. Dieses sichtbare und unerwünschte Verhalten des Tieres macht es deutlich. So auch das Tier, das sich die eigenen Pfoten blutig beißt oder beharrlich eine Körperstelle zerkratzt, dass es einem beim Zuschauen schaudert. Zu den aufgeführten Beispielen lassen sich unzählige weitere hinzufügen. Das wild scheuende Pferd, das man keinem Hufschmied mehr zumuten kann, der pausenlos bellende Hund. Vögel, die sich die Federn ausrupfen, Katzen, die scheu ihr halbes Leben unter dem Schrank verbringen. Hunde, die nur noch rotsehen, wenn ein Artgenosse den Weg kreuzt.

Gemeinsam ist all diesem sichtbaren Verhalten, dass es Ausdruck von Leid ist und gleichzeitig Leid mit sich bringt. Wie viele Menschen hatten sich ihr Leben mit dem gewünschten Tier so anders vorgestellt, als es sich dann entwickelt hat? Nun zeigt sich die sichtbare Wirklichkeit. Und hinter dieser ist die Frage des unsichtbaren „Warum?". Warum macht mein Tier das? Warum ergeht es ihm und mir so?

In diesem Unsichtbaren sucht man Erklärungen. Man denkt an Erlebnisse in der Prägungsphase, an fehlende Erziehung, an

Charaktereigenschaften der Rassen und daran, ob ein Hund gerne das Alphatier im Rudel ist. Man verändert Futter, besucht Tierärzte, Tiertrainer und Tierpsychologen, hofft und arrangiert sich mit dem Sichtbaren. Vielleicht kocht man Reis mit Pute oder geht zu Zeiten spazieren, an denen kein anderer unterwegs ist.

So richtig, wie all diese Gedanken und Aspekte sein können, so unbedeutend sind sie oftmals. Wenn man viel tut und sich nichts verändert, zeigt sich, dass es neben Rasseeigenschaften, Ernährung und Erziehung noch andere, wesentliche Kräfte gibt, die auf unsere Tiere einwirken und das Zusammenleben gestalten.

Von diesen unsichtbaren Kräften handelt das Buch. Es widmet sich der magischen Verbindung zwischen Menschen und ihren Tieren. Es zeigt, wie der Mensch sein Haustier in seinen seelischen Bann und Dienst nimmt. So drücken das Leid und das Problem des Tieres immer etwas von dem seelischen Zustand des Besitzers aus. Gleichsam erzählt das Tier die seelische Geschichte des Menschen. Entdeckt man dies und hört dieser Erzählung zu, so führt sie in die Tiefe unseres Seins. Hier erkennt man durch sein Tier, wie man selbst mit der Familienseele zusammenhängt, wie die Geschichte der Familie und ihrer Generationen auch heute noch auf das eigene Leben einwirkt, um schließlich auch in der Beziehung zum Tier, in dessen Verhalten und Krankheitssymptomen sichtbar zu werden.

Die Symptome unserer Tiere lehren uns dabei auch, dass es notwendig ist, neben der eigenen Lebensgeschichte auch die Geschichte der Familie und hier auch die Auswirkungen des Dritten Reiches in den Blick zu nehmen. Diese Geschichte bestimmt weit mehr unseren Alltag und unser Privatleben, als wir gemeinhin annehmen. Sie wirkt in alles hinein: in unsere Liebesbeziehungen, auf unsere Kinder und auf den Umgang mit unseren Tieren. Über unsere Tiere erfahren wir die eigene Verbindung mit der Geschichte und – wenn wir uns in diesem Sinne von ihnen führen lassen – wie wir zu einer tieferen Heilung und Befreiung kommen können. Tiere spüren das Verschüttete in uns. Sie spüren das Ungeheilte und Unheimliche. Mit ihnen können wir uns finden. Durch sie können wir einen Neuanfang machen. Denn wie kein anderes Wesen haben sie die Fähigkeit, uns zu begleiten. Mit ihnen sind wir als Menschen

nicht mehr allein auf unserer Reise.

Aus einer Ahnung wird eine Erkenntnis

„Ich habe mir schon gedacht, dass das Problem mit unserem Hund mit mir zusamenhängt." Diesen Satz hören wir immer öfters, denn es setzt sich langsam die Erkenntnis durch, dass die Wechselwirkung zwischen Familienmitgliedern sehr groß ist. Vielen Menschen dämmert es, dass nicht nur Kinder mit ihren Verhaltensauffälligkeiten und Gemütszuständen etwas von dem ausdrücken, das mit ihren Eltern zusammenhängt, sondern ebenfalls die Haustiere das ausdrücken, was mit ihren Besitzern zu tun hat. Haustiere werden genauso in den Bann des Zusammenlebens hineingezogen und verdeutlichen durch ihr Verhalten und ihren Gesundheitszustand etwas von dem seelischen Feld, in dem sie leben. Doch dadurch, dass man sein Tier nicht versteht, nicht erkennen kann, wodurch es konkret belastet und belästigt wird, wird man hilflos. Man weiß nicht, wo es weitergehen kann. Hier kennt Ihr Tier den Weg und lädt Sie ein, sich von ihm führen zu lassen.

Nun kann die eigentliche Reise beginnen. Auf dieser Reise sucht und besucht man seelische Welten und entdeckt das, was einen selbst und darüber hinaus auch den anderen – Partner, Kind oder eben Haustier – belastet. Und man sucht und besucht das, was auf einen selbst und auf sein Tier einwirkt. Dann wird aus der Ahnung eine Erkenntnis. Und aus der Erkenntnis, dass

das eigene Tier etwas von dem erlebt, lebt und ausdrückt, was die eigene Seele beschäftigt, wird eine große Chance. Denn jetzt steht man vor dem Tor zu einem besseren, größeren Leben. Und zu diesem Tor bringt Sie Ihr Tier. Egal ob Hund oder Hamster. Jedes Tier, mit dem Sie eine Beziehung aufnehmen und das Sie in den Blick nehmen. Das Meerschweinchen genauso wie der Papagei. Sie alle können Sie führen. Selbstverständlich auch eine Kuh und ein Gorilla, wenn wir sie nur lassen.

Schauen Sie jetzt doch einfach in die Augen Ihres geliebten Tieres. Sagen Sie ihm: „Ich bin bereit. Lass uns losgehen."

Spüren Sie seine Antwort?

DIE FIRMENBESITZERIN

Schön war er. Ich kann mich im Rückblick nur tief vor ihm verneigen. Da kam er mit seiner Menschin. Ganz zart ihr gegenüber, stupsend an ihrer Hand, sie liebevoll führend. Sie knapp 70, fast am Ende ihres Lebens. Er, zweieinhalb, kein graues Haar um seine Schnauze, entschlossen in die Zukunft blickend. Voller Tatendrang, aber immer Rücksicht nehmend auf sie. Man könnte ein ganzes Buch über seine Ausstrahlung oder ein Gedicht über die beiden schreiben. Eigentlich ähnelten sie am meisten „Harold und Maude". Ich liebe solche Paare. Sie lebten beide auf einem großen Gelände, auf dem ihr Wohnhaus und ihre Firma standen.

Gemeinsam mit ihrem Mann baute sie die Firma auf. Er verstarb vor Jahren und sie setzte dann ihre weitere Lebenszeit ganz für die Firma, ihre Mitarbeiter und für ihren Sohn ein. Wie in jeder „guten Familie", wenn es um frühzeitiges Vererben geht, gab es auch in dieser erhebliche Auseinandersetzungen. Sie wollte ihre Firma noch nicht überschreiben und da half weder gutes Zureden vonseiten des Sohnes noch ihrer leitenden Angestellten. Sie erzählte mir, dass es gerade in letzter Zeit gehäuft dazu käme, dass ihr Sohn oder Mitarbeiter vor der Tür ständen und sie davon überzeugen wollten, dass es doch das Beste sei, ganz von dem Firmengelände wegzuziehen. Auch erwähnte sie, dass sie es nicht wirklich schaffen würde, allen direkt ins Gesicht zu sagen: „Ich will noch nicht. Das ist doch das, was meinem Leben noch Sinn gegeben hat, nach dem Tod meines Mannes." Einer fremden Person wie mir konnte sie das alles erzählen und sich selbst eingestehen, dass sie Angst hatte vor dem, was später ohnehin kommen würde. Das Verhalten des Sohnes und der Mitarbeiter trug auch nicht dazu bei, dass man offen über die Dinge hätte sprechen können.

Derjenige, der es ständig deutlich machte, war ihr junger Begleiter. Er schlug sie alle täglich in die Flucht, sodass sich mittlerweile keiner mehr ins Haus traute. Inzwischen sei es so, dass er mit gefletschten Zähnen vor der Tür stand, wenn sich einer dieser nähern würde. Er ließ weder sie an die Tür noch jemanden ins Haus. Ansonsten war er ein sehr rücksichtsvoller Begleiter ihr gegenüber. Deshalb wunderte sie sich sehr über sein Verhalten. Es gab auch keine Schwierigkeiten im Umgang mit anderen Hunden oder außerhalb des Firmengeländes. Nur seit einiger Zeit diese Haustür. Auch im Beratungszimmer verhielt er sich wie ein Gentleman. Wir arbeiteten kinesiologisch und unterhielten uns über den Sinn und Zweck der Ehrlichkeit und deren unbedingte Notwendigkeit im Umgang mit Menschen. Bei ihm gab es keinen Handlungsbedarf.

Ein paar Tage später erhielt ich einen für mich erstaunlichen Anruf. Sie erzählte mir ganz glücklich, dass sie mit ihrem Sohn gesprochen und ihm mitgeteilt hätte, dass sie sich noch nicht bereit erklären würde, die Firma zu überschreiben. Sie sei sich darüber im Klaren, dass bei einem frühzeitigen Tode erhebliche Erbschaftssteuern auf ihn zukommen würden. Der Hund sei allerdings komisch. Er würde nicht mehr dulden, dass sie telefoniere. Jedes Mal, wenn sie mit ihrem Sohn oder einem Mitarbeiter telefonieren würde, die es noch nicht ganz aufgegeben hätten, würde er ihren Arm in die Schnauze nehmen und hinunterdrücken.

Seitdem sie sich aber verboten hätte, vom Sohn oder führenden Mitarbeitern an der Tür „überfallen" zu werden, hatte sich sein Verhalten abrupt verändert. Schön wäre auch, dass der Postbote wieder ungehindert zum Haus kommen könnte. Denn ihr Hund nähme jetzt auch wieder die Kekse von ihm, so wie früher.

Wahrheit und Glaube

Soll es wirklich wahr sein, dass ein Hund so gezielt Emotionen eines Menschen wahrnehmen kann? Soll es wahr sein, dass ein Hund dann so gezielt handeln kann? Ist das nicht eine unangemessene Deutung dessen, was dort geschehen ist? Interpretieren wir hier nicht zu viel in den Hund hinein?

Wenn das stimmen sollte, was hier beschrieben wird, warum handeln dann so viele Hunde in ähnlichen Situationen ganz anders? Oder warum handeln Hunde in anderen Situationen – beispielsweise bei einem Menschen, der sich gut durchsetzen kann – dann genauso wie der Hund hier? Man würde das ja gerne glauben, wenn man es nur beweisen könnte, dass der Hund wirklich das Gefühl der Frau erspürt und dann für sie gehandelt hat.

Wir wollen es uns an dieser Stelle nicht einfach machen und dem Leser sagen: „Das musst du uns schon glauben!" Oder: „Wenn man daran glaubt, dann ist das auch so." Wir möchten Ihnen an Beispielen zeigen, wie eine unsichtbare seelische Energie, wie hier beispielsweise die Gefühle der Frau, auf die Tiere einwirken und von den Tieren aufgegriffen und verdeutlicht werden. Wir wollen zeigen, dass es neben solchen Gefühlen auch noch anderes, Verstecktes gibt, das Tiere aufgreifen und wie in einem „Rollenspiel" aufführen.

Doch letztendlich können auch wir hier keinen endgültigen Beweis im Sinne einer wissenschaftlichen Erkenntnis darlegen. Dass die Unsicherheit der älteren Dame dazu geführt hat, dass der Hund für sie aggressiv wurde, kann man als eine These betrachten. Dass der Hund entspannte, nachdem die Frau fähig wurde, sich selbst anderen Menschen gegenüber zu behaupten, bestätigt diese These.

Ob die These mit dieser Bestätigung also wahr und richtig ist, hängt letztendlich von dem persönlichen Urteil des Lesers ab. Für manchen kann sie wahr sein, für einen anderen bleiben Zweifel. Auf diese Aspekte wird im Weiteren noch eingegangen.

ÜBERGANGSLÖSUNG
UND TIEFERE LÖSUNG

Natürlich kann das beschriebene Beispiel auch ganz andere Fragen aufwerfen. So zum Beispiel die Frage danach, ob eigentlich eine gute Lösung gefunden wurde. Hätte sich die ältere Dame nicht doch auf das Altenteil zurückziehen sollen, ihr Haus aufgeben sollen, um so der Firma neuen Platz zu verschaffen? Hätte sie nicht doch die Firma überschreiben sollen, damit die neue Generation sich entfalten kann – ganz abgesehen von der zu der Zeit fälligen Erbschaftssteuer, die dann der Sohn hätte zahlen müssen?

Alle diese Gedanken sind berechtigt. Uns ging es darum zu zeigen, wie ein Hund in die Gefühlswelt seines Menschen hineingezogen wird und hieraus handelt. Ändert sich diese Gefühlswelt, ändert sich auch das Verhalten des Hundes.
Eine solche Gefühlswelt wirkt ja nicht nur auf den Hund. Wenn die ältere Dame das Haus und die Firma dem Sohn übergeben würde, wenn sie vielleicht auch den Hund abgeben würde, weil sie ihn nicht mehr „führen" und „beherrschen" konnte – unter welchem Stern befänden sich dann der Sohn und die Firma? Würde dies nicht auch ein Scheitern des Sohnes begünstigen? Wie würde er sich fühlen, unter einer solchen Voraussetzung die Firma zu übernehmen? Würde diese Gefühlswelt ein weiteres Gedeihen der Firma oder den Konkurs begünstigen?

Die schönste und stärkste Lösung – so denken und wünschen wir – wäre doch, dass die Mutter und der Sohn das Dahinterliegende, das eine Übergabe so schwer macht, erkennen und klären könnten. Sodass schließlich die Mutter ihrem Sohn die Firma gerne und mit Liebe übergibt und er diese mit

Achtung und Liebe

annehmen kann. Wäre dann nicht wirklich allen geholfen: der Mutter, dem Hund, dem Sohn, den Mitarbeitern und der Firma?

Die ersten Schritte dazu wurden getan!

Hat ein Tier eine Seele?

Was kann ein Tier alles? Lieben? Mitfühlen? Hat ein Tier für sich selbst und für seinen Menschen Wünsche? Erfasst ein Tier, dass es einem nicht gut geht, und würde es gerne helfen? Warum lassen sich solche Fragen so schwer beantworten?

Ein vollgepackter Koffer kann für einen Menschen schwer sein, für einen anderen leicht. Dies ist eine subjektive Empfindung. Auch für einen selbst kann ein Koffer an einem Tag leichter und an einem anderen Tag schwerer sein. So wie ein 21 Grad warmes Zimmer manchmal als kühl, ein andermal als angenehm warm erlebt wird. Zum äußeren Aspekt kommt ein innerer Aspekt, eine innere Interpretation hinzu. Doch was ist nun wahr und was ist falsch?

Um zu einer Wahrheit im Sinne einer objektiven Aussage zu kommen, muss man eine nachvollziehbare Einheit schaffen. Zum Beispiel erfindet man eine Waage und eine Gewichtseinheit. Nun kann man den Koffer auf die Waage stellen und bekommt einen für alle ablesbaren Wert. Ob ein 14 Kilogramm wiegender Koffer leicht oder schwer ist, ist von nun an Privatsache. Es zählt nur noch das, was jenseits der subjektiven Empfindung steht. Auch wenn 99 Prozent aller Menschen einen solchen Koffer als schwer empfinden würden, so gilt es nicht als wahr, dass dieser auch wirklich schwer ist. Durch den Versuch, etwas objektiv zu erfassen, entfernen wir uns von der eigenen Wahrnehmung und reduzieren uns auf Werte, die man von Zollstöcken, Waagen und Blutdruckmessgeräten ablesen kann. Dadurch lernen wir, unseren eigenen Interpretationen und damit unseren Empfindungen von Lebensphänomenen keinen Wert mehr zu geben. Wir selbst können dann oftmals einfache Fragen nicht mehr beantworten und rufen beispielsweise nach der Wissenschaft, die uns die Wahrheit geben soll.

Fragen wie: „Sag mal, ist der Koffer schwer?" können nur noch mit „gesundem Menschenverstand" beantwortet werden. Jeder Wissenschaftler erklärt diese Frage für ungültig. Er braucht die Kilozahl, ab wann etwas wissenschaftlich gesehen nicht mehr leicht, sondern schwer ist. Diese wird es aber nie geben. Deswegen eignet sich die Idee der Objektivierung für vieles und für sehr vieles auch nicht.

Die Frage, ob Tiere Liebe empfinden können und eine Seele haben, lässt sich wissenschaftlich nicht beantworten. Hier brauchen wir den Mut der persönlichen, also der subjektiven Stellungnahme. Ich sage: „Ja, natürlich, was denn sonst?" Der Wissenschaftler antwortet: „Woher willst du das denn wissen?" Jetzt fange ich an, sichtbare Dinge zu interpretieren, also mit eigenen Eindrücken und Ideen zu erweitern: „Na, mein Hund freut sich zum Beispiel. Und er liebt unsere Katze und das Sofa. Manchmal ist er nachdenklich und nimmt jede Stimmung von mir wahr." Die Antwort: „Woher willst du das denn wissen?" Ich sage: „Na, er wedelt mit dem Schwanz, wenn ich reinkomme."

Wissenschaftliche Antwort: „Und wie kommst du darauf, dass er das aus Freude oder Sympathie tut? Wo ist denn das Messgerät dafür, das dir zeigt, dass sein Schwanzwedeln nicht nur eine Strategie von ihm ist, damit du ihm seinen Napf füllst? Oder ihn in den Garten lässt? Oder vielleicht hat er auch Angst vor dir und will dich nur beruhigen? Oder er wedelt dich an, weil er einfach jeden anwedelt? Oder er wedelt, aber er freut sich überhaupt nicht, sondern sagt nur ‚Hallo' zu dir? Also, woher willst du das wissen?"

Es fehlt das Messgerät, das Seele, Liebe, Hingabe, Demut, Loyalität und vieles mehr messen kann. Und dies führt dazu, dass man seiner Wahrnehmung, seinem Inneren nicht mehr traut und es nicht mehr äußert. Schon gar nicht in Gegenwart eines wissenschaftlich denkenden Menschen. Dieser gibt ja auch seinen eigenen Empfindungen keine Bedeutung mehr. So hat uns neben dem vielen Guten, was uns wissenschaftliches Denken gebracht hat, dieses auch vieles genommen. Dieses Denken hat uns sogar unsere Seele genommen. Aus Sicht des wissenschaftlich denkenden Menschen bekommen wir diese erst wieder, wenn sie nachweislich messbar geworden ist.

Genauer betrachtet ist die Seele die innere Wahrnehmung von etwas Unsichtbarem in uns bzw. in anderen Lebewesen. Eine unsichtbare Energie. Tierbesitzer erleben diese seelische Energie oftmals und können sie nur in Verhalten und Ereignissen beschreiben, die man auch anders, also seelenlos interpretieren kann. Es kommt also nicht mehr auf das Ereignis oder das Verhalten des Tieres an, sondern auf den Betrachter und dessen Interpretation. Für einen, der die seelische Energie eines Tieres schon mal gespürt hat und seiner eigenen Empfindung Platz und Recht gibt, reicht

ein kleiner Blick

in die Augen des Hundes. Er wird dann sagen: „Schau ihn doch an, dann spürst du doch, dass er eine Seele hat."

DURCHHALTEN

Sie hörte den rasselnden Atem der Mutter, das Pfeifen beim Ausatmen. Sie sah ihr Aufstützen am Tisch. Sie hörte ihre flüsternde Stimme, weil ihr der Atem fehlte: „Kind, leg dich doch wieder hin, es ist alles in Ordnung mit mir."

Es war nichts in Ordnung, das konnte sie sehen, hören und fühlen, aber alle taten so, als ob das normal sei. Erst vor Kurzem fand sie ihre Mutter in der Küche, sich am Herd festhaltend, auf dem Boden liegend. Ihr Vater rief daraufhin den Krankenwagen und sie wurde abgeholt. Irgendwie taten alle so, als ob das normal wäre, und sie fand sich immer wiederkehrend mit einer Wirklichkeit konfrontiert, die sie sah und empfand, die aber von allen anderen verneint wurde. Es war erschreckend, fürchterlich, angsteinflößend und ließ sie an ihrer eigenen Wahrnehmung, was wirklich ist, zweifeln. Sie sah es doch: Ihre Mutter war am Leben bedroht. Sie ging nicht mehr frei zu ihr wie ein Kind, das gern die Mutter im Haus aufsuchte.

Irgendwann gab es einen Bruch in ihr. Sie konnte es fühlen, ganz deutlich, es kribbelte für einen kurzen Moment, danach wurde es teilnahmsloser in ihr und um sie herum. Ein Teil ihrer jungen Seele war im Begriff, sie zu verlassen. Dieser Teil blieb einfach in ihrem Bett liegen, stand nicht mehr auf, verkroch sich unter der Bettdecke. Der Anteil in ihr, der eine so große Angst hatte und sich in allen Einzelheiten ausmalte, wie sie ihre Mutter vorfinden würde und wie diese vor ihren Augen erstickte. Während alle anderen dann immer noch so taten, als ob das normal sei. Auf wen sollte man sich da verlassen? Das Kind, die Seele in ihr, fing an, sich eine Rettungsinsel zu bauen. Sie war fünf Jahre alt, als dieser Teil der Seele sich von ihr trennte und sie verließ. Mit ihm ging die Angst und ließ nur Taubheit zurück.

Die Jahre bis zu ihrem 15. Geburtstag verstrichen wie ungelebt, mal mehr oder weniger wahrnehmend, was um sie herum geschah. Die Erstickungsanfälle ihrer Mutter nahm sie nur noch dumpf wahr, fast normal. Fast so wie alle anderen auch. Dann kam der Tag, als die Mutter mit der Anschaffung eines Pferdes einverstanden war. Es dauerte auch nur wenige Tage, bis die Entscheidung für ein bestimmtes Tier gefällt wurde. Es war eine wunderschöne Stute, die bei allen eine bestimmte Bewegung auslöste. Bei der Mutter heftige Asthmaanfälle, bei der Tochter einen Ruck in ihrer Seele. Es fing wieder in ihr zu leben an und sie liebte die Stute abgöttisch. Sie konnte sich ein weiteres Leben ohne sie nicht vorstellen. Leider konnte sie diese Freude mit ihrer Mutter nicht uneingeschränkt teilen, wegen deren Asthma und der Pferdehaarallergie.

Gerade in den Zeiten, wenn der Mutter kein Kortisonspray mehr half und sie deshalb ins Krankenhaus eingeliefert wurde, war es die Stute, die der Tochter den nötigen Halt gab. Zu ihr ging sie in diesen Stunden, hoffte und vergrub ihr Gesicht in der Mähne des Pferdes. Die Stute nahm sie auf ihrem Rücken mit in das Land, in dem Vergessen lag und Gebete erhört wurden.

Sie fühlte sich für Momente unbeschwert, geschützt und frei von allem.

Irgendwann wurde von allen beschlossen, dass die Stute fohlen durfte und man das Fohlen auch behalten wollte. Die Weiden waren großzügig und der Stall hatte Platz genug. Alle freuten sich. Und dann geschah kurze Zeit nach der Geburt des Fohlens das Unfassbare. Die Stute erkrankte schwer an der Lunge und bekam durch diese kaum noch Luft.

Mutter und Tochter setzten Himmel und Hölle in Bewegung, um der Stute zu helfen. Aber weder Tierarzt, Tierheilpraktiker noch Veränderung des Futters oder des Stalles brachten Linderung. Der Zustand der Stute blieb kritisch und man entschied sich, mit ihr zur See zu fahren, wo sich nach kurzer Zeit eine erstaunliche Verbesserung einstellte. Man entschied, dass es für die Stute das Beste sei, dort Menschen zu finden, die sich ihrer annehmen würden.

In der Seele der Tochter machte sich ein fast unmerkliches Kribbeln von innen nach außen bemerkbar. Tief in ihrem Körper

erinnerte „es" sich.

Gleichzeitig strafften sich aber ihre Schultern und das Unvermeidliche nahm seinen Lauf. Sie gab auf.

Jahre später schellte mein Telefon. Bevor ich überhaupt etwas sagen konnte, wurde mir die Frage gestellt: „Andrea, kennst du Prana Energieübertragung?" „Jein, warum fragst du?" „Das Pferd meiner Tochter hat Krebs. Kann man da was machen?"
Ich stellte ein paar Fragen am Telefon und

entschied mich, die Tochter kennenzulernen, um zu schauen, was ich für die beiden tun könnte. Von der ganzen Vorgeschichte wusste ich damals noch nichts. Ich kannte die Mutter und ein wenig ihre Geschichte. Uns verband das gemeinsame Interesse am Tierschutz.

Ich vereinbarte einen Termin mit der Tochter und bat sie, mir Haare und Speichel von ihrem Pferd mitzubringen, um diese kinesiologisch für das Pferd testen zu können. Als ich mir die Geschichte anhörte, war ich erst mal sprachlos von so vielen Parallelen, von so viel Gleichheit. Man konnte es tatsächlich eins zu eins übersetzen und ich weiß noch, dass ich dachte: Darüber kann man ein Buch schreiben, das versteht jeder.

Zusätzlich zu der Vorgeschichte erzählte mir die Tochter, dass sie an Eitergeschwüren an den Innenseiten der Oberschenkel litt. Diese wurden von Zeit zu Zeit von einem Arzt geöffnet, um den Eiter abfließen zu lassen. Eine Heilung im tieferen Sinne hatte auch hier nicht stattgefunden. Sie lebte damit. So war es halt für sie. Als jetzt aber das damalige Fohlen Krebs bekam, war ein Maß überschritten und sie suchte verzweifelt nach einer Lösung, um das kommende Übel abzuwenden. Der Tierarzt hatte keine Möglichkeit mehr gesehen und bei der Diagnose, die er stellte, nur den Kopf geschüttelt. Der Krebs des Pferdes war genau dort entstanden, wo die Tochter als Reiterin mit ihrem Oberschenkel mit dem Pferd in Kontakt stand.

Ich nahm die Tochter in die Beratung, ihr Pferd kenne ich nur vom Foto. Ein wun-

derschönes Tier. Es dauerte nicht nur eine Sitzung, es brauchte mehrere. In den Terminen wurde der Tochter deutlich, dass ihr Pferd sie erneut in eine Angst führte, die sie bereits als Kind gekannt hatte. Die Angst, die damals einen Teil ihrer Seele veranlasst hatte, sich zu retten, um die Bedrohlichkeit der Erkrankung der Mutter aushalten zu können. Erst als sie sich dieser früheren Angst zuwandte und es ihr gelang, aus der seit Jahrzehnten bestehenden Dumpfheit herauszutreten, trat Heilung in ihrem eigenen Körper ein.

Sie hieß ihre traumatisierte Kinderseele willkommen und vereinte sich mit ihr. Dann durften wir an dem Wunder teilhaben, welches möglich ist, wenn der Mensch den Willen aufbringt, wenn auch erst mal „nur für sein Tier", an Leib und Seele zu gesunden: Ihr Pferd – das Fohlen von früher – heilte nur deshalb gleichzeitig mit ihr.

Energie & Lebensenergie

Bisher war die Rede von dem Unsichtbaren „hinter" dem Sichtbaren, von seelischer Energie und der Seele, von Gefühlen und Gefühlswelten. Mit all diesen Begriffen deutet sich etwas an, was schwer zu erklären ist, da es unsichtbar und daher nicht direkt beschreibbar ist. Diese Begriffe beschreiben etwas Immaterielles, Körperloses, Nichtstoffliches, nämlich Energien – also Kräfte.

Wie bei jeder Energie können wir die Energie selbst ja nicht sehen, hören, schmecken, riechen oder ertasten, sondern nur ihre Auswirkungen. So können wir beispielsweise sehen, dass Strom Licht erzeugen kann. Wir hören, dass Strom Schall, und erfühlen, dass Strom Wärme erzeugen kann. Aber die Energie des Stroms selbst bleibt dabei unsichtbar und ist immateriell. Selbst unter einem Mikroskop können wir nur die Teilchen – wie zum Beispiel die Elektronen – sehen, aber deren Energie, also deren Ladung, bleibt auch dann unsichtbar. Wir können einen Magneten sehen, doch seine (Anziehungs-) Kraft bleibt unsichtbar. Auch die Kompassnadel, die von der Magnet-Energie bewegt wird, zeigt wiederum nur die Auswirkungen des Magnetismus und nicht den Magnetismus selbst.

Auf die Ebene des Menschen übertragen bedeutet dies, dass wir die Auswirkungen einer Lebenskraft im Menschen sehen und hören können, die Lebenskraft selbst aber nicht. Einen seelischen Vorgang, wie zum Beispiel wütend zu werden, erkennt man auch nur an den Auswirkungen, die dahinterliegende seelische Energie bleibt unsichtbar.

Wir können erleben, wie die Gesichtsfarbe, wie sich Gestik und Mimik, wie sich die Stimme und die Körperanspannung verändern. Mess- und nachweisbar sind auch andere Auswirkungen, wie der veränderte Blutdruck oder die Hormone, die bei Wut ausgeschüttet werden. Die antreibende Kraft aber, die dies alles veranlasst, bleibt uns verborgen. Da einerseits die einzelnen Auswirkungen auch andere Ursachen haben können und andererseits seelische Vorgänge bei jedem Menschen auch verschiedene Auswirkungen haben, sind diese Vorgänge für uns immer schwer erfassbar.

Auch wir können hier nur Auswirkungen der seelischen Vorgänge aufzeigen und dabei hoffen, dass Sie als Leser einen Zugang zu der seelischen Energie dahinter erhalten. Die seelische Energie direkt zu beschreiben oder nachzuweisen bleibt unmöglich, wie beim Magnetismus auch. Letztendlich kommt es auch hier, wie bereits an anderer Stelle erwähnt, wieder auf den Leser an, ob er die Deutung der sichtbaren Auswirkungen, die hier aufgeführt werden, teilen kann.

Die seelische Energie hat verschiedene Auswirkungen. Einige Auswirkungen erleben wir als Gefühle, andere als körperliche Vorgänge. Unsere seelische Energie wirkt sich nicht nur in unserer Stimme,

Gestik und Mimik aus. Sie gestaltet unsere Träume, verändert unser Denken und unsere Handlungen. Die seelische Energie ist auch dann anwesend und aktiv, wenn wir einfach bewegungslos in einem Raum sitzen. Sie kann den Raum füllen, sodass, wenn ein anderer Mensch oder ein Tier den Raum betritt, eine vielleicht seltsame Atmosphäre bemerkbar ist. Sie kann die Nackenhaare eines anderen Menschen sich hochstellen lassen.

Und manchmal spürt man die Energie eines Menschen noch, wenn dieser den Raum bereits verlassen hat.

Lebensenergie & Seele

Während viele Empfindungen, wie Kälte oder Hunger, vereinfacht gesagt dem Überleben dienen, ist wohl die Empfindung von Liebe die bedeutsamste im Leben. Mit ihr bekommt das Leben Sinn, Größe und Tiefe. Dadurch, dass wir lieben, spüren wir, dass wir beseelt sind. Weil Menschen Musik lieben, musizieren sie. Weil Menschen die Natur lieben, soll diese erhalten bleiben. Weil Menschen Tiere lieben, leben sie mit ihnen zusammen. Liebe treibt Mensch und Tier an. Die größten Taten entspringen ihr.

Ihretwegen sind wir zum Geben bereit. Viele Menschen würden ohne Zögern ihr Leben dafür geben, das Leben eines geliebten Menschen zu erhalten. Liebe schafft Zugehörigkeit und Verbundenheit. Aus Liebe heraus sorgen und kümmern wir uns. Liebe ist das intensivste Energiefeld, in dem wir leben.

Das Pferd wird ergriffen und ergreift

In unserer Arbeit durften wir immer wieder erleben, dass Tiere – wie auch Menschen – einen direkten Zugang zu der Energie selbst finden und nicht nur deren Auswirkungen erleben. Das macht einen wesentlichen Unterschied. Wenn ein Tier sich auf die seelische Energie selbst und nicht auf dessen sichtbare Auswirkung bezieht, so erklärt dies, warum ein Hund bei einem Menschen auf den Befehl „Sitz!" hört und bei einem anderen Menschen nicht.

Denn die Energie der Menschen kann unterschiedlich sein, auch wenn dieser Befehl gleich schnell, gleich laut, mit vergleichbarer Betonung und Körpergestik ausgesprochen wurde. Es verdeutlicht auch, warum der Hund in dem ersten Beispiel sein Verhalten ändert, ohne dass die ältere Dame ihr Verhalten gegenüber dem Hund verändert hat.

In einer modernen Hundeschule hätte der Trainer der älteren Dame nahegelegt, dem Hund klare hör- und sichtbare Befehle mit entsprechender Gestik und Körperbewegung zu erteilen, damit der Hund durch das Hör- und Sichtbare erkennen kann, was sie sich von ihm wünscht. Demgegenüber hat die im Beispiel beschriebene Beratung auf etwas anderes abgezielt, das zwar auf den Hund einwirkt, aber mit dem Hund selbst nichts zu tun hat.

Zu keiner Zeit war in der Beratung die Rede davon, das Verhalten gegenüber dem Hund zu ändern. Auch hat die dann eintretende Änderung der Frau gegenüber ihrem Sohn und den Mitarbeitern nicht zu einer gleichzeitigen Veränderung gegenüber dem Hund geführt. Sie hatte den gleichen äußerlich wahrnehmbaren Umgang mit dem Hund wie vor, während und nach dem problematischen Verhalten des Hundes.

Das, was sich geändert hat, war die seelische Energie, die Gefühlswelt der Frau. Sichtbare Veränderungen gab es dann gegenüber dem Sohn und den Mitarbeitern, aber nicht gegenüber dem Hund. Er lebte lediglich in veränderten Energiefeldern. Dies erklärt auch, warum der Hund sein Verhalten gegenüber dem Postboten verändert hat, obwohl dieser ja nichts anderes gemacht hat als zuvor. Der Hund erlebte den Postboten nun aus einem anderen Energiefeld heraus und empfand andere Menschen nicht mehr als bedrohlich.

Aufgrund dieser Annäherung an den Begriff der seelischen Energie kann man auch verstehen, was im zweiten Beispiel passiert. So wie die gespielten Töne auf einem Klavier die Saiten einer Gitarre zum Schwingen bringen können, so kann die seelische Energie auch körperliche Prozesse auslösen oder begünstigen.

Die seelischen Kräfte, die die Geschwüre bei der Tochter unterstützten, unterstützen auch die Geschwüre bei ihrem Pferd. Energie wirkt auf Materie. Hitze bringt Eisen zum Schmelzen, Schall bringt Glas zum Platzen. Dass sich die innere seelische

Energie, die Lebenskraft auf körperliche Prozesse niederschlägt, ist nicht neu. Die Frage ist nur, ob sie sich auch auf andere übertragen kann.

Glauben Sie wirklich, dass Ihr seelisches Energiefeld ganz unabhängig von den Stimmungen anderer ist? Drücken Aussagen wie „Deine miese Stimmung zieht mich runter" nicht aus, dass wir eine seelische Reaktion in uns spüren? Dass seelische Prozesse eines anderen unsere seelischen Prozesse beeinflussen? Glauben Sie wirklich, dass es für die seelischen Prozesse eines Kindes keine Rolle spielt, wie es den Eltern geht? Wir sind mitschwingende Lebewesen, wie auch die Tiere. Beim obigen Beispiel fallen viele Parallelen zwischen Mensch und Tier auf. Ist es nicht wahrscheinlicher, dass diese Parallelen durch eine unsichtbare Verbindung zustande kommen als nur durch Zufall? Diese Verbindung wird auch dadurch bekräftigt, dass die Geschwüre beim Pferd verschwanden, als die der Frau heilten. Denn bei beiden kamen und gingen diese durch das jeweilige seelische Energiefeld.

Das Pferd reagierte auf ein verborgenes Trauma ihrer Besitzerin, es hatte eine Antenne dafür. Das Trauma hatte für das Pferd eine Bedeutung, es empfing die seelische Energie seiner Besitzerin. Und durch die Erkrankung und den drohenden Tod des Pferdes wurde auch die Besitzerin für ihr eigenes verborgenes Seelenleben empfänglich.

Es ist fast so, als ob das Pferd aus einer tiefen Verbindung heraus der kleinen Tochter auf seine Art und Weise zuflüstert:

„Ich helfe dir, dich wieder zu finden und dich selbst zu begreifen als das, was du bist. Ein vollständiger Mensch, mit einer versteckten Seele. Ich führe dich gern zu ihr." Dem Mensch bleibt das

Verneigen vor der Schöpfung,

zu der er gehört.

Eine fremde Sprache

Beiden Beispielen – wie auch denen, die noch folgen werden – ist gemein, dass die darin beschriebenen Tiere etwas von dem ausdrücken, was die Seele des Tierbesitzers beschäftigt. Doch wie Tiere die jeweilige seelische Energie aufgreifen, kann sehr unterschiedlich sein. Deshalb hilft die allgemeine Erkenntnis, dass Verhaltensauffälligkeiten und Erkrankungen mit den Tierbesitzern zusammenhängen, dem einzelnen Tierbesitzer nicht weiter.

Es bleibt die Frage, womit das Problem nun konkret zusammenhängt. Es bleibt die Frage, was das Tier einem zeigen und sagen möchte, auf welche Zusammenhänge es nun konkret hinweist. Für den Betroffenen ist die Ausdrucksform seines Tieres meist eine fremde Sprache.

Daher können Beispiele nur Anregungen, nicht aber Modell für die eigene Lösung sein. Dass ein aggressiver Hund immer auf einen ungelösten Konflikt des Tierbesitzers hinweist, wäre ebenso falsch wie die Idee, dass Geschwüre beim Tier immer auf traumatische frühere Situationen hinweisen. Die Wirklichkeit ist zu vielfältig, um zu einer solchen Vereinfachung zu kommen. Eine Aufzählung, welche Störungen des Tieres auf welche Probleme beim Menschen hinweisen und was dann zu tun ist, kann nicht erstellt werden. Hier gibt es nun mal kein Wörterbuch.

Es bleibt die spannende Herausforderung, den Zusammenhang in jedem Einzelfall zu suchen. Vielleicht kann dieses Buch Ihnen Anregung für diese Suche geben. Oftmals kommt man aber ohne einen Helfer, der diese fremde Sprache mit einem gemeinsam aufschlüsselt, nicht weiter.

So bleiben die beiden Möglichkeiten: eine fremde Sprache selbst zu erlernen oder einen Dolmetscher hinzuziehen. Dass man diese fremde Sprache, mit der Tiere über ihr Verhalten und ihre Erkrankungen über die Seele des Menschen erzählen, nicht in der Volkshochschule erlernen kann und dass mit dem Dolmetscher auch kein Tierkommunikator gemeint ist, ist hoffentlich deutlich geworden.

Denn in der Beziehung zum Tier entdeckt man die Vielfältigkeit und die Tiefe der menschlichen Seele. Diese zu kennen und sich in dieser auszukennen ist die Hauptanforderung für den Dolmetscher und die Hauptanforderung beim Erlernen dieser fremden Sprache.

Das *Frühere* und das *Gegenwärtige*

In den beiden Beispielen wird aber nicht nur deutlich, wie unterschiedlich Tiere etwas zum Ausdruck bringen können, sondern auch, dass Tiere von unterschiedlichen Aspekten der Seele des Menschen ergriffen werden können. Zeigt der Hund einen gegenwärtigen ungelösten Konflikt auf, so zeigt das Pferd im zweiten Beispiel einen ganz anderen seelischen Bereich auf.

Es weist auf etwas in der Vergangenheit hin, das noch in die Gegenwart hineinwirkt. Denn unsere Seele kann mit vielen Aspekten beschäftigt sein: Aspekten der Gegenwart, der Vergangenheit und Aspekten, die mit dem Schicksal anderer Menschen zu tun haben. Das folgende Schaubild soll die seelischen Bereiche verdeutlichen, die alle miteinander zusammenhängen.

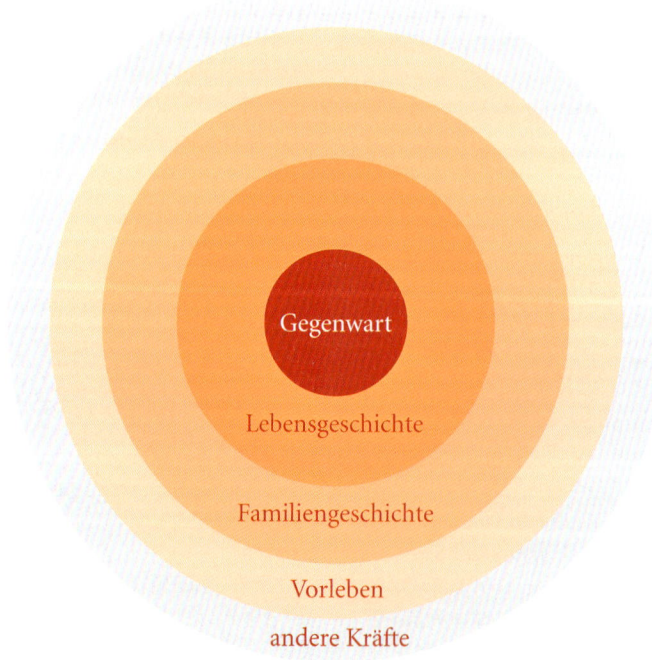

Gegenwart

Lebensgeschichte

Familiengeschichte

Vorleben

andere Kräfte

Wirkungskreis Gegenwart

Im gegenwärtigen Leben beschäftigen uns die Belange des Alltags und vor allem die Aspekte des Miteinanders, die mit der seelischen Nähe und Zugehörigkeit zu anderen zu tun haben. Die Beziehung zu den Eltern, zum Lebenspartner und zu den eigenen Kindern ist von zentraler Bedeutung. Aber auch die Beziehung zum Arbeitgeber oder Streit mit Nachbarn spielen in der Gegenwart eine große Rolle. Unsere Tiere können auf solche Aspekte in unserem Leben hinweisen, denen wir uns mehr zuwenden müssen, um hier Entlastung und mehr Zufriedenheit zu finden.

Wirkungskreis Lebensgeschichte

Natürlich wirken die Erfahrungen, die man in seiner Lebensgeschichte gemacht hat, in die Gegenwart hinein. Wenn man als Kind von seinen Eltern viel erhalten hat, fällt es einem in der Regel auch leichter, seinem Kind viel zu geben. Wer als Kind wenig Halt in der Beziehung zu seiner Herkunftsfamilie gefunden hat, wird es in der Regel auch schwerer haben, Halt in neuen Beziehungen zu finden, diesen auch annehmen zu können und ihm zu vertrauen.

Wirkungskreis Familiengeschichte

Die eigene Lebensgeschichte ist wiederum untrennbar mit der Familiengeschichte verbunden. Diese Verbindung besteht in zwei Richtungen.

Früheres wirkt weiter:
Erlebnisse wie auch die seelischen Kräfte unserer Vorfahren wirken über die eigenen Eltern in uns hinein. Kinder spüren die seelischen Belastungen ihrer Eltern, auch wenn diese selbst nicht mit ihnen in Zusammenhang stehen. Ein Mann, der seinen eigenen Vater früh verloren hat, wird sein Kind mit einer anderen Innerlichkeit im Arm tragen als ein anderer. Dies wird sein Kind spüren.

Gegenwärtiges geschieht aus Verbundenheit mit dem Früheren:
Die Nachkommen fühlen sich mit den Vorfahren tief verbunden. So werden Traditionen vorwiegend wegen der Liebe, der Zugehörigkeit und zur Ehrung der Vorfahren beibehalten. Inhalte sind da nicht das Ausschlaggebende, sondern eher nebensächlich. Die Verbundenheit mit dem Früheren drückt sich auch darin aus, dass die nachfolgenden Generationen oftmals meinen, die Verantwortung für das Schicksal der Vorfahren übernehmen zu müssen. Jedes Kind wünscht sich nichts sehnlicher, als dass die eigenen Eltern glücklich und unbeschadet sind, denn dann stehen die Eltern ihnen in der Gänze zur Verfügung.

Deshalb möchten sie sie auch in schwierigen Familienkonstellationen trösten, aufheitern oder etwas Heilsames für sie tun. So bemuttern manchmal Kinder ihre Eltern, um diesen über einen Verlust hinwegzuhelfen. Auch manche Kinder von alleinerziehenden Eltern geben sich viel Mühe, den nicht vorhandenen Partner zu ersetzen. Vor allem dann, wenn Mutter oder Vater nicht in der Lage sind, zukunftsweisende Modelle für Partnerschaften zu leben.

Es gibt aber auch indirekte Formen, mit denen Kinder sich um ihre Eltern kümmern. So quälen beispielsweise Kinder manchmal Tiere, um den Vater oder die Mutter innerlich mit ihren eigenen Gewalterfahrungen, die sie als Kind erlebt haben, in Kontakt zu bringen, damit sie sich diesen endlich heilend zuwenden können. Hierbei erspüren die Kinder aus der Verbundenheit und tiefen Liebe heraus die seelischen Bereiche, die für die Eltern von Bedeutung sind. Hiervon müssen sie nie etwas auf der bewussten Ebene erfahren haben.

Durch die Verbundenheit und Zugewandtheit zum unerlösten Früheren verlieren Kinder eine unbelastete Kindheit. Die Nachfolgenden verzichten auf eigene Weiterentwicklung. Sie handeln fremdbestimmt aus blinder Liebe zu ihren Vorfahren heraus. Diese tiefe schmerzhafte Verbundenheit zeigt sich vor allem bei Menschen, die keinen Kontakt mehr zu den Eltern oder den Herkunftsfamilien haben oder diesen nie hatten. Sie leben in der Regel in Polaritäten. Auf der einen Seite ist die Zugehörigkeit in die Familie hinein ein ursprüngliches, natürliches Empfinden, auf der anderen Seite muss dieses Gefühl bekämpft werden. Es kommt einer Strategie gleich, in dieser inneren Zerrissenheit leben zu können. Es gibt keine größere Verbundenheit als die in die eigene Herkunftsfamilie hinein und somit auch keinen größeren Verzicht. Ob Hund, Katze oder Meerschweinchen, sie geraten als Haustier alle in diese Spannungsfelder hinein und drücken mit ihrem Verhalten oder ihren Erkrankungen aus, womit die Seele des Menschen beschäftigt ist.

Wirkungskreis Vorleben

In einigen religiös-kulturellen Gemeinschaften wie z. B. dem Hinduismus und dem Buddhismus, die ja weit über eine Milliarde Menschen betreffen, ist der Glaube an Vorleben so selbstverständlich wie im christlichen Bereich der Fortbestand der Seele nach dem Tod. Warum sollte daher unsere Seele nicht schon mit etwas beschäftigt sein, das sie aus einem früheren Leben mit in dieses bringt? Warum sollten unsere Haustiere daher nicht auch seelische Aspekte aus einem früheren Leben erspüren und aufgreifen, die in diesem Leben von Bedeutung sind?

DIE UNVERSÖHNLICHEN

Ich sei ihr letzter Strohhalm, sagte die völlig aufgebrachte Frau am Telefon. Durch eine Fernsehsendung auf uns aufmerksam geworden, wolle sie nun noch diesen Versuch machen, bevor sie ihren Kater abgeben würde. Dieser würde alles vollpinkeln und das ganze Haus begänne, nach Katzenurin zu stinken. Da ich schon öfters bei pinkelnden Katzen Erfolg hatte, sah ich auch keine besondere Herausforderung in dieser Beratung für mich. Eher eine immer wiederkehrende Routine. Doch hier hatte ich die Rechnung ohne den Wirt gemacht. Die Stunde der Beratung kam, und mit dieser kamen Frau Gutzeit, ihr Kater und „das geliebte unerkannte Problem".

Die junge Frau führte eine erfolgreiche homöopathische Tierheilpraxis, in der sich auch ihre eigenen Tiere frei bewegen durften. Praxis und Wohnung waren baulich nicht voneinander getrennt. Doch nun schlug sich die Frau seit Monaten mit extremem Uringeruch herum. Ihr Kater pinkelte immer wieder in den Zwischenbereich von Wohnung und Praxis. Für ihre Praxis war dies nicht länger tragbar. Wie sollten die Kunden zu ihr Vertrauen fassen, wenn ihr eigener Kater nicht stubenrein war?

Anfangs behandelte sie ihren Kater selbst mit allen erdenklichen Mitteln, die ihr zur Verfügung standen. Aber nichts half. Auch das psychologische Wissen über das Katzenverhalten selbst wurde berücksichtigt und führte zu keinem Erfolg. Aber wie so oft, wenn man selbst involviert ist, bleibt ein Auge blind. Man findet einfach nicht die Lösung, auch wenn sie direkt vor einem liegt. Wenn überhaupt auf ihre Bemühungen hin Veränderungen eintraten, dann waren diese nur sehr kurzfristig und irreführend.

Aus dem, was Frau Gutzeit erzählte, ergab sich für mich anfangs kein Bild. Ich verstand es einfach nicht, weder worauf er reagierte noch was er mit seinem Pinkeln zum Ausdruck bringen wollte. Doch die Art, wie Frau Gutzeit erzählte, brachte mich auf die Fährte. Kennen Sie auch Gesprächssituationen, in denen Ihr Gegenüber Ihnen mit ruhiger Stimme alle Verachtung dieser Welt entgegenschleudert? Wo Ihnen jemand mit dem Klang seiner Worte sagen will, was genau Sie zu denken haben und wie es vonstattenzugehen hat? Durch die Art, wie sie mit mir sprach, war unübersehbar, dass Frau Gutzeit in sich durch Wut und Hass geblendet war. Im weiteren Gespräch entschlüsselte sich mir dann das wahre Problem. Die Geschichte selbst lässt sich – wie so oft – in kurzen Sätzen beschreiben. Doch die in dieser kurzen Geschichte liegende Dramatik und die empfundene Ungerechtigkeit lassen sich hingegen kaum in Worte kleiden.

Frau Gutzeit wuchs bei ihren Eltern auf, die eine Bäckerei hatten. Diese Bäckerei gehörte einst den Großeltern. Ihr Vater war hier auch groß geworden und lernte bereits von Kindesbeinen an, was ein guter Bäcker wissen muss. Der Wunsch der Großeltern, dass die Bäckerei vom Sohn übernommen und fortgeführt werden sollte, ging in

Erfüllung. Er wurde ein guter Bäcker und übernahm die Bäckerei. Er heiratete ein paar Jahre später eine Frau, die in der Bäckerei mitarbeitete. Sie bekamen mit Frau Gutzeit ihr erstes und einziges Kind. Für die Großeltern erfüllte sich ein weiterer Lebenswunsch. Sie liebten ihre Enkeltochter. Und die Enkeltochter liebte ihre Großeltern, die natürlich mehr Zeit als die Eltern hatten und ihren Augenstern gern verwöhnten.

Als der Großvater verstarb, wurde die kleine Enkeltochter zum Ein und Alles für die Großmutter. Die Enkeltochter war nun das Ziel all ihrer Liebe. Sie wurde Lebenssinn, einzige Freude und ausgleichende Gerechtigkeit des Alters. Aber irgendwann verlor die Großmutter ihre Kraft, sie sehnte sich nach ihrem Mann. Sie wurde bettlägerig, pflegebedürftig und inkontinent.

Bäckerei und Wohnhaus waren baulich nicht voneinander getrennt und bald schon zog der Uringeruch der Großmutter durch das alte Haus. Der Geruch fand langsam seinen Weg in die Bäckerei, vor allem dann, wenn die Kunden die Eingangstür öffneten. Jedes Mal dachten ihre Eltern dann: Hoffentlich riecht das keiner, und wenn doch, was denken dann die Kunden von uns?
Geschäft und Pflege der Großmutter ließen sich immer weniger vereinbaren. Was blieb? Die Großmutter wurde aus Scham und wirtschaftlichen Gründen in ein Altenheim gegeben. Der kleinen Enkeltochter erstarrte das Herz, als ihre Großmutter ins Altenheim kam und dort kurze Zeit später verstarb. Sie begann

still zu trauern und kurze Zeit später ihre Eltern dafür zu verachten und zu hassen. Aus ihren Vorwürfen gegen die Eltern entwickelte sich mit den Jahren ein Krieg, in dem der ursprüngliche Grund der Auseinandersetzung zunehmend in Vergessenheit geriet. Dieser Krieg wurde später mit allen Mitteln geführt und dauerte bis zum Tag der Beratung an.

Nun saß sie bei mir mit einem gleich gelagerten Problem, das ihre Eltern Jahre zuvor hatten und das durch den Kater wieder in das Bewusstsein drang. Durch ihn erlebte sie nun die Gefühlswelt, die ihre Eltern damals durchleben mussten. Auch sie spürte nun Scham, Überforderung und die Ausweglosigkeit, die damals ihre Eltern dazu bewogen hatten, die Großmutter ins Altenheim zu geben. Und nun war sie es, die überlegte, ihren Kater wegzugeben und dies Problem in anderer Leute Hände zu legen. Doch sie wollte nicht aufgeben, sondern eine Lösung für sie beide finden. Manchmal überlegte sie sogar, ob sie die Praxis zumachen sollte. Aber sie fragte sich dann auch, genauso wie ihre Eltern, womit sie dann ihr Geld verdienen sollte.

„Vielleicht wissen Sie ja noch eine Lösung, Frau Oppermann?"

Die Lösung, die ich hatte, gefiel ihr anfangs nicht sonderlich. Ich erklärte ihr, solange sie besser sein wolle als ihre Eltern, würde es für alle dauerhaften Krieg bedeuten. Damit sei auch verbunden, dass eine Lösung für sie und ihren Kater ausgeschlossen sei. Er wüsste schließlich, dass hinter ihrer Wut die Verzweiflung lauert, für die sie alle bislang keine gemeinsame Lösung gefunden hätten. Als ich sie fragte, ob die Oma mit dem Wechsel ins Altenheim einverstanden gewesen sei, schaute sie mich kurz an und bedankte sich nach einiger Überlegung bei mir. Später hat sie mir einige sehr interessante Menschen und Tiere überwiesen.

Woher will die Katze das denn wissen?

Menschen und Haustiere haben mehr Gemeinsames als Unterschiedliches. Einige Gemeinsamkeiten zeigen sich auch in der Art, wie wahrgenommen und kommuniziert wird.

Im unteren Bild wird die Kommunikation in einer stark vereinfachten Weise dargestellt. Rot sagt etwas zu Grün. Der rote Pfeil stellt das dar, was gesagt wird.

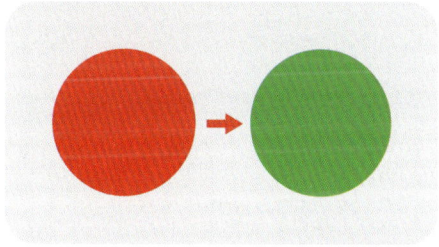

Um aber zu verstehen, was zwischen Tieren und Menschen stattfindet, eignet sich diese Vereinfachung nicht. Denn es werden viele wichtige Aspekte weggelassen. So muss man auch die jeweilige Situation mit einbeziehen, in der Begegnungen geschehen. Hierzu gehören der Raum oder der Ort, andere Anwesende, aber auch zeitliche Aspekte wie beispielsweise das, was vorher geschah. Solche Aspekte wirken während einer Begegnung ebenfalls auf Menschen und Tiere ein. So fühlen, verhalten und reagieren Mensch und Hund beim Spaziergang anders als zu Hause.

Im folgenden Bild soll der veränderte Hintergrund die Situation darstellen, in der man sich begegnet.

Da die jeweilige Situation auf die beiden einwirkt, passt folgende Darstellung eigentlich besser.

Aber auch in dieser bildlichen Darstellung fehlen noch wichtige Aspekte. Die Darstellung von Mensch oder Tier als klar abgegrenzte Kreise unterstützt nämlich fälschlicherweise die Idee, dass man nicht einsehbar ist. Dass Gedanken, Erinnerungen und Gefühle dem anderen verborgen bleiben und nur das nach außen dringt, was man sagt. Natürlich erfährt man aber selbst bei einer kurzen Begegnung sehr viel über den anderen. Vielleicht nimmt man beispielsweise Fröh-

lichkeit oder Bedrückung wahr, ohne dass überhaupt etwas gesagt wurde. Deswegen entspricht die Veränderung im unteren Bild schon mehr der Wirklichkeit.

Durch die Aufhebung der Grenzen kommt nun der Nähe in der Begegnung zueinander eine neue Bedeutung zu. Bei einem distanzierten Verhältnis bekommt man in der Regel wenig vom anderen mit. Deswegen bezieht man sich mehr auf das, was gesprochen wird.

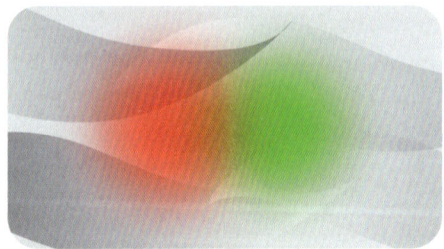

Bei einem nahen Verhältnis spürt man, was im anderen vor sich geht, ob man will oder nicht. Das Gesprochene verliert an Bedeutung. Zwischen beiden entsteht ein Überschneidungsraum, und Stimmungen vermischen sich.

Menschen, die nah miteinander leben, können die Gedanken des anderen erspüren. Das kann auch manchmal dazu führen, dass man die Gefühle des anderen als seine eigenen wahrnimmt.

Während Menschen einen distanzierten Umgang zu anderen aufbauen können, ist dies Tieren in der Regel nicht möglich. Sie gehen immer Nähe ein und tauchen dadurch in den Menschen ein. Die Fähigkeit, Distanz einzunehmen, hat aber auch einen Preis. Denn Distanz zu anderen ist in der Regel auch mit Distanz zu sich selbst verbunden. Das, was ich am anderen nicht wahrnehme, nehme ich auch an mir nicht wahr. Habe ich für mich kein Mitgefühl, habe ich dies in der Regel auch nicht für andere.

Das ist hier die Frage

Unsere Tiere, Partner und Kinder tauchen durch die Nähe in unser seelisches Energiefeld ein. Wenn wir uns diese Nähe zu ihnen wünschen, müssen wir auch die Verantwortung für das übernehmen, mit dem wir sie in unserem seelischen Energiefeld in Verbindung bringen. So wie einen Gast, den wir in unser Wohnzimmer einladen, werden unsere Familienmitglieder Gäste in unseren seelischen Räumen. Daher sollten wir unsere Seele aufräumen und reinigen, damit sich unsere Gäste darin wohlfühlen. Sonst verstören wir unsere Tiere, Kinder und Partner mit unserem seelischen Durcheinander. Wir belasten sie mit unserer eigenen Last und infizieren sie mit unseren seelischen Krankheiten.

Unsere Tiere wie auch unsere Kinder werden bei uns krank, wenn wir nicht die Verantwortung für unser seelisches Gleichgewicht übernehmen. Lassen Sie uns diese klare Aussage nicht als Vorwurf verstehen, sondern als eine

Chance.

Bei unglücklichen Eltern finden Sie nun mal keine glücklichen Kinder. Ähnliches gilt für Tiere. Sie müssen sich entscheiden: Möchten Sie weiterhin zusehen, wie Ihre Tiere bei Ihnen krank werden, oder möchten Sie durch Ihr Tier den Weg zur eigenen Heilung finden? Das ist hier die Frage.

ANNE UND MAIBLÜMCHEN

Der klagende Laut, der zu Erich drang, klang wie von einem verletzten Tier, einer Katze vielleicht. Verwundert schaute er sich um. Es brauchte eine ganze Weile, bis er verstand. Elsbeth, seine Frau, verstand hingegen sofort und lief ohne Rücksicht durch das Feld, um der geliebten Tochter zur Hilfe zu eilen. Sie hatte den ungewöhnlichen, in die Länge gezogenen Schrei gehört. Nach ihren drei Geburten wusste sie, wie Frauen schreien und stöhnen können, wenn sie vom Schmerz überwältigt werden. Sie hatte sofort zu Johanna geschaut, hatte diese auch den ganzen Morgen nicht aus den Augen gelassen, denn sie fühlte, dass etwas Ernsthaftes mit Johanna nicht stimmte. Das war kein normaler Leibschmerz, wie Erich es gerne abtat.

Ihrer Meinung nach wollte er der Wahrheit nicht ins Gesicht sehen, wollte nicht jetzt, während der Ernte, auf Johannas geschickt zupackende Hände verzichten. Er selbst hielt nichts vom Arzt, doch sah er wirklich nicht, wie ernst Johannas Leid war? Er sagte nur: „Ach, das wird schon, wenn man bei der Arbeit ist, merkt man seine Wehwehchen nicht mehr." Elsbeth fror es, wenn er so sprach.

Als Johanna an diesem grauen Septembermorgen um 5.00 Uhr aufstand, schmerzte ihr Leib bereits wieder. Doch entfachte sie still das Feuer im Küchenofen, um für die Eltern und Geschwister den Gerstenkaffee zu kochen. Jeder hatte hier seine Aufgaben, und sie wollte ihre weiterhin klaglos erledigen. Diesmal waren ihre Schmerzen jedoch heftig. In der letzten Zeit kamen und gingen sie, und keiner wusste wirklich, was los war. Elsbeth bemerkte den Schweiß auf Johannas Stirn an diesem Morgen und schaute sie fragend an. Wäre es nicht besser, zum Arzt zu gehen? Dieser war weit weg und kostete ein Vermögen. Würde er überhaupt etwas feststellen?

Elsbeth schaute ihren Mann Erich vorwurfsvoll an, als er Johanna sagte, dass auch sie heute wieder aufs Feld gehen müsse. Die Weizenernte stand bevor, sie mussten das gute Wetter ausnutzen, denn sie konnten die Ernte nur trocken einholen. Feucht würde sie verschimmeln, und sie wäre dahin. Sie brauchten jede Hand, bevor das Wetter umschlug. Schon jetzt sah es grau aus.

Johanna war ein stilles Mädchen. Nie würde sie widersprechen und hätte dies auch gar nicht gewollt. Also machte sie sich für den mühsamen Tag bereit. Anfangs ging es auch noch. Johanna schnitt jedes Büschel Weizen mit der stumpfen Sichel schnell ab und legte es zusammen. Doch als der Schmerz sie plötzlich wie ein Stich zu durchbohren schien, ließ sie die Sichel fallen. Ihr wurde schwarz vor den Augen. Sie hörte verwundert ihren eigenen Schrei. Dann sackte sie in sich zusammen. Sie verlor nicht ganz ihr Bewusstsein. So nahm sie noch wahr, dass ihre Mutter bei ihr war und mitfühlend ihr Haar streichelte. Sie hörte den Vater „Verdammt, verdammt" sagen, spürte, dass man sie auf den Pferdewagen legte. Eine unendlich lange Zeit, in der ihr Schmerz sie betäubte und gleichzeitig wach hielt, bemerkte sie das Rumpeln des Wagens. Sie waren auf dem Weg zum Arzt.

„Das ist eine akute Blinddarmentzündung. Mein Gott, warum kommen Sie erst jetzt?", entrüstete sich der Arzt, der eine Vorstellung von der Bedrohung hatte, in der die 16-Jährige sich gerade befand. „Sie muss sofort operiert werden, sie ist in Lebensgefahr!", rief er mit sich überschlagender Stimme. „Ja, ja, gut", stammelte Erich, der sich seit dem Zusammenbruch seiner Tochter nicht mehr richtig gesammelt hatte. Ihn durchschossen störende Gedanken, die er sich am liebsten verboten hätte, was ihm aber nicht gelang. Scheinbar selbstständig glitten die Sätze durch seinen Kopf, ohne dass er Kontrolle hierüber erlangen konnte. „Sie wird sterben, oh Gott, sie wird sterben", war ein solcher Gedanke direkt gefolgt von einem Satz wie „Hoffentlich wird es nicht regnen – die Ernte muss ..." und unterbrochen von dem Gedanken: „Ich kann ihn nicht bezahlen, diesen Quacksalber, und eine Operation schon gar nicht." Müde und unfähig, klar zu denken, setzte Erich sich hin und legte seinen Kopf in die Hände. „Ja, ja, operieren Sie."

„Das kann ich nicht, sie muss in das Krankenhaus, sofort." „Ja, ja, ins Krankenhaus, klar, machen wir."
Elsbeth sah den stillen Blick in Johannas Augen, der ihr sagte, dass sie ihnen doch keinen Ärger machen wolle, dass es ihr leidtue. Dieser Blick sagte aber noch mehr: dass sie nicht mehr konnte. Gesprochene Worte konnten sie nicht

mehr wechseln. Johanna erlangte das Bewusstsein nicht wieder. Sie verstarb. Und so blieb der um Entschuldigung bittende Blick, der gleichzeitig auch nach dem Leben flehte, die prägende Erinnerung an den letzten Tag im Leben ihrer Tochter. Ihrer geliebten Johanna.

Zu der Operation kam es nicht mehr. Die Ärzte in dem Krankenhaus konnten den Kreislauf nicht mehr stabilisieren. Johanna ging. Ihr letzter Blick aber blieb, bevor das Leben die Augen verließ.

Er blieb für immer.

Seit diesem Blick war alles anders. Erichs Stimme erschien Elsbeth anders, irgendwie aufdringlich. Auch seine Berührungen, denen sie sich nur noch selten hingab, waren nicht mehr innig. Als Johanna ging, kam die Kälte und ließ Elsbeth nie wieder los. Bis an ihr Lebensende ertappte sich Elsbeth immer wieder dabei, dass sie Erich anschaute und einfach nur Kälte spürte ...

60 Jahre später entdeckt Anne, die Enkeltochter von Elsbeths Schwester, dass mit ihrem Pferd Maiblümchen etwas nicht stimmt. Es frisst nicht und scheint sich nicht mehr bewegen zu wollen. Anne ruft ihren Mann an, der dann auch zur Weide kommt. Anne führt das Pferd über die Weide, damit es sich bewegt. Ihr Mann wartet ungeduldig, er wollte eigentlich noch etwas erledigen und nicht hier in der Kälte stehen und warten. „Lass das Pferd doch, ihm geht's schon gut. Wirst

sehen, morgen ist wieder alles normal." Anne fährt mit ihm, doch sie findet keine Ruhe. Sie weiß, mit Maiblümchen stimmt etwas nicht. Wäre sie doch dageblieben. Schließlich will sie spätabends wieder auf die Weide, um nach Maiblümchen zu schauen. Den genervten Kommentar ihres Mannes versucht Anne zu überhören. Nur mit schlechtem Gewissen kommt sie aus dem Haus, denn nun muss ihr Mann nach den Kindern schauen, während sie weg ist. Maiblümchen geht es schlechter. Der Tierarzt, den sie gerufen hat, sagt, dass er nichts mehr für sie tun kann. Er sagt noch etwas von Erlösung ...

In der Paarberatung erzählt Anne, dass sie die Berührung und die Anwesenheit ihres Mannes nicht mehr ertrage. Schon seine Stimme nerve sie und wie er um sie herumschleiche. Eine Kälte kam und ließ sie nie wieder los ...

Schamanen würden sagen, der Geist der Ahnen ist in sie gefahren. In das Pferd und in die Frau. Das Pferd würde zu der Frau sagen: „Wenn es deiner Sippe dient – gerne. Nimm meinen Tod

und heile damit

dich und deine Sippe. Sodass die Kinder der neuen Generation in ihren Herzen frei von dem Hass auf sich und die Männer sind."

Wenn die Uhr stehen bleibt

Was Traumata sind und wie sie entstehen

Die Mutter, die abends ihren kleinen Sohn ins Bettchen bringt, um ihn morgens tot aufzufinden, der junge Mann, der als Soldat mit seinen Kameraden Zukunftspläne schmiedet, um dann im Bombenkrater zwischen deren toten Körpern zu überleben, der Zugfahrer, dessen Schicksal sich mit der sich vor den Zug werfenden Frau auf immer verknüpft, das Kind, das einfach nicht weiß, wo der Himmel ist, in dem sich seine Mama seit dem Autounfall befinden soll – für sie alle ändert sich in einem Moment alles. Und der Moment ändert sie.

Das Bewusstsein setzt die Notschaltung in Kraft. In diesem Moment trennt sich etwas vom Fühlen, es trennt sich ein Teil der Seele vom Körper. Im Nachhinein ist festzustellen, dass sich das Leben anders anfühlt. Das Leben wird stumpfer, aggressiver, ablehnender – vor allem Beziehungen gegenüber. Man steht neben sich, ohne es wirklich wahrnehmen zu können. Es entzieht sich dem Bewusstsein. Während irgendwo das normale Leben weitergeht, tritt ein Teil von einem in ein Vakuum ein, in einen Raum, in dem auch die Zeit keine Wunden heilen kann, weil sie, die Zeit, dort einfach stehen geblieben ist.
Und so verweilt ein Bereich der Seele der Mutter noch immer am Kinderbett-

chen und kann sich nicht lösen von dem Anblick und der Hoffnung, dass er, der kleine Sohn, vielleicht doch noch atmet. So verweilt ein Bereich der Seele des Soldaten im Bombenkrater bei den Kameraden und kann sich nicht lösen von dem Blut und den starren Augen, die in keine Zukunft mehr schauen. Es verweilt ein Teil der Seele des Zugführers noch bei dem Unfassbaren, dass der Aufschlag des Körpers gegen den massiven Zug weder zu hören noch zu spüren war. Als ob dieser Zug nur durch eine Erscheinung und nicht wirklich durch ein körperliches Leben gefahren wäre. Und es verweilt ein Bereich der Seele des Kindes immer noch im Gefühl der Kindheit und kann sich nicht lösen von der Suche nach der Mutter. Und so vergeht die Zeit einerseits, während für die Seele die Uhr stillsteht.

Und die Hunde der Enkelkinder, die im Wohnzimmer in ihren Körbchen liegen, sehen sie dann. Sehen die Frau am Kinderbett, die Kameraden tot im Schlamm, sehen die verkrampfte Hand am Bremshebel und hören die suchende Frage nach der Mutter. Sie spüren die Präsenz der zeitlosen Seelen, die nicht weitergehen können und nicht mehr zurückfinden zu dem, zu dem sie eigentlich gehören. Die Hunde aber können sie sehen, riechen und wahrnehmen. Und manchmal da schauen auch die Seelen die Hunde an.

Jede Uhr, die stehen geblieben ist, jedes Trauma des Einzelnen bedeutet unweigerlich auch ein Trauma für die Familie. Denn auch die Nachfolgenden spüren die stehen geblieben Zeit. Sie spüren den abhandengekommenen Teil der Seele ihrer Ahnen, als wäre es ein Teil ihrer eigenen Seele. Hineingeboren in die Familienseele ist man unfähig, dies zu unterscheiden. Aber ohne diesen Teil der Familienseele bleibt auch das eigene Leben unvollkommen. Daher sehnen wir uns danach, das Trauma früherer Generationen zu lösen und die Familienseele zu vervollständigen. Denn erst, wenn die Uhren wieder schlagen, die Zeit wieder fließt, fließt auch wieder das eigene Leben in eine gute Richtung.

So machen wir uns auf die Suche nach den verloren gegangenen Anteilen der Familienseele, ohne recht zu wissen, wen oder was wir da eigentlich suchen. Angetrieben von der liebenden Verbindung, die wir nur als Sehnsucht und Wunsch in uns spüren. Doch so lange wie wir nicht wirklich wissen, was uns antreibt, so lange irren wir im Leben umher, das für uns stets unvollkommen bleibt.

Der Wunsch nach Heilung der Seele treibt uns weiter an. Manche werden Kinderärzte, nicht wissend, welche Kraft sie dazu aufruft. Manche ziehen wieder in den Krieg. Manche bekommen Angst vor Zügen, ohne auch nur zu ahnen, worin diese Angst begründet liegt. Manche werden verbittert. Manche fühlen sich nur durch schnelles Autofahren wirklich lebendig. Und dies kann dazu führen, dass erneut eine Mutter durch einen Unfall ihr Leben verliert, deren Kind fortan nach ihr sucht. Manche trinken viel, um endlich Ruhe zu finden, oder streiten, um die Ruhe zu vertreiben. So führt das blinde Treiben nicht selten zu einer Wiederholung

von Früherem. In dieser Wiederholung leben die alten Gefühle neu auf, die alten Traumata werden neu sichtbar.

Die Nachfolgenden gelangen hierdurch in die gleichen zeitlosen Räume des Traumas wie ihre Vorfahren. Nun steht man neben denen, die man unbewusst gesucht hat.

Aber können wir uns denn gar nicht mehr aus den Traumatisierungen lösen und neu beginnen? Wann schlagen die Uhren wieder? Wann geht die Seele weiter, in eine unbeschwerte Zukunft?

Dann, wenn wir unsere kindlichen Wünsche loslassen und zu etwas Größerem finden. Wenn wir darauf verzichten, dass das Kind wieder atmet, die Kameraden endlich nach Hause gehen, der Zug rechtzeitig hält und die Frau davor erkennt, dass sich das Leben lohnt. Wenn wir darauf verzichten, dass die Suche des Kindes endlich endet und seine Mutter zu ihm sagt: „Ich liebe dich auch."

Folgen wir stattdessen besser unserem Hund. Denn er führt uns zu der größeren, heilenden Kraft. Er läuft nicht nur zur Mutter und zum Kind, sondern auch zu demjenigen, dem das Kind mit seinem frühen Tod gefolgt ist. Er läuft auch auf die andere Seite der Front, wo ein Soldat, der eine andere Sprache spricht, im Bombenkrater liegt. Für unseren Hund sind beide Seiten der Front gleich. Für ihn gehören sie zusammen. Er läuft weiter zu der Frau, die sich vor den Zug warf, und zeigt ihr das Kind des Zugführers, das unter dem Schicksal seines Vaters leidet. Er läuft weiter zu dem Autofahrer, der die Mutter des Kindes überfahren hat.

Er läuft an ihnen allen kurz vorbei, um sie
herum, schaut sie an und achtet sie, denn
für ihn gehören sie alle dazu. Mit ihnen allen wird es für ihn vollkommen. Für ihn
sind sie alle gleich. Er liebt sie alle. Zu allen
sagt er:

„*Hier bin ich.*"

Und wenn wir es ihm gleichtun, beginnen
die Uhren wieder zu schlagen.

Wie der Topf zum Deckel kommt

Die Fähigkeit, tiefe seelische Verbindungen einzugehen, führt auch dazu, dass man ganz bestimmte Menschen bzw. Tiere anzieht, die mit ähnlichen Themen in ihrer seelischen Innenwelt beschäftigt sind. Die Anziehung geschieht dabei auf verschiedenen Ebenen, die durch eine Erweiterung des ersten Schaubildes verdeutlicht werden können.

Dann gibt es die Anziehung aus der eigenen Lebensgeschichte heraus. So fühlen wir uns zu manchen Menschen hingezogen, weil diese ähnliche Erfahrungen in ihrem Leben gemacht haben. Mit anderen Menschen hingegen möchte man gerade aufgrund der eigenen Erfahrungen nichts zu tun haben.

Schließlich gibt es die Anziehung, die aufgrund der seelischen Kräfte aus der Familiengeschichte entsteht. Hier entsteht eine Verbindung durch zueinander passende familiengeschichtliche Hintergründe. Man zieht auf der unbewussten Ebene menschliche und tierische Partner an, um alte Traumata zu heilen. In der sich dann entwickelnden Beziehung kann entweder

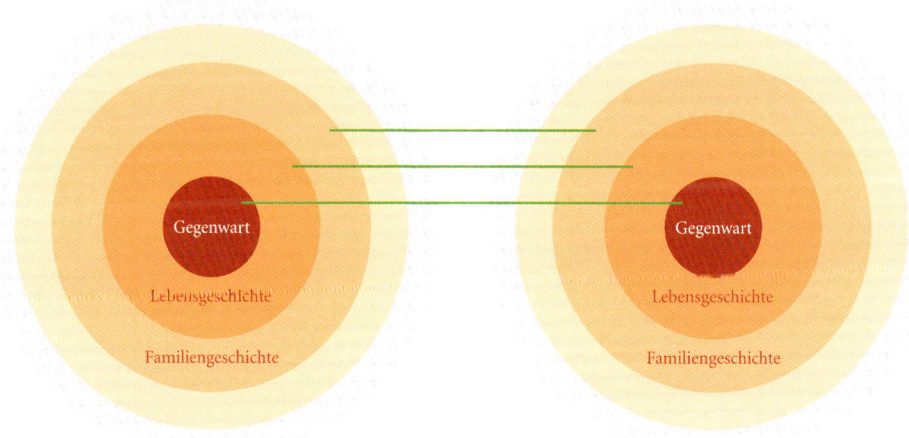

Es gibt die Anziehung der gegenwärtigen Lebenswelt, in der auf Interessen und gemeinsames Erleben geschaut wird. Hier findet man Menschen, um mit ihnen gemeinsam eine schöne Zeit zu erleben.

zu einer Heilung gefunden werden, oder aber das frühere Trauma wird in einer Neuauflage sichtbar. Es passiert dann Vergleichbares in einem neuen Gewand wie Generationen zuvor.

Diese Anziehung findet auch oftmals ohne Gefühle der Sympathie oder Liebe statt. So verhakt man sich beispielsweise am Arbeitsplatz mit Menschen in Konflikten, weil eine seelische Anziehungskraft hierzu besteht. Viele Nachbarschaftsstreitereien, in denen Kleinigkeiten nicht mehr lösbar sind, haben einen solchen antreibenden Hintergrund. Dann wird das vor der Haustür abgestellte Fahrrad zu einem stellvertretenden Gegenstand, der tiefe Verletzungen oder tief liegende Aggressionen auslöst. Durch das Fahrrad gerät etwas aus einem Familientrauma ins Schwingen.

Aus dieser hintergründigen seelischen Energie heraus ziehe ich unter Umständen auch genau den Arzt an, der meine Krankheit nicht diagnostizieren kann, wodurch sich meine Lage verschlimmert. Oder ich finde unter Hunderten genau das Kindermädchen, das aus Überforderung mein Kind misshandelt oder aus Desinteresse vernachlässigt. Solche Beziehungen, in denen sich Täter- und Opferstrukturen entwickeln, entstehen oftmals durch diese seelische Anziehungsebene. Hierdurch kann eine Wiederholung von dem entstehen, was Vorfahren in ihrer Lebensgeschichte ähnlich erlebt oder gefühlt haben. Dieser Mechanismus wirkt bei allen Beteiligten gleichzeitig. Alle kommen jeweils in ein ähnliches Trauma hinein und dadurch ihren jeweiligen Vorfahren nahe.

Daher ist es nicht hilfreich, voreilige Schlüsse zu ziehen und Urteile zu fällen. Wer sich nur als Opfer des Arztes, des Kindermädchens oder des Nachbarn sieht, übersieht die Wechselwirkung der Kräfte, die hier wirken. Damit sich wirklich etwas verändern kann, sollte man sich auch weiterführende Fragen stellen: Was zeigt die Seele einem damit, dass sich zu diesem Arzt, zu diesem Kindermädchen oder zu diesem Nachbarn genau so eine Beziehung entwickelt? Auf was weist dies alles hin? An was kann das in der Familiengeschichte erinnern?

Wer hat sich ähnlich gefühlt?

Wozu braucht meine Seele solche Beziehungen und Ereignisse? Womit ist die eigene Seele beschäftigt?

Denn mit dem, was sich in unserem Leben wiederholt, zeigt sich, womit wir noch an das Vergangene gebunden sind. Dass Menschen beispielsweise sagen, dass sie sich immer wieder in die Falschen verlieben, beschreibt diesen Mechanismus in anschaulicher Weise. Sie geraten in den Beziehungen immer wieder in die gleichen Muster. In solche Muster gerät man auch mit einem Tier, da auch hier die gleiche seelische Anziehungskraft besteht.

Viele Menschen, die sich beispielsweise ein traumatisiertes Tier ins Haus holen, tun dies aus dem tiefen Wunsch heraus, das eigene unerkannte Trauma zu lösen. Dadurch allerdings ist das Tier der Gegenwart beider Traumata ausgesetzt, dem eigenen und dem des Menschen. Dann reagiert das Tier oft vollkommen unverständlich für den Menschen. Erkennt man aber über das Tier, das man gewählt hat, sein eigenes Trauma und wendet sich diesem heilend zu, kann dies dazu führen, dass auch das Trauma des Tieres seine Kraft verliert.

In diesem Sinne helfen uns Tiere, die wir unbewusst erwählen, unsere inneren Themen sichtbar zu machen. Wenn wir die Chance ergreifen, die darin liegt, können wir durch unsere Tiere wieder zu uns selbst kommen.

Wir können unsere Seele gemeinsam mit unserem Tier vervollständigen.

Schlimm

Das lasse ich mit mir nicht machen. Das ist eine Unverschämtheit.

Ich erhielt morgens einen Bescheid von der Einschläferung eines Schäferhundes, der eine Woche vorher bei mir gewesen war. Ich hatte allen Beteiligten ganz klar gesagt, dass da mit mehreren Sitzungen, die Mensch und Tier betreffen würden, das Problem des Fiepens zu beseitigen sei. Ich dachte damals noch: „Warum hast du ihn nicht dabehalten?" Ich hielt jetzt dieses Schreiben fassungslos in den Händen, in dem die Tierärztin schriftlich bescheinigte, dass der Hund in ihrer Tierarztpraxis zwei Tage nach dem Termin bei mir eingeschläfert worden war. Ohne weiteren Kommentar der Besitzer.

Eine weiß gekleidete Frau betritt den Raum. Er kennt sie, er achtet sie und er, dieser fiepende Hund, hofft auch jetzt, dass sie nun endlich eine Lösung findet für den, für den er da fiept. Sie ist nach diesem letzten Gespräch mit seinen „Besitzern" überzeugt, was jetzt zu tun sei. Sie hat das Für und Wider abgewogen. Sie behandelt ihn nun seit drei Jahren ohne Erfolg. Auf Psychopharmaka reagierte er paradox, auch alles andere blieb erfolglos.
Letztendlich entscheidet sie jetzt über Leben und Tod. Sie entscheidet mit über das weitere Schicksal dieser Familie, ohne nur erahnen zu können, was sie da tut. Dass sie da einen Pakt mit dem Teufel eingeht, liegt nicht in ihrem Bewusstsein. Sie wird jetzt die Vollstreckerin. Sie wird gleich die Spritze aufziehen, weil sie sich seinen

Menschen gegenüber verpflichtet fühlt. Sie weiß davon, dass der Mann krank ist. Erst schleichend und dann mit Gewissheit: Krebs. Im Laufe dieser Zeit wurde das Fiepen des Hundes lauter, und der Satz der Ehefrau klang ihr in den Ohren: „Wenn der Hund wenigstens aufhören würde mit dem Fiepen."
Jetzt stehen Chemotherapie und Bestrahlung an, und da ist es doch das Beste, ihn einzuschläfern. Ihn, der da keine Ruhe gibt, der ununterbrochen fiept, jault und klagt. Oder, denkt sie?

Sie nimmt ihnen den Hund ab, ihnen, dem Mann und der Frau. Sie führt ihn in ein anderes Zimmer, schließt die Tür und man hört sein Weinen und Klagen noch für einige Zeit, bis es still wird. Später bestätigt sie noch mal die Richtigkeit ihres Tuns. Diese Menschen bitten sie, die Unwissende, um eine schriftliche Bestätigung mit ihrer Unterschrift und Datum über die Einschläferung ihres Hundes.

Drei Monate später verstirbt der Mann.

Schade, denke ich. Ich weiß nicht mehr seinen Namen, aber ich sehe diesen unverstandenen Hund immer noch weinend vor mir stehen. Ich verstehe ihn, seine Liebe und seine warnenden Laute, die unerhört blieben. Ich verneige mich tief vor ihm und überlasse anderen die Bürde ihrer Entscheidung.

DIE JUNGEN NEUEN UND DIE UNVERBESSERLICHEN ALTEN

Schreie, Tritte, Kasernenton. Das Herz klopft bis zum Hals. Ich denke an den Mann, der mit der Leine auf seinen sich duckenden Hund einprügelt. Währenddessen setzt er auch seine Stimme zusätzlich dafür ein, ihn brechen zu wollen. Ich sehe das Bemühen des Hundes, sein seelisches Rückgrat zu schützen. All dies geschieht unter der Aufsicht des Hundetrainers. Ich bin froh, dass ich meinen Hund zu Hause gelassen habe.

„Frau Oppermann, man hat mir gesagt, dass ich meinen Hund mit vier Monaten nicht mehr streicheln darf, sonst ..."
„Frau Oppermann, ich habe meinen Hund zu einem Trainer gegeben, der seinen Hund auf offener Straße im Beisein anderer Menschen zusammengetreten hat."
„Frau Oppermann, ich soll ihm so lange nichts zu essen geben, bis er ..."
„Frau Oppermann, mein Hund ist beim Training schwer verletzt worden ..."
„Frau Oppermann, die Nachbarin gibt jetzt mit dem Elektrohalsband Elektroschocks, dann, wenn ich nicht da bin und mein Hund bellt. Es hilft aber nicht mehr. Jetzt jault er auch noch, wenn er Elektroschocks bekommt, obwohl das auf höchster Stufe eingestellt ist. Die Nachbarin will das jetzt auch nicht mehr machen."

„Es war toll, Frau Oppermann."
„Er hört, Frau Oppermann."
„Frau Oppermann, der Trainer ist spitze."
„Er läuft jetzt an der Leine."
„Wir tanzen durch die Halle."

„Er ist an meinem Mann vorbeigelaufen und hat vor mir kerzengerade sitz gemacht. Das war das schönste Erlebnis seit Jahren. Mein Mann hat vielleicht geguckt."

Musik dröhnt durch die Halle. Vier Teams legen sich ins Zeug und man sieht das Leuchten in den Augen. In den Augen der Hunde und deren Menschen, die stolz ihre Körper bewegen und gemäß den vorher an sich selbst erfahrenen Körperübungen erleben durften, wie viel Macht man über die Körpersprache ausdrücken kann. Sie haben gelernt, dass ihr und sein Körper einen gemeinsamen Tanz tanzen können. Wenn man es gut beherrscht, geht das auch ohne Verbalsprache – ein Traum. Der Hund folgt einem, gerne sogar.
Ein anderes Team übt Dogdancing zu den Klängen Roger Whittakers. Selbst hätte man zwar eine andere Musik gewählt, aber klasse sieht das aus. Alle strahlen und gönnen sich verschwitzt eine Pause. Sie trinken Kaffee, die Hunde toben, mittlerweile ohne Musik, durch die Halle. Man ist stolz auf sich und auf seinen Vierbeiner.
Mittlerweile kann die lebenslustige Dame, die erst seit einem halben Jahr dabei ist, sogar heimlich ein bisschen mit ihrem hoch motivierten Charly angeben, auch bei den Nachbarn. Vor allem dann, wenn die Frau von gegenüber das Tor schnell schließt, weil der Postbote etwas früher als gewohnt vor dem Haus parkt. Dabei war die Nachbarin bei dem gleichen Trainer wie sie. Sie selbst versteht das nicht, man muss sich doch nur ein bisschen mehr bemühen, dann geht es doch. Geht es, wenn man sich nur ein bisschen mehr bemüht und die Übungen fleißig macht?

Voller Hoffnung in die Katastrophe

Neben den vielen Menschen, die Spaß und Freude mit ihren Hunden haben, suchen aber auch viele Menschen die Hundeschule auf, weil sie schon lange keinen Spaß mehr mit ihrem Hund hatten oder diesen noch nie hatten. Sie sind verzweifelt und unglücklich. Sei es, dass der Hund sich gegenüber Menschen und Tieren wie ein Berserker verhält oder einen sein ängstliches Verhalten an den Rand der Verzweiflung bringt. Diese Menschen wenden sich in großer Not an einen Fachmann. Dies bedeutet für viele eine Hürde, die erst einmal überwunden sein will. Doch um mit ihrem vierbeinigen Freund irgendwie gemeinsam weiterleben zu können, nehmen sie selbst das auf sich.

So gehen diese Mensch-Hunde-Pärchen in die erste Trainingsstunde. Sie hören und sehen dem Trainer zu, der zeigt, wie es geht. Nun zeigen sie wiederum dem Trainer, wie sie bisher mit ihrem Hund umgegangen sind, und schildern die Probleme. Aufgrund dessen erklärt der Fachmann, was zu tun ist, und lehrt den Hundebesitzer ein neues Verhalten, das, wenn es eingeübt und beachtet wird, den gewünschten Erfolg bringen soll.

Bleibt aber das Angebot dieser Lehrer und Fachleute nur auf eine Verhaltenseinübung reduziert, so hilft das all jenen Mensch-Hunde-Teams nicht weiter, deren seelischer Zustand etwas anderes braucht. Es hilft denen nicht, bei denen es darum geht, dass etwas aus dem seelischen Energiefeld unentdeckt geblieben ist, was der Hund mit seinem Verhalten zum Ausdruck bringt. Denn dieses Unentdeckte führt auch dazu, dass Menschen das nicht umsetzen können, was der Fachmann ihnen empfiehlt, weil es sie sonst aus dem Gleichgewicht bringen würde.

So schafft sich ja mancher Mensch einen Hund an, um selbst in ein Gleichgewicht zu kommen. Der Hund wird zu etwas Großem und Bedeutsamem, etwas, was er vermisst hat und wonach er sich sehnt. Aus diesem Vermissen und dieser Sehnsucht heraus lässt er seinen Hund beispielsweise auch im Bett schlafen. Dieser Hund stabilisiert ihn innerlich, ohne dass der Mensch weiß, warum das eigentlich so ist. Der Hund wiederum bemerkt, dass er seinen Menschen stabilisiert und eine tiefe Sehnsucht in diesem stillt. Der Hund ist jetzt der, der sich in Liebe um den Menschen kümmert, und nicht mehr der Mensch auf einer erwachsenen Ebene um den Hund. Aus diesen Positionen heraus entsteht oftmals ein scheinbares Dominanzverhalten des Hundes, das von außen betrachtet aggressiv erscheint. Der Hund bestimmt dann nach kurzer Zeit Leine zerrend, wohin es beim Spaziergang gehen soll, kümmert sich darum, welche anderen Menschen und Tiere beim Ausflug seinem Menschen nahe kommen dürfen, und bestimmt auch, welcher Besuch ins Haus darf und welcher nicht.

Dem sehnsüchtigen Menschen wächst dieses Kümmern seines Hundes schnell über den Kopf. Doch abends im Bett, wenn der Körper des Menschen von dem Hund, der jetzt so ganz anders ist, gewärmt wird, verfliegt die tiefe seltsame Traurigkeit, dieser Schmerz, der einem schon so lange vertraut ist. Für ein paar Stunden scheint man der Erlösung nahe.

Doch in der Hundeschule sagt genau der Fachmann, dem man sich anvertraut hat und der eine besondere Stellung für den Hundebesitzer hat, dass dies nun verändert werden muss. Der Hund soll fortan nicht mehr in das Bett, soll kaum noch angefasst werden und insgesamt weniger beachtet werden. Man soll auch weniger mit ihm sprechen und ihn durch all dies spüren lassen, dass nicht der Mensch auf den Hund angewiesen ist, sondern der Hund auf den Menschen. Dann würde der Hund den Vorteil für sich erkennen, dem Menschen zu folgen.

Doch die Wahrheit ist, dass viele Menschen in dieser Situation seelisch auf den Hund angewiesen sind. Daher können sie wider besseres Wissen nicht auf das verzichten, was sie stabilisiert, und schon drei Tage nach der Hundeschule schläft der wichtige Seelenfreund wieder im Bett. Denn solange unbewusste Bereiche der Seele des Menschen nicht geheilt sind und ungesehen und unverstanden bleiben, sieht und versteht nur einer: der Hund. So lange wird der Hund sich nicht durch ein neues eingeübtes Verhalten des Menschen davon abbringen lassen, sich um den geliebten Menschen zu kümmern.
Nimmt er „Bedrohliches" im Energiefeld des Menschen wahr und dass sein Mensch

innerlich aus dem Gleichgewicht gerät, so werden auch klar gesprochen Befehlsworte, eine veränderte Stimme oder eine Körpersprache, die an die der Hunde angelehnt ist, nicht zu einer Verhaltensveränderung bei ihm führen.
Solange das besteht, was den Menschen innerlich bedroht, so lange bedroht es auch ihn. Er würde seine Menschenfamilie niemals im Stich lassen, auch wenn sein eigenes Verhalten nur allzu oft dazu führt, dass er vom Hundetrainer oder von seinem Menschen genau dafür dann auch noch bestraft wird.

Daher wird in solchen Fällen die Hundeschule nicht selten für diese Mensch-Hunde-Teams zu einem Trauma. Eine letzte Hoffnung, die zusehends zerbricht. Denn am Ende der Fahnenstange angekommen, führen auch viele der neuen Hundeschulen das Mensch-Hunde-Team in eine seelische Katastrophe. Denn anstatt sich einzugestehen, dass man mit seinem Latein am Ende ist, erklärt so mancher Hundetrainer wie ein Familienrichter, dass es nun das Beste sei, wenn Hund und Mensch sich trennen würden. Als Grund wird dann meist angegeben, dass problematische Eigenschaften des Menschen die problematischen Eigenschaften beim Tier begünstigen. Doch genau darin liegt ja der Grund, warum der Mensch diesen Hund erwählt hat und keinen anderen. Genau hierin liegt die große Chance. Vorausgesetzt, irgendjemand erkennt und versteht diese Wirklichkeit.
Wirkt aber in der Seele des Trainers selbst ein unbewusstes Trennungskonzept, so überträgt er dies nur zu leicht auf seine

menschlichen und tierischen Schüler.
Wenige Tiertrainer erkennen, dass bei dem Hund und dem Menschen, die ihnen gegenüberstehen, eine ganz individuelle Thematik im Hintergrund wirkt. Kaum jemand stellt die wichtigsten Fragen: „Was hat das mit mir zu tun? Was bringt das Tier mit seinem Verhalten zum Ausdruck? Was zeigt es mir von meiner Seele?"

Diese Fragen stellt sich nicht der Besitzer. Es stellt sie auch nicht der Fachmann. Keiner schaut auf die Problemstellung, die dieses Paar zusammenschweißt. Denn nur weil sie so sind, wie sie sind, passen sie so gut zusammen. Nur zwischen ihnen wird, wie in einem eigenen Zwischenraum, das sichtbar, was geheilt werden will. Das ist der wirkliche Grund, warum sich der Mensch mit diesem Tier bindet.

Tritt endlich dadurch die Heilung ein, dass der Mensch sich seinem seelischen Feld zuwendet, und lernt er den Ursprung seiner inneren Sehnsüchte zu verstehen, so verändert sich viel, ohne dass man etwas verändert. Nun könnte der Besitzer, weil der Schmerz geheilt ist, auf den Hund im Bett verzichten, könnte ihn mit weniger Worten und weniger Aufmerksamkeit führen, damit er folgt. Aber nun folgt der Hund auch dann, wenn er im Bett liegen darf, wenn er berührt und verhätschelt wird. Denn nun kann er sich an seinen Menschen anlehnen, ist frei davon, sich um diesen zu kümmern. Nun weiß er, dass sein Mensch mit dem zurechtkommt, was ihnen beim Spaziergang und auf dem weiteren Lebensweg begegnet. Er kann jetzt endlich einfach (Hund) sein.

Ungeklärte Autoritätsprobleme

Sich in schwierigen Situationen an Fachleute wie einen Hundetrainer zu wenden, kostet immer Überwindung. Denn hier stürzen verschiedene Aspekte auf Menschen ein, die in der Hundeschule wieder zu einem Schüler werden. Einer dieser Aspekte hat mit den persönlichen Erfahrungen zu tun, die man mit Autoritäten erlebt hat. Nicht alle erinnern sich gerne an ihre Schulzeit oder denken beglückt an die Stunden mit ihren Eltern zurück, in denen diese ihnen das Einmaleins beigebracht haben. Die Lernerfolge in der Hundeschule sowie auch die im Alltag hängen ausschlaggebend von dem früher Erlebten und dessen Verarbeitung ab.

Gab es vertrauensvolle und fördernde oder erniedrigende Erfahrungen? Das Gleiche gilt für den Lehrer selbst. Vertraut er seinem Schüler, oder findet er ihn renitent und dumm? Fühlt er sich schnell genervt von ihm? Kann er ihn annehmen, so wie er ist? Oder schlägt der Trainer sich selbst mit verdrängten Negativerfahrungen bezüglich Autoritätspersonen herum?

Lehrer haben die Autorität und die Macht der Beurteilung, was an sich schon in vielen Menschen einen Reflex der Beklemmung auslöst. Die überwiegende Mehrzahl der Trainer hat diese Aspekte noch nie in den Blick genommen, geschweige denn ihr eigenes Verhalten daraufhin überprüft.

57

Menschen, die in einer lehrenden Funktion stehen, müssen sich neben ihrer Fachlichkeit auch ihrer Verantwortung auf diesen Ebenen bewusst werden. Wenn es aus diesen Hintergründen heraus zu Konflikten kommt, ist ein Scheitern vorprogrammiert. In diesem Spannungsfeld steht dann der „arme Hund", der gemäß seinen Möglichkeiten agiert. Nicht selten führen die Spannungen zwischen Lehrern und Schülern sowie daraus resultierende Machtkämpfe zu einer Verstärkung oder Verschiebung des eigentlichen Problems, wofür man ursprünglich den Fachmann zurate gezogen hat.

Wenn sich erst mal zwischen Trainer und Hundebesitzer Druck aufgebaut hat und wechselseitige Zweifel und Überzeugungswünsche herrschen, kann dies zu plötzlich auftretenden Erkrankungen, zu Unfällen bei Übungen in und außerhalb des Trainings führen. Wird einfach unberücksichtigt dieser Tatsachen weitergemacht, kann es zu Übersprungshandlungen der Einzelnen im Training führen. In der Regel findet dieses in Gruppen statt und die Hunde sowie die Menschen dieser Gruppe bleiben von den Auswirkungen solcher Probleme nicht verschont.
So springt beispielsweise in solch angespannten Gruppensituationen ein Hund eines anderen, unbeteiligten Teilnehmers in die Bresche, um etwas Helfendes zu unternehmen. Oftmals hoffen diese Hunde, dass ihr Besitzer den Überblick hat und etwas gegen die Spannungen unternimmt. Deshalb passieren häufig Beißunfälle, die man sich nicht wirklich bei den Hunden selbst erklären kann. Solche Beißunfälle

und Attacken sind unnötig und hausgemacht. Wenn hier ein Trainer die Übersicht dadurch behalten würde, dass er auch sein eigenes Verhalten und seine eigenen inneren Vorgänge in den Blick nehmen würde, könnten viele Verletzungen und sogar das Sterben einiger Tiere vermieden werden.

Bei ungeklärten Autoritätsproblemen ist ebenso dramatisch, dass zum einen das eigentliche Problem ungesehen bleibt und zugleich die wirkliche Lösung vollkommen aus dem Blick gerät. Diese sollte aber immer an erster Stelle stehen. Daher sollte ein Trainer auch die Größe haben, sich die Grenzen seiner Möglichkeiten einzugestehen und hier dann das Handtuch in die Mitte des Ringes zu werfen, bevor noch mehr Menschen und Tiere k. o. gehen.
Kommt er mit einem Mensch-Hunde-Team nicht klar, oder hat er nicht die nötige Ausbildung, um in solchen Fällen auch auf der seelischen Ebene zu arbeiten, ist es seine moralische Pflicht, die Arbeit hier und jetzt zu beenden.
Ist ein Trainer aus nicht geklärter Verlustangst hierzu nicht in der Lage, sollte er sich nun selbst dringend Hilfe holen. Andernfalls führt es, wie von uns oft gesehen, zu Traumatisierungen, die man hier in der Vielfalt gar nicht ausführen kann.

Die Fähigkeit, sich im Sinne eines Überblickes über den Prozess zu stellen, muss und kann erlernt werden. Die professionelle Reflexion des eigenen Handelns, die in vielen Berufsfeldern mittels Supervisionen seit vielen Jahren praktiziert wird, sollte auch für einen Tiertrainer sowie auch für Tierärzte oder andere Helfer zu

einer Selbstverständlichkeit werden.
Neben der eigenen persönlichen Entwicklung wächst hierdurch auch der berufliche Erfolg.

Aber der Fachmann hat doch gesagt …

Wie aufgezeigt, findet auch hier immer wieder der Topf zum Deckel. So bleibt neben der Verantwortung des Fachmanns auch die Verantwortung des Tierhalters für seine Wahl der Hundeschule. Wird der Besuch zu einem Trauma für den Menschen oder führt er zu Verletzungen oder gar zum Tod des Tieres, so bleiben auch hier für die Erfassung der vollständigen Wirklichkeit die Fragen:
Wozu hat man sich gerade einen solchen Fachmann gesucht? Was wird einem hierdurch deutlich? Auf was weist dies alles hin? Welchen Sinn ergibt dies in meinem Leben? An was erinnert das in meiner Lebens- und Familiengeschichte? Wozu braucht meine Seele solche Beziehungen und Ereignisse? Womit ist die eigene Seele beschäftigt?

Wie wir es auch drehen und wenden, wir kommen nicht umhin, dass das, was uns passiert, einen Sinn hat. Dazu später mehr.

Trauma und Retraumatisierung

Auf ein Trauma des einen folgt oftmals eine Traumatisierung eines anderen. Denn ein Trauma wirkt so, als ob die Seele erblindet. Doch unsere Seele ist es nicht, die erblindet. Sie kann nicht taub, stumpf oder blind werden. Sie bleibt lebendig und wach. Nur wir können unserer eigenen Seele gegenüber erblinden.

Sind wir aber erst mal unserer eigenen Seele gegenüber blind geworden, so sehen wir auch die Seele des anderen nicht mehr. Wir werden kalt gegenüber uns selbst und kalt gegenüber anderen. Wir werden gewalttätig gegenüber unserer eigenen Seele und gewalttätig gegenüber anderen.

So tun wir oftmals selbst denen, die wir lieben, das an, was uns angetan worden ist.

IMMER WIEDER DAS GLEICHE

Sein Blick schweift morgens über die Patienten und ihm sträuben sich die Nackenhaare, wenn er sieht, dass da eine Mutter mit ihren Kindern steht, während eines von ihnen eine circa acht Wochen alte Katze auf dem Arm hält. Die Mutter ist genervt und ihre Kinder vollkommen aufgedreht.

Sein Blick schweift kurz über die Karteikarten, die die Sprechstundenhilfe auf die Theke gelegt hat. Er nimmt aus dem Augenwinkel wahr, dass dort eine Frau mit ihrem Jagdhund sitzt, und gleichzeitig hört er, wie die Mutter ihrem Sohn zuruft: „Sven, geh von dem Hund da weg, halt die Katze fest, ich habe dir doch gesagt, du sollst aufpassen!" Dort sitzt Frau Röder, deren Kater er seit Langem behandelt und die zwischendurch immer mal wieder gerne vorbeikommt. Sie findet auch seine Frau ausgesprochen nett.

In all dieser morgendlichen Bestandsaufnahme schaut er auch auf den kleinen Jungen, der eisern und stolz den Griff um die kleine Katze gelegt hat. Sie miaut kläglich dabei und versucht sich aus seinem Griff zu winden. Er weiß, obwohl er es lieber nur befürchtet, was er da gleich auf dem Behandlungstisch diagnostizieren wird. Er ahnt den Spagatakt, den er vollziehen wird.

Das sind die Stunden in seinem Berufsleben, die er hasst und die so unnötig sind. Sie rauben ihm und auch vielen seiner Kollegen nachts den Schlaf.

Er beißt die Zähne zusammen und es ist offensichtlich, dass keiner der Anwesenden

mit der Mutter reden wird, um ihr deutlich zu machen, dass sie die Verantwortung für das Tier übernehmen muss. Niemand von ihnen wird sie zur Rede stellen, um sie darüber aufzuklären, wie zart die Knochen von Katzenwelpen sind. Er atmet tief durch und auch das bekommt keiner von ihnen mit. Sie alle sitzen da und erhoffen sich Hilfe von ihm, für ihre Tiere und sich selbst. Man schaut bewundernd auf ihn und auch manchmal angstvoll. Er hört auch die Worte der älteren Dame, die liebevoll mit ihrem Vogel spricht: „Der Onkel Doktor wird das schon machen."

Tja, ob so oder so, der Tag ist gelaufen. Er wird es wieder selbst machen müssen. Die kleine Katze behandeln, mit der Mutter reden, ihr und den Kindern zeigen, wie man mit Katzen umgeht, sie zu einem neuen Termin bestellen und dann darauf hoffen, dass sie diesen auch einhalten wird. Das wäre dann schon ein Erfolgserlebnis. Stattdessen bleiben ihm oft genug nur die Röntgenaufnahmen dieser kleinen Wesen und das Zittern ihrer Körper in Erinnerung. Manchmal fragt er noch vorn an der Rezeption nach: „Hat Frau Stolz sich gemeldet, die mit dem Katzenwelpen, der den doppelten Bruch hat?"
Leider sieht er oft diese Katzen, wenn überhaupt, erst über den Tierschutz oder einen neuen Besitzer wieder. Dann, wenn sie eine lange Leidensgeschichte hinter sich haben und schwer vermittelbar sind.
Unverträglich mit Kindern, Hunden, handscheu, stubenunrein, kratzend, bissig, kein Katzenwelpe mehr und hochsensibel. Es ist und bleibt für ihn ein Drama. Er weiß, dass ihm hierbei im Vorfeld die Hände

gebunden sind, und dies macht ihn immer noch wütend. Wenn es nach ihm gehen würde, gebe es ein Verbot. Dies würde die Eltern in die Pflicht nehmen und ihnen untersagen, kleine Tiere unbeaufsichtigt in Kinderhände zu geben. Leider geht es aber nicht nach ihm und so ist er immer wieder froh, wenn er keine allzu großen Schäden an den Tieren diagnostizieren muss.

Ansonsten sagt er schon lange nichts mehr dazu, wenn sie dastehen und ihm sagen: „Verstehen wir auch nicht, wie das passieren konnte, die zappeln ja so, wenn der Kleine sie auf den Arm nimmt." Er ist es müde geworden. Nur dann, wenn er gehäuft Brüche und andere Verletzungen an seinen Patienten nachweisen kann, erst dann kann er die Behörden hinzuziehen.

Manchmal fragt er sich, was besser für diese Tiere ist. Wenn sie in ihren Käfigen in den Kinderzimmern in einer Ecke vergessen werden, oder wenn sie Gefahr laufen, tot gespielt zu werden?

Auch morgen

wird es voraussichtlich wieder so sein. Wenn es dann keine Katze ist, ist es halt ein Hamster, ein Meerschweinchen, Hase oder Vogel. Es ist halt immer wieder das Gleiche.

Kleine Wesen, große Liebe

Eltern bezeichnen den tierischen Famili-enzuwachs, den sich das Kind gewünscht und dann bekommen hat, schnell als Spielpartner ihres Sprösslings. Dabei beto-nen sie das Wort so, als würden sie Spiel-zeug meinen. Sie übersehen dabei, dass es für das Kind ein echter Lebenspartner, gleichwertig einem Geschwisterkind ist. Für manches Kind ist sein geliebtes Tier der einzige Freund, den es hat.

In dieser stellvertretenden Beziehung wird auch all das ge- und erlebt, was die klei-ne Kinderseele erfreut und beglückt, quält und bedrückt. So kann die Einsamkeit, die abwesende Eltern hinterlassen, mit diesem fühlenden Lebewesen gemildert werden. Der Hund, der dem geworfenen Ball ausdauernd hinterherläuft, wird zum Spielpartner, der vergessen lässt, dass man ansonsten niemanden hat. Abends, wenn das Kind den Hund im Fell krault, leckt dieser die kleine Kinderhand.

Dann scheint es unbedeutend, dass nie-mand anderer einen in den Arm nimmt und sagt: „Es ist so schön, dass ich dich habe."

Vater, Mutter, Kind

Kinder spielen nicht nur mit Figuren und Puppen Rollenspiele wie „Eltern und Kind", sondern auch mit Tieren. Hierbei begeben sie sich oftmals in die Rolle der Eltern und reproduzieren das selbst Erfahrene. Auch wenn es sich hierbei um ein Spiel handelt, so sind doch die im Spiel erlebten Gefühle echte Gefühle. Beispielsweise fühlt sich ein Kind im Rollenspiel wirklich bestraft, wenn die Spielmutter es bestraft.

Diese echten Gefühle entstehen auch im Spiel mit einem Tier. Auch hierbei werden oft Positionen und Verhaltensweisen aus dem wirklichen Leben des Kindes im Spiel reproduziert. So kommandiert manchmal ein Kind seinen Hund herum, wie es selbst von den Eltern herumkommandiert wird. Es züchtigt sein Tier, wie es selbst gezüch-tigt wird. Aber warum tun Kinder das? Sie müssten sich doch eigentlich in ihrer Spielwelt eine „heile Welt" zum Ausgleich erschaffen? Sozusagen eine gewaltfreie Zone, in der der lang ersehnte Wunsch nach Annahme und Zartheit wenigstens dort einen Platz bekommt?

Warum drangsalieren sich Kinder noch in ihrer eigenen Freizeit, wenn sie schon von ungeduldigen Eltern bei den Hausaufga-ben unter Druck gesetzt werden? Warum drangsalieren Kinder ihr Tier, wenn dies vielleicht ihr einziger Freund ist? Die Ant-wort liegt darin, dass sich das Kind durch dieses seltsam anmutende Spiel mit den Eltern identifizieren kann.

Im Nachspielen erlebt es die Eltern. Wenn der Hund nicht hört, an der Leine zerrt oder nicht im Korb bleibt, wie das Kind es verlangt, dann erlebt das Kind die Ungeduld, die auch die Eltern bei ihrem Kind erleben, wenn es sich nicht die Jacke anziehen will. Wenn der Hund ein neues Kommando einfach nicht begreift, dann spürt das Kind die gleiche Verzweiflung, die gleiche aufsteigende Wut wie der Vater im Umgang mit seinem Kind. Durch dieses gleiche Fühlen, dieses gleiche Sein, erlebt das Kind seine Eltern vom eigenen Inneren her. Es identifiziert sich mit ihnen. Es wird einen Moment lang selbst zu seinen Eltern. So kann es die Eltern begreifen und ihnen nahekommen.

Durch dieses nachahmende Spiel, das meist fernab von den Eltern stattfindet, geraten mit den Tieren auch die Kinder in Not. Wenn ein Tier bei diesem Spiel verletzt oder schreckhaft wird oder gar zu Tode kommt, so hat das Kind auch noch an diesen Folgen innerlich zu tragen. In der Kinderseele handelt es sich ja um einen wichtigen Freund, gleich einem Geschwisterkind.

Eltern sagen oftmals, dass man ja einfach ein neues Tier anschaffen kann und der bissige Hund im Tierheim landet. Durch diese elterliche Geringschätzung dem Tier gegenüber muss das Kind aber mit seinen Schuld- und Trauergefühlen alleine fertig werden.

Lebenswert

Kinder lernen nicht nur durch Reproduktion von Erlebtem im Spiel, sondern auch vor allem durch das Kennenlernen von Neuem. So kann die Beziehung zu einem Tier für ein Kind auch zu einer Abenteuerreise werden, in der Zartheit, Zusammenhalt, Unternehmungslust, Neugierde und Vertrauen in ganz neuem Maße erfahren werden.

Dann bildet die Beziehung zum Tier einen Gegenpol oder zumindest einen weiteren Pol zur Beziehungswelt zu den Eltern. Dieses nicht selten vorkommende Bündnis mit einem Tier kann Erfahrungen ermöglichen, die später auf zwischenmenschliche Beziehungen übertragen werden können. Tiere sind dann für Kinder eine Brücke zu einem liebevollen Miteinander. Sie machen somit für viele Kinder das Leben lebenswerter.

MEINE FISCHE IM TEICH

„Was ist mit dir los? Er ist mal gerade erst vier", sagte meine Frau vor ein paar Tagen, als sie verärgert zum Teich in den Garten kam. Es ging um unseren Sohn. Dieser hatte mir oft dabei zugesehen, wie ich die Kois in unserem Teich fütterte. Dabei kamen diese so nah, dass ich sie streicheln konnte. Das wollte er nun auch. „Wenn du sie streicheln willst, musst du nur deine Hand ganz ruhig im Wasser halten." Aber dies gelang ihm nicht. Er wurde vor Aufregung zu unruhig, griff nach einem Fisch und verscheuchte ihn damit. Darüber wurde er so verzweifelt, dass er anfing zu weinen. „Du musst halt auch ruhig bleiben!", herrschte ich ihn an. Heulend rannte er zu seiner Mutter. Eigentlich wollte ich doch ein verständnisvoller Vater sein. Ich dachte an meinen Vater …

„Du hast es ihm versprochen", hörte ich meine Mutter sagen. Mein Vater widersprach ihr nicht mehr. Ich horchte. Vielleicht antwortete er ihr durch ein Kopfnicken, welches ich hinter der verschlossenen Tür nicht sehen konnte? Hieße das, er würde mich morgen wirklich mitnehmen? Ich wusste, dass er mich nicht gerne mitnehmen würde. Wahrscheinlich würde ich ihn wieder nur stören. Er sagte immer: „Wenn du ein richtiger Mann geworden bist, dann nehme ich dich mit an den See und du kannst mir helfen."

War ich jetzt endlich ein richtiger Mann? Als mein Vater in den Flur hinaustrat und mich sah, sagte er: „Hör mal, kleiner Mann, heute musst du früh ins Bett, denn wir haben morgen früh viel vor. Ein verschlafener Angler fängt nichts." Das war's. Ich konnte es kaum glauben. Ich würde morgen den ganzen Tag ganz allein mit meinem Papa zusammen sein. So lange hatte ich darauf gewartet, hatte ihm abends in der Garage, wenn er nach Hause gekommen war, beim Säubern der Angelrute, der Freilaufrolle und der Koffer geholfen, während er mir erklärte, welche Köder für Brasse, Forelle und Barsch benutzt wurden. Manchmal ließ er mich die Angelrute in die Hand nehmen und schenkte mir eines Tages sogar eine Auswurfrolle, mit der ich stundenlang herumlief, wobei ich die kleine Kurbel drehte.

Meine Mutter weckte mich am Sonntag früh und dann ging alles ganz schnell. Ich hatte immer noch Angst, dass er es sich anders überlegen und mich zu Hause lassen würde. Erst im Auto sitzend konnte ich es richtig glauben. Jetzt ging es wirklich los! Dass dieser Tag dann so anders werden würde, als ich erhofft hatte, ist für mich heute noch schwer zu fassen.

In der Erinnerung sind viele Einzelheiten noch ganz klar, andere nur verschwommen. So weiß ich noch genau, wo mein Vater das Auto parkte, kann mich an das Tor erinnern, das nun morgens offen stand. Zu diesem Zeitpunkt freute ich mich noch und sog die Atmosphäre in mich auf. Ich trug unsere Klapphocker und mein Vater ging mir einen Schritt voraus. Ich bemühte mich, mit seinem Tempo mitzuhalten, denn ich wollte ihn heute nicht verärgern. Viel zu schnell zeigte er mir dann, wie man die Angel zusammensetzte, den Köder an der Schnur befestigte und die Schnur dann auswarf. Mit seiner zweiten Angel konnte

ich dies alles nicht nachmachen. Also nahm er sie mir ab, steckte sie selbst zusammen und warf auch sie aus und steckte sie in einen Rutenhalter. Wir warteten wortlos. Hin und wieder kamen andere Angler vorbei. Jeder hatte hier seinen Stammplatz. Einmal kam ein Mann zu uns und sagte zu meinem Vater: „Na, Theo, haben wir ein neues Mitglied?" Und zu mir gerichtet: „Na, Junge, schon was gefangen?" Ich war über die unerwartete Ansprache so überrascht, dass ich verlegen wurde und selbst nichts sagen konnte. Stattdessen antwortete mein Vater: „Sind wohl noch zu müde zum Anbeißen." Der Mann ging und kurz darauf kam ein anderer Mann auf uns zu. „Wusste gar nicht, dass du einen Sohn hast, Theo. Bringste ihm das Angeln bei? Beißen sie denn schon?" Beim letzten Satz schaute der Mann auf mich. „Sind wohl noch zu müde zum Anbeißen", wiederholte ich das eben Gehörte, um diesmal nicht wieder verlegen zu schweigen. Mein Vater schaute mich an und ich glaube, er war erfreut, dass ich diesmal seinem Anglerfreund geantwortet hatte. Dann geschah lange nichts.

Der Fisch, der dann anbiss, ist schon dreißig Jahre tot, aber die Erinnerung an ihn hat über die Zeit nichts an ihrer Lebendigkeit verloren. Ich kann heute noch seine schwingenden Bewegungen nachverfolgen, die er am Haken hängend vollführte, wenn ich meine Augen schließe. Dagegen klingen die Rufe meines Vaters nur noch dumpf in meiner Erinnerung. Verschwommen sehe ich, wie mein Vater an der Schnur zog, die Kurbel drehte. Ganz klar dagegen sehe ich das silbern reflektierende Sonnenlicht auf dem noch nassen Körper des Fisches, sehe den Wechsel von Bewegungslosigkeit und plötzlicher Aktivität, bei seinen Versuchen, von dem Haken zu entkommen.

„Schau mal, ich zeig dir jetzt, wie du ihn totmachen musst", sagte mein Vater und öffnete ein bisschen seine Hand, damit ich den Fisch besser sehen konnte. Dieser schaut. Er sieht mich an und versteht nicht, warum sein gewohnter Lebensraum, das Wasser, ihn nicht mehr umgibt. Er versteht nicht, was in seinem Maul verhakt ist. Er versteht nicht, warum seine Bewegungen vorerst zu nichts führen. Und ich verstehe es auch nicht. Er bemerkt und versteht aber sehr wohl, dass sein Leben bedroht ist. Dass sein Sauerstoff schwindet, seine Energie gespart werden muss.

Mein Vater spricht irgendwas davon, wie man den Fischkörper gegen die Kofferkante schlagen muss, damit das Genick des Fisches bricht. Hierbei nimmt er den Fisch am hinteren Bereich und deutet die Bewegung an. Ich soll diese Technik sehen. Ich soll sie lernen und dann den Schlag selbst ausführen. All das erinnere ich unscharf. Klar dagegen sehe ich die Augen des Fisches. Und diese sind im Gegensatz zu dem, was immer gesagt wird, gar nicht starr. Sie zeigen mir deutlich, was der Fisch fühlt. Er fleht. Er sehnt sich.

Mein Vater wiederholt, dass ich jetzt den Fisch an die Kante schlagen soll, als der Anglerfreund erneut zu uns kommt. Sein neugieriges Erscheinen erlöst mich zwar vom Vater und seinen Absichten, nicht aber vom Fisch. Und es erlöst auch nicht den Fisch, der jetzt meinem Vater aus der

Hand fällt und bewegungslos auf dem schlammigen Boden zum Liegen kommt. Ich sehe, wie sich sein Maul, obwohl vom Haken durchbohrt, rhythmisch öffnet und schließt, sehe, wie sich die Kiemenschlitze öffnen und wieder anlegen. Ich bemerke, wie Panik in ihm aufsteigt und gleichzeitig seine Kraft schwindet. Spüre, wie auch meine Kraft mich verlässt, als würde diese durch die Verbundenheit unseres Blickes nun auch in mir schwinden. Doch ich bleibe stehen, sage nichts. Ich will jetzt nur stehen bleiben, nicht auffallen, nichts verkehrt machen. Ich spüre, dass es jetzt wichtig ist, durchzuhalten. Ich werde meinen Vater nicht enttäuschen.

Hat er denn den Fisch schon vergessen? Er redet und redet, doch ich bin mit meiner Aufmerksamkeit nur beim Fisch. Immer noch mit seinem Anglerfreund redend, bemerkt der Vater irgendwann den Fisch im Schlamm liegend, nimmt ihn auf, reißt den Haken aus dem Maul und sagt, dass er tot sei. Wie nebenbei wirft er ihn in das Abtropfsieb, um sich dann seinem Gesprächspartner zuzuwenden.
Ich schaue dem Fisch tief in die Augen, um den Tod in diesem zu finden, doch stattdessen fängt das zerfetzte Maul erneut mit der kauenden Bewegung an. Da gibt es aber doch nichts zu kauen, keine Luft, die man schnappen könnte, und kein Wasser, das man mit dem Maul ansaugen könnte. Warum bewegt er bloß immer noch das Maul? Bitte, wann hört es endlich auf?

Am liebsten hätte ich ihn ins Wasser zurückgeworfen, aber das ging natürlich nicht. Ich habe es ausgehalten, nicht auf-

geschrien, nicht geweint, nichts gesagt und nicht gestört. Die Anstrengung, die mich das gekostet hat, war mir wohl anzusehen, denn mein Vater sagte: „Hast wohl schon keine Lust mehr. Ich hab der Mama schon gesagt, dass du bestimmt nicht durchhältst, die lange Zeit, und dann wieder nach Hause willst." Alles, was mir einfiel und was mir auch gelang, war ein steifes Lächeln aufzulegen und den Blick zum Vater zu wenden. „Na, ein bisschen musst du dich noch gedulden, bevor wir wieder gehen, sind ja schließlich noch gar nicht lange hier."

Ich weiß nicht, ob mein Vater an diesem Tag noch etwas gefangen hat, weiß nur, dass wir irgendwann nach Hause fuhren. Ich weiß noch, dass ich wieder die Klapphocker trug, während mein Vater sagte, dass ich nächsten Sonntag wieder mitkommen könnte, wenn ich wollte. Ich bin wieder mitgefahren. Ich habe gelernt, die Angel selbst zusammenzusetzen, habe gelernt zu warten und habe gelernt, den Fischen das Genick zu brechen. Es bietet keinen großen Widerstand, man braucht nicht viel Kraft dafür. Irgendwann wollte ich nicht mehr mit. Etwas hatte sich zwischen uns verändert.

Heute Morgen fütterte ich wieder mit meinem Sohn die Fische. Er ist aber immer noch so aufgeregt und zappelig, dass er die Fische vertreibt. Ich herrsche ihn nicht mehr an. Ich sage ihm: „Wenn du mal ein richtiger kleiner Mann bist, dann fressen sie dir auch aus der Hand, wirst schon sehen."

Das seelische Feld erneuern

Man kann sich fragen, wann und auf welche Weise ein Kind mit der Tatsache konfrontiert werden sollte, dass Tiere nun mal getötet werden. Man kann sich fragen, ob dieses nicht zum Erwachsenwerden dazugehört und die inneren Skrupel der Kinder, ihre Ängste und ihr Mitgefühl überwunden werden müssen. Schließlich gehört das Schlachten und Töten von Tieren ja zum Alltag. Man kann sich aber auch fragen, ob es eigentlich gut für uns ist, dass Töten zum Alltag gehört. Das Kind, für das ein Schwein genauso liebenswert wie ein Hund ist, fühlt sich mit dem Lebenden verbunden und hat Mitgefühl. Man kann sich fragen, ob das Kind damit nicht etwas hat, das es wert wäre, wiedergefunden zu werden.

Wenn auch der Verlust von Mitgefühl seit Generationen durch die Erziehung zum Erwachsenwerden dazugehört, so muss dies nicht zwangsläufig so bleiben. Der Verlust des Mitgefühls wird ständig trainiert. Beispielsweise wird die Jagd als Sport angesehen. Auf Tiere zu schießen wird als etwas Erstrebenswertes angesehen, das Freude und Zufriedenheit bringt. Für diese kurzweilige Befriedigung sterben Fische, Hirsche und Wildschweine. Sich von einem Einheimischen auf einer Großwildjagd zu Elefanten, Löwen, Leoparden oder Büffel führen zu lassen, um diese dann mit Zielfernrohr aus sicherer Entfernung abzuschießen, wird als eine Leistung und als ein Abenteuer betrachtet. Wir können nicht einerseits den Verlust an Mitgefühl beklagen, wenn wir diesen andererseits fördern. Beklagen wir nicht den Verlust von Mitgefühl bei Jugendlichen, wenn diese aus Langeweile und Unzufriedenheit heraus einen Menschen zu Tode treten? Beklagen wir nicht, dass sich Stärkere erbarmungslos an Schwächeren vergreifen? Hier führen unsere Jugendlichen nur das konsequent fort, was wir ihnen von klein auf beigebracht haben.

Das Vorleben von Gefühlskälte gegenüber lebenden und fühlenden Geschöpfen findet sich auch im Desinteresse und im Wegschauen wieder. Wir schauen weg, wenn Schweine geschlachtet, und dann auch, wenn Kinder misshandelt werden. Wir quälen Gänse ein Leben lang, für ein wenig Gänseleberpastete, die möglichst preiswert sein soll. Ist es dann verwunderlich, dass in diesem Zeitgeist Menschen andere für 200 Euro Diebesbeute erschießen?

Solange sich nicht etwas im Umgang mit den Tieren ändert, so lange ändert sich auch nichts im Umgang der Menschen untereinander. Um wie viel wäre das Leben reicher, wenn man statt Fische fangen und töten zu wollen sie lieber streicheln wollte? Beides geht nun mal nicht. Es ist leicht nachzuvollziehen, dass ein wertschätzender Umgang mit dem Leben der Tiere auch eine größere Achtung vor dem Leben allgemein mit sich ziehen würde. Wenn Tiere in unserer Gesellschaft wirklich artgerecht gehalten würden, wären die Zustände in unseren Altenheimen anders. Das Leben und die Lebenden wären dann wieder etwas Wertvolles und Besonderes.

Es stellt sich also die Frage, ob wir angeln oder streicheln. Es stellt sich die Frage, womit wir unser seelisches Feld und das unserer Kinder erneuern. Mit Altherrengesang, militärischer Marschmusik oder mit Kinderlachen. Solange Eltern das töten (lassen), was ihre Kinder lieben, so lange werden ihre Kinder trotz aller Liebe seelischen Abstand zu ihnen einnehmen müssen. Dies gilt auch dann, wenn die Eltern nicht selbst Hand anlegen, sondern dem Töten zustimmen, als wäre es eine Selbstverständlichkeit. Dann zerbrechen Kinder innerlich daran, dass sie so anders fühlen als die Eltern. Sie müssen ihr eigenes Mitgefühl mit den Tieren infrage stellen und Abstand zur eigenen Seele einnehmen, um den Eltern in ihrer Gefühlskälte nah bleiben zu können.

Bei diesem Blick auf die Kinder und auf den Einfluss, unter dem sie stehen, darf man eines nicht übersehen: Wir alle waren mal Kinder. Wir alle haben Eltern. Auf uns trifft das Gleiche zu.

Foto: www.abschaffung-der-jagd.de

DER TAG, ALS SIE IHRE UNSCHULD VERLOR

Klein war sie, gelockt und aufgeweckt, als sie mit ihrem Familienhund spielte und den Knubbel auf seinem Kopf entdeckte. Unschuldig und lachend erzählte sie ihrer Mutter, dass Bronko eine komische Erbse auf dem Kopf hätte. Die Mutter drehte sich ab. Am nächsten Tag war Bronko weg. Er war Jahre bei ihnen gewesen. Keiner fragte jetzt laut danach, wo er sei. Jeder erkannte, dass Fragen und Antworten in diesem Moment unerwünscht waren. Keiner durfte um ihn weinen, keiner durfte ihm einen Platz geben. Niemand bezog Stellung und erkannte sein Schicksal an – oder doch?

Viele Jahre später in einem Ausbildungskurs war er wieder da und präsentierte seinen ganzen Zorn und seinen Schmerz. Zuerst verstand keiner, was mit Sandra los war. Alle hatten sich an ihre Stimmungsschwankungen gewöhnt. Alle konnten ihre Wut auf Menschen fühlen, die ab und zu aus ihr herausbrach. Eher zufällig dämmerte mir der Zusammenhang von dem, was ich da zu Gesicht bekam. Eine Frage reichte: „Sandra, warst du bei einer Einschläferung oder Tötung eines Tieres dabei?"

„Nein, ach warte, da war was. Als ich klein war, da gab es einen Hund, der hieß Bronko. Das war unser zweiter Familienhund. Er war schon da, als ich auf die Welt kam. Mit ihm habe ich gespielt wie mit einem Bruder. Na ja, damals war das ja so, mein Vater ermordete ihn. Bronko war am nächsten Tag weg, als ich sagte, dass er einen Knubbel auf dem Kopf hätte."

Ihre folgenden Worte waren bezeichnend: „Ich glaube, mein Vater hat ihn mit einem Kopfschuss hingerichtet."

Jahre später, an ihrem Polterabend, stehen ihr Schwiegervater und ihr Vater vor dem Scherbenhaufen, den die beiden zukünftig Vermählten tonnenweise wegschaufeln. Die Musik dröhnt durch das Viertel, in dem sie wohnen und in dem gefeiert wird. Während sie da schaufelt und ihr Blick über die Gäste schweift, stocken ihr Blick und ihr Atem: Da stehen diese beiden betrunkenen Männer, denen sie beide ihr Leben zu verdanken haben, mit erhobenem Arm zum Hitlergruß.

1989

Es duftet in der Küche. Der Tisch ist schon gedeckt. Sie alle versammeln sich jetzt und nehmen ihre Plätze um ihn ein. Die Geschwister sitzen auf der Bank, die Eltern auf den Stühlen.

In der Mitte steht ein Braten, und das Mahl wird eröffnet mit den zusätzlichen Worten gerichtet an die Kleine: „Das da", und dabei schiebt der Vater sein Kinn nach vorn und deutet damit auf den Braten, „ist dein Hase. Du hast dich nicht drum gekümmert und deshalb hatten deine Mutter und ich in der Früh schon viel Arbeit. Sie stand den ganzen Morgen in der Küche für uns."

Der Blick der Kleinen bleibt an dem Gewehr des Vaters hängen, das noch an der Wand lehnt. Sie senkt den Kopf. Er sieht es und sagt: „Na, dann greift mal tüchtig zu." Von diesem Tag an sind sie keine Götter mehr für sie.

2009

2009 begegnen wir in der Einzelsitzung dem damaligen Geschehen nochmals und sie erkennt, dass sie sechs Jahre alt war. Unschuldig in ihrer Kinderseele. Sie versteht, warum sie Schwierigkeiten und Angst im Umgang mit Menschen hat. Sie weint viel in der Sitzung, um sich als Kind, um den Verlust des Vertrauens, um das frühe Erwachsensein, um ihren Vater, ihre Mutter und um den Hasen.

Sie wird wütend, endlich. Sie hinterfragt. Sie schont nicht mehr, sie ist auf einmal wieder da. Sie versteht, warum sie keinen Zugang mehr zu Tieren hatte, in den vielen Jahren, die dazwischenlagen. Warum sie jeden Umgang mit ihnen vermied. Jetzt endlich, nach so langer Zeit, finden sie und ihr Hase miteinander Frieden.

Sie verneigen sich und nehmen Abschied und dies taten beide gern.

Für den Bruchteil einer Sekunde habe ich überlegt ...

Ich fuhr um die Kurve herum und sah ein kleines Schild, auf dem „Vorsicht, Treibjagd" stand. Im nächsten Moment kam mir ein Mann mit Gewehr und Sicherheitsweste auf offener Straße entgegen. Noch konnte ich sein Gesicht nicht sehen, ich war auch zu überrascht, um die ganze Situation auf einmal zu erfassen. Weiter oben liefen zwei Männer mit Gewehren herum und vier andere unten sperrten ein Maisfeld ab. Alle hielten Gewehre in den Händen, in einer Selbstverständlichkeit, die die Situation unwirklich erscheinen ließ. Einer der Männer oben auf der Straße kam auf mich in meinem fahrenden Auto zu und mich erfasste plötzlich ein Gefühl, das ich genau kontrollieren musste. Es war ein Bruchteil einer Sekunde, aber es war spürbar da. Als er mir dann sein Gesicht zeigte und ich in seine kalte Seele schaute, erschreckte mich, was ich da sah. Er war im Jagdfieber und entschlossen abzudrücken.

In diesem Moment erinnerte ich mich an die unzähligen Sitzungen, die ich mit Jägerfrauen und deren Kindern gemacht habe. Die mir anfangs, noch nicht selbst erkennend, von unerklärlichen Angstzuständen und psychosomatischen Störungen erzählten. Vor allem nachts im Bett, wenn der Mann neben ihnen lag, oder auch tagsüber in seinem Beisein, wenn es um die eigene Meinung ging. Wenn ihnen die Worte auf der Zunge lagen und sie sie nicht aussprechen konnten. Erst als sie selbst die Zusammenhänge erkannten, machte es für sie einen Sinn, dass sie ständig in diffuser Todesangst lebten. Gerade dann, wenn ein gemeinsamer Streit mit den Worten des Familienvaters so endete, wenn diese überhaupt kamen: „Ich geh jagen, um auf andere Gedanken zu kommen und mich zu entspannen." Wenn er dann mit Gewehr endlich das Haus verließ und das Zuschnappen des Türschlosses noch nachklang, so erzählten sie mir, verursachte dieses Geräusch ein tiefes Ausatmen in ihnen.

Sie hatten sich aber bislang nie getraut, es in diesem scheinbar unlösbaren Zusammenhang zu sehen. Die volle Wahrheit zu sehen wäre zu grausam. Dass sie Angst hätten, dass sie von ihrem Mann oder die Kinder vom Vater getötet würden. Außerdem stand da auch sofort die Frage im Raum: Wie soll es weitergehen? Hört er damit auf, wenn ich ihn darum bitte? Jetzt, nachdem ich in das Gesicht des Mannes gesehen und dessen Wirkung erlebt habe, verstehe ich die ganze Bedrohung, die deren Frauen und Kinder erleben, und das jeden Tag. Ich kann nachvollziehen, dass die kleinen Kinder ihre Angst vor diesem Vater so gut tarnen, dass man als Außenstehender meinen könnte, man hätte da einen „Gute-Laune-Bären" vor sich stehen. Die Schwierigkeiten, die diese Kinder aber oftmals dann im Alltag an den Tag legen, beweisen etwas anderes. Welcher Lehrer fragt schon nach den Hobbys des Vaters?

Zwischen den Welten

Bislang wurde aufgezeigt, wie Tiere in den seelischen Bereich des Menschen hineingelangen und die hierin befindlichen Probleme und Traumata ausdrücken. Bevor die Reise zu neuen Themengebieten weitergeht, in denen dann gesellschaftliche Aspekte aufgezeigt werden, möchten wir einen Ausflug zu einer besonderen Gruppe von Menschen machen, die wie keine andere Gruppe mit all den bisherigen und den kommenden Themenbereichen in Berührung kommt. Eine Gruppe, die man als Mittler zwischen den Welten bezeichnen kann – die Tierschützer.

„Da muss man doch den Tierschutz rufen!", sagen Menschen, wenn Tiere misshandelt oder in unzumutbarer Haltung untergebracht werden. „Dann bring das Tier doch ins Tierheim", wird gesagt, wenn man nicht mehr weiß, wohin mit einem Tier. Tierschutz und Tierheime sind mittlerweile ein fester Bestandteil unserer Gesellschaft, an den man sich gewöhnt hat. Und nach der Gewöhnung entsteht meist eine Anspruchshaltung. „Schließlich bezahl ich ja Hundesteuer, dann habe ich auch das Recht, meinen Hund hier abzugeben." So klingt ein Spruch, der aus dieser Anspruchshaltung hervorgeht.

Aber lassen Sie uns an dieser Stelle nicht vergessen, was Tierschützer und Tierheime

sind. Das, was wie ein Beruf und wie eine öffentliche Einrichtung klingt, sind in Wirklichkeit die uneigennützigen Initiativen einzelner Menschen, denen Tiere am Herzen liegen.

So sind die meisten Tierschutzvereine dadurch entstanden, dass beispielsweise eine Frau eine Katze oder einen herrenlosen Hund gefunden hat. Sie hatte Mitgefühl und Verantwortungsgefühl. So brachte sie das Tier im Auto mit nach Hause, ohne zu wissen, was nun zu tun wäre. „Du willst das Tier doch wohl nicht behalten?" war wohl die erstgestellte Frage des Ehemannes, der von dem Überraschungsgast nicht begeistert war. Aber wahrscheinlich liebte er seine Frau auch gerade deswegen, weil sie mitfühlend war. Und so bekam das erste Tier, das meist auch ein erster Patient war, ein neues Obdach. Damals ahnte noch niemand, was daraus erwachsen würde. Denn von nun an ließ sie das Schicksal der herrenlosen und wild lebenden Tiere nicht mehr los. Viel Zeit und noch mehr Geld wurden investiert, um in Not geratenen Tieren zu helfen. Der Platz wird dann gewöhnlich eng und die finanziellen Mittel knapp. Tierärzte wollen bezahlt werden und auch Futter und Pflegemittel, die anfangs im Supermarkt, dann im Fachgeschäft gekauft werden, kosten viel.

Später schlägt typischerweise der Ehemann vor, dass man einen Verein gründen kann. Nun kann man auch Spenden sammeln, und seien es nur Futterspenden eines Händlers. Spenden seien sogar von der Steuer absetzbar, entdeckt der Ehemann, während er sich immer tiefer in die Materie des Vereinsrechtes einarbeitet. Von nun an wandelt sich das Handeln und bekommt professionelle Züge. Aber selbst dann, wenn nach Jahren der Verein bekannt, die Mitgliedszahlen gestiegen und ein ausgebauter Schuppen für die Findlinge angemietet werden konnte, findet man dort immer noch die mitfühlende Frau, der es unmöglich ist, an einer mageren, frierenden Katze vorbeizugehen, ohne abends noch an sie zu denken. In ihrer Seele hat sie keine Wahl. Wenn sie nicht hilft, zerreißt es ihr das Herz, raubt es ihr den Schlaf.

Später raubt ihr etwas anderes den Schlaf: dass es Menschen gibt, die einfach vor dem Urlaub ihre Hunde auf der Autobahn oder im Wald aussetzen oder bestenfalls noch an das Tor des Tierheims anbinden. Dies kann sie nicht begreifen. Es macht sie fassungslos. Wenn sie nichts dagegen tut, bleibt für sie die Welt unerträglich.

Und so sind Tausende Menschen in diesem Bereich tätig, den wir Tierschutz nennen. Hierbei treffen die in kleinsten und größeren Vereinen Tätigen auf das, was manche Menschen den Tieren antun und was sie sich anfangs nicht vorstellen konnten. Durch die misshandelten und verwahrlosten Tiere begegnen die Tierschützer dem Unmenschlichen im Menschen, gegen das sie fortan ankämpfen. Sie werden nicht müde, diesen Kampf zu kämpfen, damit den Tieren kein Leid mehr angetan wird. Egal, was sie dieser Kampf kostet. Egal, ob er jemals zu gewinnen ist. Selbst, wenn neben den finanziellen auch die eigenen körperlichen Reserven schon längst ver-

braucht sind, halten sie die Fahne der Menschlichkeit noch hoch.

So werden aus ganz normalen Menschen Mittler zwischen Unmenschlichkeit und Menschlichkeit: Ihr Handeln wird zu einem Gleichnis, bei dem der gefühllose Erste sein misshandeltes Tier als Abbild seines eigenen Traumas in die Arme des Tierschützers legt. Denn hier ist einer, der Mitgefühl hat und es zum Guten wenden will. Der Tierschützer wiederum sucht die Heilung und findet sie im Zweiten, einem neuen Besitzer, dem er nun das Tier in die Arme legt. So soll der Zweite die Heilung des Traumas des Ersten vollziehen. Doch hierdurch erreicht die Heilung nicht den Ersten. Daher erschafft dieser Erste ein neues Abbild seines Traumas in Form eines weiteren misshandelten Tieres. Und so braucht es einen Dritten und so weiter. Um wie viel würde es wohl den Tieren besser gehen, könnte man die Heilung doch zum Ersten bringen? Doch der Tierschützer wendet sich nur dem Tier zu. Für den Ersten bleibt oft nur ein kurzer verurteilender Blick.

Und so wandelt der Tierschützer in der Welt zwischen Mensch und Tier. Er wandelt zwischen leidvoller Vergangenheit und hoffnungsvoller Zukunft. Er wandelt ebenso zwischen dem Einzelnen und der Gesellschaft. Denn er übernimmt eine gesellschaftliche Aufgabe und verbindet diese mit jedem Einzelnen, zu dem er ein Tier bringt. Dadurch wiederum bringt er auch die Heilungschance in jedes einzelne Haus, denn das traumatisierte Tier kann dann dort den Menschen heilen. Und so

wird der Tierschützer ein Botschafter der Menschlichkeit. Ein Mittler zwischen den Welten, in denen er sich nicht selten selbst verliert.

Im Feld der seelischen Energie

Tierschützer sind durch ihre Tätigkeit und die Menschen, denen sie begegnen, in hohem Maße ganz speziellen seelischen Energiefeldern ausgesetzt. Dies verändert viele Tierschützer auf Dauer. Da sie viel Leid erleben, das Menschen den Tieren antun, nehmen manche Abstand zu den Menschen und machen sich dem Menschsein an sich gegenüber hart.

Dies scheint besser, als an der Menschheit zu verzweifeln. Dadurch aber verändert sich das eigene seelische Energiefeld. Das kann verschiedene Auswirkungen zur Folge haben.

Wie kann ich dauerhaft im Tierschutz gesund bleiben?

Viele im Tierschutz tätige Menschen erkranken früher oder später an Leib oder Seele. Sie verausgaben sich. Oftmals bietet die eigene Erkrankung die einzige innere Möglichkeit, aus dem Tierschutz auszusteigen oder zumindest dort kürzerzutreten. Das Leid der Tiere treibt einen unnachgiebig an. Nichts zu tun würde ein schlechtes Gewissen erzeugen, mit dem man nicht leben könnte. An sich selbst zu

denken kommt einem Verrat an den Tieren gleich. Man findet einfach keine Ruhe. Man nimmt auch keine Hilfe für die eigene Seele in Anspruch, da die hierfür notwendige Zeit und die hierfür anfallenden finanziellen Mittel lieber den Tieren gegeben werden.

Erst, wenn es einem schlechter als den Tieren geht, ist man berechtigt, an sich selbst zu denken. Dann erst hinterfragt man vielleicht sein eigenes Tun, hinterfragt den eigenen Antrieb. So bleibt bei vielen durch die pausenlose Tierschutzaktivität die größte Energiereserve ungenutzt: die Quelle des seelischen Antriebes.

Das, was einen dazu antreibt, sich über die eigenen gesundheitlichen Grenzen hinaus zu engagieren, hat meist wenig mit den Tieren selbst zu tun. Es liegt überwiegend in der eigenen traumatisierten Familienseele begründet. Würde man sich dieser zuwenden, so könnte man wesentlich mehr erreichen. Denn dann kann man sich mit geheilter Seele und ganzer Kraft den Tieren und ihren Menschen widmen. Die eigene Heilung kann sich dann auch auf andere, auf Tiere und Menschen, übertragen.

Wie kann ich erfolgreicher Tiere vermitteln?

So lange, wie man sich als Tierschützer nicht der eigenen Seele zugewendet hat und meint, dies zu tun, indem man sich um die Tiere kümmert, so lange werden Tiere zu Stellvertretern. Die Tiere rühren etwas in der Seele des Tierschützers an und erinnern schwach an das, was in dem Schicksal seiner Familie geschehen ist. Doch diese Erinnerung wird nicht bewusst und bleibt daher nur als antreibendes Gefühl. Auch die anderen einbezogenen Menschen, wie der Vorbesitzer oder bei Vermittlungen die neuen Besitzer, werden zu solchen Stellvertretern. Es mischen sich die Ebenen, es vermischen sich die Zeiten und die inneren Bilder. Dies geschieht meist ebenso bei dem Vorbesitzer und dem neuen Besitzer.

Auch hier vermischen sich gegenwärtige Aspekte mit Bildern und Ereignissen aus den jeweiligen Familiensystemen. Dann wird beispielsweise ein Hund für alle zu einem Stellvertreter eines unbewussten seelisch bedeutsamen Bildes.

So verschmilzt im Inneren des Tierschützers die auf der Flucht als Kind verhungerte Tante mit dem ausgesetzten, abgemagerten Hund, der auf einem Feldweg aufgelesen wurde. Beim Vorbesitzer verschmilzt sein gewalttätiges Handeln dem Hund gegenüber im Inneren mit dem alkoholkranken Opa, der seine eigenen Kinder, also auch die Mutter des Vorbesitzers, grün und blau geprügelt hat. Bei der neuen Besitzerin des Hundes verschmilzt ihre eigene Überforderung mit ihrer Mutter, die nicht in der Lage war, sich gut um ihre Kinder zu kümmern.

Und genau dadurch, dass nun die Vermittlung nicht erfolgreich ist, kommen alle Beteiligten in ihre seelischen Verbindungen hinein. Dadurch, dass kein Happy End passiert, spüren sie ihre Familientraumata wieder und kommen ihren Verwandten nahe. Es passiert wieder etwas, ähnlich einem Gleichnis:

Der Tierschützer findet durch den nicht erfolgreich vermittelten Hund die seeli-sche Verbindung zur Tante und sagt gleichsam dem Hund und ihr: „Ich sehe dich! Du bist mir wichtig. Was dir passiert ist, ist schlimm und ungerecht. Ich will es wiedergutmachen. Ich fühle auch deinen Schmerz. Ich vergesse dich nicht. Ich kämpfe um dich! Jeden Tag!"

Der Vorbesitzer findet durch den misshandelten Hund die seelische Verbindung zu seinem Opa und sagt gleichsam zu ihm: „Schau, lieber Opa, ich bin auch nicht besser als du. Ich weiß, wie es dir geht, ich fühle auch nichts mehr. Ich kann verstehen, dass du deine Kinder verprügelt hast. Für mich gehörst du dazu. Ich stehe zu dir.

Ich bin wie du."

Die neue Besitzerin findet durch die Überforderung mit dem Hund die seelische Verbindung zu ihrer Mutter und sagt gleichsam zu ihr: „Schau, liebe Mutter, ich schaffe es auch nicht. Ich bin nicht besser als du. Ich habe es auch probiert und bin gescheitert. Du bist nicht schlecht. Dich darf man nicht verurteilen. Du gehörst dazu. Ich bin wie du."

Solange solche Vermischungen und Identifizierungen unbewusst bleiben, wirkt eine gute Lösung paradox, denn sie kappt die seelischen Verbindungen. Wenn sich aber alle ihrem Antrieb, also auch dem Antrieb zum Scheitern, zuwenden würden, wäre ein neuer Weg möglich. So könnte der Tierschützer sagen: „Liebe Tante, dein Schicksal hat mich zu den Tieren gebracht.

Ich mute dir nun dein Schicksal zu und gebe dir einen Platz in meinem Herzen. Bitte segne mich, auch wenn ich es leichter habe als du. Auch dir zur Ehre will ich das Leben genießen und mit Freude und Kraft Sinnvolles tun."

Der Vorbesitzer könnte sagen: „Du bist mein Opa, daran wird sich nie etwas ändern. Und als mein Opa gebe ich dir einen Platz in meinem Herzen. Ich lebe nun mein eigenes Leben und nehme das Gute meiner Zeit an. Segne mich, auch wenn ich Freude an den Geschöpfen dieser Welt habe und diese mit Liebe in mein Leben nehme."

Die neue Besitzerin könnte sagen: „Meine liebe Mutter, ich werde nicht mehr über dich urteilen. Du bist meine Mutter und hast mir mein Leben geschenkt. Das zählt. Denn jetzt kann ich etwas Gutes daraus machen. Dieses Geschenk nehme ich jetzt gerne von dir an und freue mich über das, was ich von anderen bekomme, und über das, was ich geben kann."

Wie kann ich mehr helfende Kräfte anziehen?

Wenn ich das Leid der Tiere nicht mehr brauche, um mit meinen verborgenen Familientraumata in Verbindung zu kommen, kann ich auch andere Menschen aus den Stellvertretungen entlassen. Ich kann diese dann klarer sehen und erkennen. Ich sehe dann auch, wer zu einer Heilung des Tieres oder zur Verbesserung der Situation beitragen kann.

Dann finde ich nicht länger die Menschen, mit denen sich ein Trauma wiederholt, sondern die, mit denen es einen guten Fortschritt geben kann.

Bis nichts mehr geht?

Wer sich schnell schuldig fühlt, verschuldet sich schnell. Das ist der Hauptgrund, warum Tierschutzvereine bis zur Insolvenz misswirtschaften. Hierbei läuft meist der Gesundheitszustand des Tierschützers analog zur wirtschaftlichen Gesundheit des Vereins oder Helfers. Erst wenn die Frage: „Supervision oder Futter?" mit „erst Supervision, dann Futter" beantwortet wird, kann den Tieren eine langfristige, stabile Hilfe gegeben werden.

Wer bin ich?

Es hat einen Grund, warum man sich für bestimmte Tiere einsetzt, wie zum Beispiel für Straßenkatzen, Meerschweinchen oder Beagles aus Versuchslaboren. Wenn einem der persönliche, familiäre Hintergrund bewusst ist, kann man diese Identität auch zur Stärkung der Arbeit nutzen.

Generell gilt: Wenn die Abwehr innerer Schmerzen und innerer Not der Antrieb einer Arbeit ist, wird man das der Arbeit ansehen. Wenn

Freude und Erfüllung

der Antrieb zu einer Arbeit sind, sieht man ihr dies ebenfalls an.

Wie im Kleinen, so im Großen

In den Zeiten unserer Großeltern hingen noch keine Werbeplakate in den Straßen, auf denen halb nackte Menschen abgebildet wurden. Nacktheit hatte eine völlig andere Bedeutung als heute.

Wahrscheinlich würden die meisten der heutigen Jugendfilme unseren Großeltern die Schamesröte ins Gesicht treiben. Auch die Stellung der Frau in der Gesellschaft hat sich in den Generationen deutlich verändert. Solche gesellschaftlichen Veränderungen geschehen nicht von allein.

Hierzu braucht es Einzelne, die eine Bewegung wie einen Stein ins Rollen bringen. Schließen sich dann andere an, bemerkt man eine Veränderung der Gesellschaft. Hat sich die Gesellschaft verändert, so ändert dies auch wiederum den Einzelnen. Die Gesellschaft und der Einzelne stehen daher in einer Wechselwirkung. Viele gesellschaftliche Veränderungen lassen sich auch im Umgang mit den Tieren beobachten. So ist einerseits zu bemerken, dass noch nie so viele Tiere als Familienmitglied mit den Menschen zusammenleben, andererseits fand auch noch nie eine so industrialisierte Massenhaltung von Tieren statt, die nur die kostengünstige Ausbeutung des Tieres zum Ziel hat. Wie eine Gesellschaft mit Tieren umgeht, zeigt den Entwicklungsstand der Themen ihrer Seele, mit denen sie beschäftigt ist. Interessant hierbei ist, dass es zwischen den seelischen Abläufen einer einzelnen Person und der Seele der Gesellschaft erstaunlich viele Parallelen gibt. Wie im Kleinen, so im Großen.

Auch hier gilt: *Das Frühere und das Gegenwärtige*

Das heutige Deutschland gäbe es nicht ohne seine Geschichte. So wie ein einzelner Mensch durch seine persönliche Lebensgeschichte geformt wird, so wird auch eine Gesellschaft durch ihre Geschichte geformt. Wie auch der Einzelne nur im Zusammenhang mit seiner Familie verstanden werden kann, so kann auch eine Gesellschaft nur im Zusammenhang mit anderen Gesellschaften verstanden werden. Deshalb lassen sich die bereits bekannten Schaubilder auch auf eine Gesellschaft übertragen:

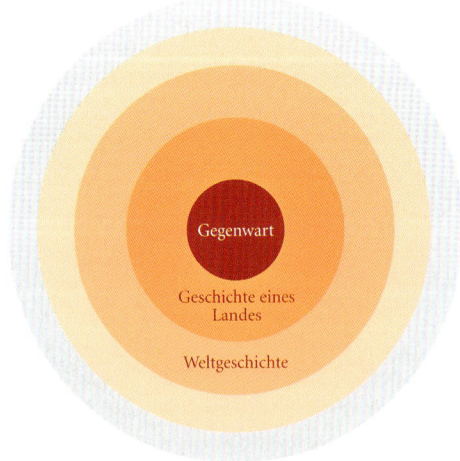

Wie beim Einzelnen wirken auch bei der Gesellschaft Gegenwart, Vergangenheit und der Zusammenhang mit anderen Gesellschaften ineinander.

Wirkungskreis Gegenwart

Wie den Einzelnen, so beschäftigen auch eine Gesellschaft die gegenwärtigen Herausforderungen. So werden beispielsweise Regeln und Gesetze erschaffen und es wird überlegt, wie viele Steuern erhoben und wofür diese ausgegeben werden.

Wirkungskreis Geschichte einer Gesellschaft

Natürlich wirken auch die Geschichte einer Gesellschaft und die darin liegenden Erfahrungen in die Gegenwart hinein. Die sogenannte Kampfhundeverordnung, die 2001 als „Gesetz zur Bekämpfung gefährlicher Hunde" eingeführt wurde, ist ein Beispiel dafür, wie auf gesellschaftsinterne Erfahrungen und Entwicklungen reagiert wird.

Wie schnell sich eine Gesellschaft entwickeln kann, wird auch deutlich, wenn man sich das Thema Erziehung in Deutschland anschaut. Dieser Bereich hat sich in den letzten einhundert Jahren so stark verändert, dass die heutige Generation kaum noch eine Vorstellung davon hat, wie das Verhältnis zwischen Eltern und Kindern oder zwischen Lehrern und Schülern zu Zeiten ihrer Großeltern war. So waren körperliche Züchtigungen wie Ohrfeigen, Schläge mit dem Rohrstock auf das Gesäß oder die Handflächen zu Hause wie auch in den Schulen bis nach dem Zweiten Weltkrieg eine erzieherische Selbstverständlichkeit. Diese fanden zwar auch

noch nach dem Krieg über Jahrzehnte bis zum heutigen Tag statt, wurden aber zunehmend abgelehnt. Strafen und Züchtigung wurden nicht mehr als hilfreich für die Entwicklung des Kindes angesehen, sondern im Gegenteil zunehmend als schädlich. Auch die Erziehungsziele haben sich drastisch verändert. Heute gilt die Förderung der Persönlichkeit des Kindes als eine bedeutende Zielsetzung. Dieses Ziel steht damit im völligen Gegensatz zu den früheren Erziehungszielen. Diese waren vor allem Anpassung, Gehorsam und Vaterlandstreue. Ging man früher davon aus, dass Verständnis, Trost und emotionale Zuwendung ein Kind verweichlichen lassen, so hat sich heute die Beziehung zwischen Eltern und Kindern auch in diesem Bereich deutlich verändert.

Säuglinge stundenlang schreiend sich selbst zu überlassen oder Kinder stundenlang in Schränke, Keller oder andere kleine, dunkle Räume einzusperren wird heutzutage als Misshandlung an Kindern angesehen und nicht als sinnvolle Züchtigungsmaßnahme.

Durch diese schnelle Entwicklung ist eine Diskrepanz entstanden, die auch in der Erziehung von Hunden deutlich wird. So gibt es immer noch Hundeschulen, die die alten Erziehungsansätze vertreten, bei denen ein Hund durch Druck und Gewalt in seinem Wesen gebrochen werden soll, weil man davon ausgeht, dass dieser dann folgsamer ist.

Dadurch, dass viele Hundebesitzer dieses für sich ablehnten, entstand ein Vakuum, bis dann die modernen Hundeschulen auf den Markt kamen. Hier wird nun auf die freiwillige Folgsamkeit der Tiere gesetzt, die durch Freude, Lob und Leckerchen erzielt werden soll. Bei vielen Hundebesitzern mischen sich diese Ansätze zu einem unberechenbaren Umgang, der für Mensch und Tier keine klare Strategie erkennen lässt und daher meist zu nichts führt. Das innerliche Vorhandensein beider, sich widersprechender Ansätze führt auch dazu, dass Hundebesitzer mit ihren Tieren überfordert sind.

Eine ähnliche Entwicklung kann man auch bei Eltern sehen. Wurde zuvor noch mit Strenge und Gewalt erzogen, wissen heute Eltern oftmals nicht mehr, wie sie ihren Kindern Grenzen setzen können, ohne auf alte Ansätze zurückzugreifen, die man ablehnt.

So fühlen sich viele Eltern schon ihren dreijährigen Kindern gegenüber hilflos. Ein neues Verhältnis, bei dem Eltern mit einer dienenden und liebevollen Autorität ihr Kind führen und halten können, hat sich noch genauso wenig in unserer Gesellschaft gefestigt wie ein vergleichbarer Umgang des Tierbesitzers mit seinem Tier.

Wirkungskreis Weltgeschichte

Eine Gesellschaft, wie beispielsweise ein Staat, hat zwar ihre eigene Geschichte, diese ist aber niemals ohne die Weltgeschichte zu sehen.

Früheres wirkt weiter

Nach dem Krieg wurde das Reisen in die Nachbarländer wieder zögerlich aufgenommen. Hierbei waren die Kinder der ehemaligen Besatzer und Kriegsgegner in vielen Ländern lange nicht gerne gesehen. Themen wie Schuld, Wiedergut-machung und Anerkennung wirken auch heute noch zwischen Menschengruppen, die sich zwar selbst nichts angetan haben, deren gemeinsame Geschichte aber in den besagten Punkten noch keinen wirklichen Frieden gefunden hat.

Gegenwärtiges geschieht aus Verbundenheit zum Früheren

Viele von den sogenannten preußischen Tugenden wie Gehorsamkeit, Härte gegen sich selbst und andere und Tapferkeit, ohne dabei wehleidig zu sein, sind heute gesellschaftlich infrage gestellt, werden aber in Traditionen und Brauchtum aus Liebe und Verbundenheit mit dem Früheren weiter gepflegt. Besteht hier die Verbundenheit vorwiegend bewusst, so gibt es aber auch Bereiche, in denen die Verbundenheit mit dem Früheren eher unbewusst stattfindet. So schließt sich mancher Heranwachsende einer Neonazi-Gruppe an, weil er sich mit seinen Großeltern verbunden fühlt und weniger mit den politischen Zielen und Ideen dieser Gruppe.

Auch hier gilt: *Wenn die Uhr stehen bleibt*

Eine geschwächte Demokratie entwickelt sich nach dem Ersten Weltkrieg zur Diktatur. Kriege werden geführt und verloren. All dies sind die Traumata vieler einzelner Menschen und auch der Gesellschaft. Für einen Teil der Seele Deutschlands bleibt die Uhr stehen. Die Ereignisse ändern die Deutschen und ändern die Position der Deutschen in der Staatengemeinschaft.

Auch hier gilt:

Auf Traumatisierung folgt Retraumatisierung

Das besetzte Deutschland wird wieder aufgebaut. Aus Kindern werden Studenten mit Fragen zu Tätern und Opfern des Dritten Reiches.

Die Rote Arme Fraktion (RAF) entsteht und fordert ihre Opfer. Aus fragenden Studenten sind Täter geworden. Heute schweigen die alten RAF-Mitglieder genauso wie einst die alten Nazis.

Auch hier gilt:

Wie der Topf zum Deckel kommt

Auch die Anziehungskräfte, die beim Einzelnen wirken, wirken in der Gesellschaft. Auch hier finden Töpfe und Deckel zueinander. Es gruppieren sich Menschen in Organisationen, und ungelöste gesellschaftliche Traumata werden wieder sichtbar. Sei es dadurch, dass Studenten Bomben legen, oder durch die Aktivitäten des Bundes der Vertriebenen, die immer wieder zu politischen Auseinandersetzungen in Europa führen.

Auch dadurch bekam 2009 die erste Reise des Außenministers Guido Westerwelle nach seinem Amtsantritt ein Gewicht, in dem sich dieser Wirkmechanismus ausdrückt. Er reiste nach Polen statt wie typischerweise seine Vorgänger nach Frankreich.

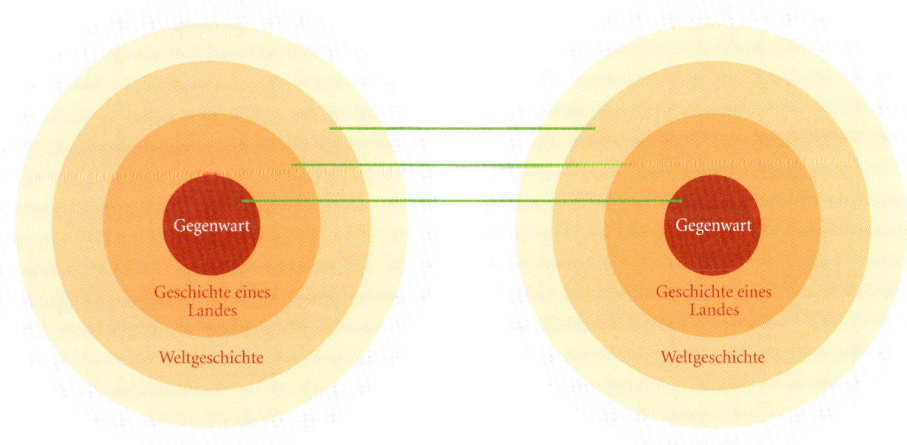

Die Seele der Gesellschaft

Während ein einzelnes Haustier seelische Vorgänge bei seinen Menschen ausdrückt, so drückt sich die Seele der Gesellschaft im Umgang mit den Tieren aus. Werden einerseits Milliarden Euro für Hund, Katze und weitere Haustiere ausgegeben, so besteht für andere Tiere wie Schwein, Huhn und Rind ein unendliches Leid, weil jeder Cent gespart wird. Während täglich Tausende Tiere in getarnten Lastwagen zur Schlachtung gebracht werden, von denen viele schon während des Transportes sterben, so gibt es beispielsweise in Berlin und anderen größeren Städten hochwertig ausgestattete Tierrettungswagen, um einzelne tierische Leben zu erhalten.

In alldem spiegelt sich die Gesellschaftsseele. In alldem zeigt sich ein Zwiespalt, der auch mit der Energie zu tun hat, die das Dritte Reich begünstigte und die auch heute noch nachhallt. Denn in diesem extremen Umgang mit dem Tier werden die Energien von Verbrechen und Wiedergutmachung mit ihren vielschichtigen Aspekten sichtbar.

Flucht nach vorne

Dann kam der 8. Mai 1945. Kriegsende. Doch genauso wenig, wie der Krieg mit dem Angriff auf Polen für jeden am 1. September 1939 anfing, hörte er auch nicht durch das Inkrafttreten der Gesamtkapitulation an diesem Tag im Mai auf.

Was war jetzt zu tun? Sollten sich jetzt die Menschen fragen, warum sie sich ein Bild von Adolf Hitler in das Wohnzimmer oder zumindest in den Flur gehängt haben? Sollten sie sich jetzt fragen, ob es besser gewesen wäre, den Sohn nicht zur Hitlerjugend zu schicken? Sollten sie sich jetzt fragen, ob es richtig sei, stolz auf den Sohn zu sein, der für dieses Vaterland gestorben ist? War es jetzt eine gute Zeit, über die Toten nachzudenken? War es jetzt eine gute Zeit, über die früheren jüdischen Nachbarn nachzudenken, deren Schränke man übernommen hatte, als diese sie ja nicht mehr brauchten? Zu fragen, wer was gewusst hat?

Nein, jetzt war die Zeit zu begreifen, dass man noch lebte. In den letzten Jahren ging es nur ums Überleben. Jetzt war die Zeit, den Schutt von den Straßen zu räumen und Steine zu klopfen, aus denen man Häuser bauen kann. Jetzt war die Zeit der amerikanischen Schokolade für die Kinder und der amerikanischen Zigaretten für die Erwachsenen. So viel gab es zu tun. Welchen Sinn sollten da Fragen haben? Und so vergaß man das Nachdenken und das Sprechen. Auch dann noch, als man wieder ein Dach über dem Kopf hatte, als man Kartoffeln und Mangold und etwas Holz für den Ofen hatte. Es war doch besser, nach vorne zu schauen und an die Kinder zu denken. Die sollten es mal besser haben.

Dann gab es endlich wieder echten Bohnenkaffee. Und dann sogar wieder ein Stück Fleisch. Erst nur sonntags, später sogar zweimal, dreimal die Woche und dann endlich täglich. Das Leben ist im schnellen Fortschritt! Dann kam der Fernseher und der Abend war gerettet. Dann kam der Urlaub und das Jahr war gerettet.

Würde man heute, über 65 Jahre nach Kriegsende, den Menschen den Kaffee, das Fleisch, den Fernseher und den Urlaub nehmen, würden viele der Kriegsenkel verzweifeln. Ehepartner würden streiten, Kinder würden geschlagen. Sie wüssten nicht, warum sie so sehr aus der Balance geraten. Warum das so schlimm, so bedrohlich für sie wäre. Sie wüssten nicht, warum sie damit das Gefühl bekämen, alles Bedeutungsvolle zu verlieren. Die Erinnerung der Eltern und Großeltern, deren unverdaute Kriegserlebnisse und Todesängste, ob durch Hunger, Vergewaltigung oder Bomben, würden sich einen Weg zu ihnen bahnen. All das Unausgesprochene würde sie ergreifen und sich in ihnen ausdrücken. Die Opfer und die Täter von damals würden in ihnen hervortreten. Sie würden endlich reden wollen. Eine Mahlzeit ohne Fleisch? Unvorstellbar!

Bis heute haben viel zu wenige gesprochen. Viel zu wenig Tote wurden betrauert. Viel zu wenig wurde gesagt: „Es tut mir leid." Erst aus der Rückschau wurde klar, warum es für Deutschland so wichtig war, 1982 zum ersten und bisher einzigen Mal den Eurovision Song Contest mit dem Titel „Ein bisschen Frieden" zu gewinnen. Die Sängerin Nicole zeigte ein zur Entschuldigung bereites Gesicht der Deutschen und sagte gleichsam mit dem Lied: Wir haben daraus gelernt. Auch das sogenannte Wunder von Bern, als Deutschland 1954 die Fußballweltmeisterschaft gewann, machte deutlich, wie sehr das Vergangene noch wirkt. Denn hier wurde nicht nur ein Spiel gewonnen. Deutschland schritt, noch in dem dumpfen Gefühl, ein Tätervolk zu sein, wieder in die Weltgemeinschaft hinein und bemerkte, dass man doch noch dazugehören durfte. Männer konnten das erste Mal wieder stolz auf sich sein und Söhne auf die Väter.

2006 zeigten die Deutschen während der Fußballweltmeisterschaft an Autos und in Fenstern die deutsche Flagge. Schon während dieser Weltmeisterschaft fragten die Medien danach, wie dies wohl in der Völkergemeinschaft aufgefasst werden würde. Hieran wurde offen erkannt, womit die Gesellschaftsseele im Verborgenen noch immer beschäftigt war. Aber ist dies nur an einem Lied und an Fußballspielen zu erkennen? Tickt die Uhr Deutschlands wieder, oder steht sie doch noch? Woran kann man dies erkennen?
Am Umgang mit den Tieren! Daran, wie die Gesellschaft mit Tieren, mit dem Leben und den Lebewesen umgeht, ist zu erkennen, welche Auswirkungen die frühere Erziehung, die früheren Werte, der Nationalsozialismus und die Kriegsfolgen noch bei den Enkelkindern und deren Nachkommen haben.

Ich frag nichts

Wenn Kinder bei gewalttätigen Eltern aufwachsen, gewöhnen sie sich meist daran und verdrängen die Auswirkungen der permanenten Angst. Ihnen ist dann nicht bewusst, dass sich ihr Verhalten angepasst hat und sie beispielsweise genau darauf achten, die Eltern zu beschwichtigen. Wie von selbst sind sie darauf ausgerichtet, keinen Anlass zum Gewaltausbruch zu geben. Dieses Leisetreten kann so in Fleisch und Blut übergehen, dass es zu einem Teil des Lebens wird. Aber ist es dann auch ein Teil der Persönlichkeit, des Charakters? Leisetreten kostet Kraft, benötigt eine erhöhte Aufmerksamkeit und permanenten Verzicht auf die eigenen Bedürfnisse.
Leisetreten geht daher mit einem Verlust der eigenen Persönlichkeit einher, da sich ein solches Kind nicht an sich selbst ausrichtet, sondern am Aggressor orientiert. Es kann sich nicht mehr frei entwickeln. Auch dann, wenn das Kind dies selbst alles für normal hält.

Das, was hier am Beispiel gewalttätiger Eltern und ängstlicher Kinder beschrieben wurde, gilt ebenso für die Kinder traumatisierter Eltern. Kinder richten sich frühzeitig mit ihren Verhaltensweisen aus, um die Eltern nicht aus ihrem Gleichgewicht zu bringen. Sie schonen diese und spüren, welche Lebensthemen ein Tabu darstellen. Ganz von selbst spüren Kinder, welche Fragen nicht gestellt werden dürfen und über welche Themen nicht gesprochen werden darf. Auch wenn die Antworten auf diese Fragen für das Kind selbst von großer Bedeutung sind, verzichten Kinder und schweigen. So kennen viele nicht ihre beiden leiblichen Eltern, wissen wenig darüber, was die Eltern erlebt haben, und wissen nichts über die Großeltern, wenn die eigenen Eltern nicht von sich aus über diese sprechen.

So verzichten auch hier Kinder auf die Anliegen der eigenen Persönlichkeit, um die Eltern zu entlasten und keine Krisen auszulösen. Nicht zu fragen, nichts zu wissen und wegzuschauen wird zur Normalität.
Als Erwachsene wollen sie es dann oftmals selbst nicht mehr wissen. Dann, wenn die Eltern alt und damit bereiter sind, sind sie es oft, die eine Aussprache verhindern. Denn nun müssten sie damit klarkommen, wer ihre Eltern, ihre Großeltern, Onkel und Tanten auch sind. Ein lieb gewonnenes Bild von den Eltern, das sie vom Damaligen unbeteiligt darstellt, soll nicht zerbrochen werden. Nun wollen die Kinder sie weder als Opfer noch als Täter sehen, um sich nun ihrerseits damit nicht auseinandersetzen zu müssen.

So bleiben die Fragen ungefragt: Warum bedeuten dir Kaffee und Fleisch so viel? Warum bedeuten dir dein Nerz so viel und die vielen Tiere, die für diesen sterben mussten, so wenig? Was hast du gewusst, gemacht, erlebt und gefühlt? Warum fühlst du heute nichts mehr?

Wer bist du noch?

Eine kleine Antwort

Es wäre naiv zu glauben, dass mit dem Dritten Reich und mit Adolf Hitler auch die dahinterliegende Energie gestorben wäre. Denn diese Energie gab es bereits Generationen vorher. Sie ermöglichte erst das Dritte Reich und fand in diesem einen Ausdruck. Diese Energie wirkt auch weiterhin, bis mit der Seele anders umgegangen wird.
Manchmal werden einzelne Menschen stark von dieser Energie ergriffen. Von der Härte und Distanz, von der Gnadenlosigkeit, die früher herrschte. Und auch davon, dass das einzelne Leben nichts zählte.

Den
Enkelkindern
wurde es erzählt

Dachau, Treblinka, Auschwitz – und ich sitze hier und schreibe über Tiertransporte. Meine Seele und das Thema des Buches führen mich zu den bislang unerkannten, unausgesprochenen Geheimnissen in unserer Familie. Mit jedem Schritt zur Wahrheit werden die Rückschlüsse in mein eigenes Leben überdeutlich, aber noch gebunden an Unausgesprochenes, nicht Herausgefundenes. Es lebt keiner mehr von ihnen, die es wüssten, wie es damals genau war, und die es mir erzählen würden. Selbst die „Alten" aus dem Dorf, die ich noch fand, die Soldaten, die den Krieg ausführten, wollen bis heute nichts von alldem gewusst haben. Massengräber? Nein. Hitler? Nein, die „braune Sau", er sei weit weg gewesen. Niemand hätte ihn je gesehen. Meine Familie lebte sechzehn Kilometer von Hitlers Hauptquartier, der Wolfsschanze, entfernt.

Andere Kinder schliefen mit Märchen ein, ich auch, aber ich zusätzlich mit Kriegsgeschichten. Abends im Bett, wenn es warm und der Stiefvater meines Vaters schon lange wieder weg war und sich das von ihm stolz mitgebrachte Würstchen in meinem Kindermagen langsam auflöste, dann erzählte sie mir von den „Pollaken" und den „Iwans" und den kleinen Männern, die auf Pferden ritten. Mongolen mit Krummschwertern waren es, glaube ich.

Sie sollen am gefährlichsten und brutalsten gewesen sein. Man nannte sie, so sagte sie, auch „der schwarze Tod". Einige Dinge erzählte sie mir nur im Flüsterton. Von den Zügen, die sie sahen, noch während der Flucht, aus denen Arme und Beine heraushingen. Von ihrem Kind, das 1942 auf die Welt kam. Es blieb offen, was mit ihm passierte und warum er, mein Onkel, zu Tode kam. Sie sagte nur, er hatte ja auch einen Klumpfuß.

Auf der Flucht fielen die Russen über sie her und die Stukas beschossen sie im Tiefflug. Menschenleichen auf der Straße. Militär, das nicht anhielt, und die Panzer, die die Flüchtlinge unter sich begruben. Überall Leichenteile und sie alle mittendrin. Ganze Familien, die durch das zugefrorene Haff brachen, und niemand konnte helfen, weil alle an das andere Ufer wollten. Pferde, Hab und Gut, alles verloren. Nur das nackte Überleben hätte man noch gehabt.

Mein Vater war ein achtjähriger Held, erzählte sie. Klein soll er für sein Alter gewesen sein. Sie schickte ihn los, damit er nachsah, in den Straßengräben, ob einer der Toten zu ihrem Dorf gehörte. Sie erwähnte, wie er schreiend durch das ausgebombte Haus lief und dabei laut auf Russisch schrie, „die Deutschen kommen", um zu verhindern, dass die Russen, die sich dem Haus näherten, meine Oma und seine vierzehnjährige Schwester fanden, die sich in diesem Haus versteckt hielten. Iwans, die in ihre Pfanne schossen, mittendurch, während das wenige, was sie am Anfang noch hatten, in ihr warm wurde. Viel Glück hätten sie gehabt.

Vier, fünf war ich, als ich mit diesen „Geschichten" einschlief. Nicht gut. Ich erinnere mich, dass ich irgendwann Albträume bekam, weil mich jemand aus dem Bett ziehen wollte, an den Füßen zuerst. Ich war zu klein, um zu verstehen, dass die Albträume anfingen, als sie mir erzählte, dass sie und ihre Tochter zwei Jahre in russischer Gefangenschaft waren. Dort sei sie schwer an Typhus erkrankt und eine russische Lagerärztin hätte entschieden, dass sie das letzte Penizillin der Gefangenen bekommen sollte. Nur durch diese Ärztin habe sie überlebt. Ansonsten wäre sie gestorben und die Kinder wären Wolfskinder geworden.

Mein Vater hätte sich währenddessen bei einem Bauern verkrochen. Ein schlechter Bauer soll es gewesen sein. Arbeit ja, Brot nein. Abfälle auf dem Misthaufen ja. Als sie ihn zwei Jahre später im Heuschober auf dem Bauernhof wiederfanden, seien seine Beine von Krätze so zerfressen gewesen, dass er nicht mehr hätte laufen können. Lumpen hätte er um Beine und Füße gewickelt gehabt. Getragen hätten sie ihn und so dünn sei er gewesen, der arme Kerl.

Mit alldem schlief ich ein, wie so viele andere auch aus meiner Generation.
Als 1990 der Golfkrieg ausbrach und diskutiert wurde, ob und wie Deutschland dabei sein sollte, brach ich weinend zusammen.

MARTHA

Wie viele gibt es wohl von ihnen – Menschen mit ihren Hunden –, die einsam ihre Runden drehen? Die mit Furcht um die nächste Ecke schielen und deren Herzschlag sich erhöht, wenn sie in der Ferne einen Menschen sehen? Ihr Blick schweift suchend umher, schaut danach, ob dieser Mensch allein geht oder sich etwas an seiner Seite befindet – ein Hund! Wie mag dieser sein? Wie mag mein Hund auf ihn reagieren? Gibt es sichtbare Anzeichen, um ihn einschätzen zu können? Groß, klein, schwarz, weiß, Weibchen oder Männchen?

Bei Motte waren es vorwiegend kleine Hunde. Aber manchmal war sie einfach nicht einzuschätzen. Dann waren es plötzlich alle, auf die sie feindlich reagierte. Für Erika wurde es eine Qual, ein Spießrutenlauf, mit Beschimpfungen von Menschen, die sich kopfschüttelnd von ihnen abwendeten – und das in einer Zeit, als die Hysterie um die Kampfhundeverordnung in Köln am größten war. Veterinäre, Ordnungsamt und auch die Medien fackelten nicht lange mit dem Urteil: Töten! Zumutung! Gefahr! Motte hatte Glück. Sie ist ein Mischling, ein früher sogenannter Bastard, eine nicht anerkannte Rasse. Nicht wertvoll!

Nur die, die mit diesen scheinbar nicht berechenbaren Tieren gehen, können die Scham, Ausweglosigkeit, Angst und Wut verstehen, die einen in Wellen übermannt, und die tiefe Liebe, die in ruhigen Stunden zu Hause von einem Besitz ergreift. Dieses unbegreifliche Band, was einen zusammenschweißt und einen zu emotionalen Höchstleistungen anfeuert. Die anderen, die dies lesen und keinen hochentschlossenen Hund an ihrer Seite haben, können hier nur mitschwingen. Für Erika und Motte wurde es ausweglos, weder Hundeschule noch andere Dinge halfen, es blieb mit ihnen beiden unberechenbar.

Als ich das erste Mal dieses Paar traf, war ich tief beeindruckt von diesem Band, welches die beiden zusammenhielt. Von dieser unerschrockenen, tief dienenden Hundeseele, die laut und deutlich schrie: „Ich trag's für dich!" Aber noch mehr: „Ich zeig es dir, ich führe dich und wir können und werden es zusammen schaffen, weil ich dich liebe." Sie war so kraftvoll, so liebend und so unsäglich überfordert. Erika hingegen war von einer Sanftheit und einem Zurücknehmen ihrer selbst beseelt, dass es mir heute noch die Tränen in die Augen treibt. So wie die beiden waren, waren sie schon ein Traumpaar. Aber die Vision, die ich von beiden bekam, wenn jeder von ihnen in seiner Kraft stehen würde, ließ Unmögliches möglich werden.

In der Beratung ging ich gemeinsam mit beiden auf die Suche nach den wirklichen Problemen und deren Lösung. Für wen nahm Erika sich so zurück und was wollte Motte mit ihrem gefährlichen und unberechenbaren Verhalten deutlich machen? Was sah sie, was sonst keiner wahrnahm? Erika wurde 1960 als drittes und letztes Kind ihrer Eltern geboren – die Kleinste. In anderen Familien wäre sie das auch mit allen Konsequenzen gewesen, mit all den Aspekten, die diese Position als Nesthäk-

chen beinhaltet. Verhätschelt und getätschelt, getragen, verwöhnt und vielleicht auch von den Geschwistern genau deshalb beneidet. Der kleine Augenstern der Eltern. Es gab in dieser Familie aber schon eine „große Kleine", die Mutter und Vater voll in Anspruch nahm. Die all die Kraft und Liebe brauchte und nahm. Die scheinbar nichts gab, nichts teilte, die nicht sprach und die von den Großeltern als „Gottes Strafe" tituliert wurde.

Und genau sie, diese „große Kleine", wurde von dieser fantastischen Familie beschützt, gestützt und durch ihr Leben getragen. Wie selbstverständlich lernte Erika, nicht die Dinge zu fordern, die man als Kleinste so fordert. Sie nahm sich zurück, sie stellte sich hinten an. Verteidigte ihre Schwester, hielt zu ihr, verzweifelte, nahm Abstand, ging darauf zu und wurde irgendwann still dabei.

Natürlich schauten die Menschen auf dieses Kind, auf Martha: mongoloid und mehrfach behindert. Als sie das Licht der Welt erblickte, war es 1955, zehn Jahre nach Kriegsende. Behinderte waren da selten. Noch zehn Jahre vorher wurden sie abgeholt und ermordet. Niemand schaute da gerne mit gutem Gewissen in einen Kinderwagen, in dem ein behindertes Kind lag, und brach dabei in Entzücken aus. Zu dem normalen Erschrecken kamen die Erinnerung und die daraus resultierende Abwehr hinzu. Das Unaussprechliche, aber auch das manchmal laut gedachte „Bei Hitler hätte es das nicht gegeben". In dieser Zeit war Deutschland nicht frei von dem Denken des Dritten Reiches, es erinnerte sich noch.

Ein paar Jahre später wurde Deutschland mit einer Welle von Behinderten konfrontiert. Mütter und Väter, die sich anfangs selbst anschuldigten, während sie Kinder mit verkürzten Gliedmaßen im Arm hielten.

Die „Erkrankung" hieß Contergan. Hierdurch wurde es für Erikas Familie in ihrem Umfeld etwas leichter. Sie alle trugen ihre Schwester Martha durch das Leben, bis sie im Jahr 2004 eines natürlichen Todes starb.

Auch Erika, in ihrer Bescheidenheit und Schönheit. In vielen herzzerreißenden Sitzungen und Familienaufstellungen hat sie für sich gelernt, ihren gemäßen Platz in ihrer Familie einzunehmen. Und sie lernte, Motte in einer liebevollen Autorität zu führen, sodass diese nicht mehr auf Scham und Schuld hinweisen muss. Sie gehen jetzt oft zu dritt spazieren. Das Einzige, was ich für mich bedaure, ist, dass ich Martha nicht lebend kennengelernt habe, diese so großartige Frau, diese so beschützte und geliebte Schwester.

Contergan

Der 1987 verstorbene medizinische Direktor Heinrich Mückter des Pharmaherstellers Grünenthal Chemie war in den Jahren des Zweiten Weltkrieges Stabsarzt und stellvertretender Leiter des Instituts für Fleckfieber und Virusforschung des Oberkommandos des Heeres in Krakau. Unter ihm wurden zahlreiche KZ-Häftlinge als Versuchspersonen zu medizinischen Zwecken missbraucht und Unzählige fanden dadurch ihren Tod.

Ab 1946 arbeitete Herr Mückter bei Grünenthal und entwickelte die Substanz Thalidomid, welche die Grundlage des Beruhigungs- und Schlafmittels Contergan war. Wegen dieses Medikaments hielten weltweit Eltern Kinder in den Armen, die bis heute um eine ausreichende Anerkennung kämpfen.
Der Contergan-Prozess wurde 1970 gegen die Firma Grünenthal und dessen Mitarbeiter wegen geringfügiger Schuld der Angeklagten

und mangelnden öffentlichen Interesses

an der Strafverfolgung eingestellt.

MOTTE UND ERIKA KÜLLCHEN

Liebe Andrea,
ich weiß noch genau, als ich das erste Mal zu dir fuhr. Motte, meine Hündin, hat sich mit einer anderen Hündin so gefetzt, dass die andere Hündin heftige Schwellungen im Gesicht hatte. Ich selbst war bei dieser Auseinandersetzung nicht dabei. Motte war damals in der Obhut meiner Exfreundin. Über die Besitzerin der anderen Hündin habe ich dann deine Adresse erhalten, mit dem Hinweis, dass ich bei dir klären könnte, ob mit einer Kastration meine Hündin vielleicht friedlicher würde.

Ich selbst kam an diesem ersten Termin völlig aufgelöst bei dir an. Ich war vollkommen durcheinander auf die falsche Autobahn abgefahren, stand dort im Stau, fand dann schließlich auf die A 4 zurück, um dann die Abfahrt nach Much gesperrt vorzufinden.

Über Umwege und mit einer Stunde Verspätung stand ich schließlich heulend und vollkommen aufgelöst vor dir. Und alleine diese Anfahrt machte mir klar, dass nicht nur Motte Unterstützung benötigte, sondern ich erst mal für mich einiges zu klären hatte. Nach dem Tod meines Vaters und der Trennung von meiner damaligen Beziehung fühlte ich mich haltlos, fehlte mir jeder Boden unter den Füßen. Zudem fühlte ich mich versteinert und kalt. Abgeklärt über den Kopf. Mein Herz war zu. Vorsicht und Misstrauen dem Leben und meinen Mitmenschen gegenüber waren angesagt.

Motte spiegelte mir damals schon meine Haltlosigkeit, indem sie mir ständig meine Führungsrolle abverlangte. Damals sah ich dies nicht als Hinweis, eher als zunehmende Belastung in meinem ständigen Gefühl der Überforderung.

In den darauf folgenden Jahren sortierte ich mein Leben bzw. die Einstellung zum Leben dank deiner Hilfe neu. Über Familienaufstellungen, die systemische Kinesiologie und Reiki fand ich den Respekt und vor allem die Achtung gegenüber meinen Eltern, meinen Schwestern und meinen Ahnen wieder.

Eine äußerst entspannende Erkenntnis war, dass ich keine Heilige bin und viele Fehler machen darf. Ich fand wieder zu einer liebevollen Einstellung zu mir selbst. Mich zu sehen und anzunehmen als die, die ich bin, mit allen meinen schönen und nicht so schönen Seiten. Vor allem es zu wagen, mein Herz wieder zu öffnen. Außerdem habe ich begriffen, dass niemand für mein Leben, meine Gedanken und meine Gefühle verantwortlich ist außer mir selbst.

Mit der Zeit lernte ich wieder, mir selbst zu vertrauen, auf meine Intuition zu hören und mich wieder zu zeigen. Das, was ich denke, fühle, was ich bin, in Worte zu fassen und auszudrücken. Natürlich begegnen mir immer wieder auch meine Ängste, negative Gedanken, Verurteilungen und Bewertungen. Sie sind mir jetzt nur bewusster und ich kann achtsamer mit ihnen umgehen ... und, wie gesagt: Ich bin keine Heilige.

Einen großen Dank auch an Motte, die mir weiterhin unermüdlich und in großer Liebe zeigt, wenn ich anfange zu hadern, meine Kraft verliere und den Kontakt zu mir vernachlässige. Ich wünsche allen Menschen, dass sie in jeder Krise ihres Lebens Menschen und Tiere an ihrer Seite wissen, die sie so annehmen, wie sie sind. Und die Erkenntnis, dass jede Krise eine Chance beinhaltet, dem eigenen Herzen wieder zu begegnen.

Während ich diese Zeilen schreibe, sitze ich in Italien am Meer. Losgefahren aus Deutschland, nicht wissend, wo ich die Nacht landen und bleiben werde. Ein Unternehmen, mich in etwas hineinzubegeben ohne Kontrolle, ohne Vorstellung, wie etwas werden wird oder zu sein hat. Dies hätte ich letztes Jahr noch nicht gewagt. Jetzt wohl wissend, dass in Gottvertrauen alles möglich und gut ist und dass jede Begebenheit einen Sinn hat.

Meine Hündin spielt derweil mit einer anderen Hündin im Sand – friedlich!

Kleines Wort, große Bedeutung

In dem Verhalten der Tiere sowie auch in ihren Erkrankungen können wir einen tiefen Heil bringenden Sinn finden. Dieses unterscheidet den hier vorgestellten Ansatz von anderen, die beispielsweise von Tierpsychologen, Tierheilpraktikern oder Tierärzten praktiziert werden. Zwar wird auch in diesen Berufszweigen nach Ursachen gesucht, aber sie werden auf Verhaltensstörungen und körperliche Erkrankungen reduziert, in denen kein weiterführender Sinn gesehen wird.

Als Ursache von Verhaltensstörungen werden meist Fehlprägungen während der Prägephase, eine missverständliche Kommunikation zwischen Mensch und Tier sowie ein Fehlverhalten des Menschen in Bezug auf das Tier angeführt.

Bei Erkrankungen werden die grundlegende Genetik, Ernährung, ein schlechtes Immunsystem und vorhandene körperliche Schwächen gesehen. Dabei werden die Auswirkungen oftmals mit den Ursachen vermischt.

So wird beispielsweise manchmal eine Hormonstörung als Ursache davon gesehen, dass eine Katze Ekzeme bekommt und sich ständig kratzt. Welche Ursache wiederum die Hormonstörung hat, bleibt unbeachtet. Dementsprechend ist dann die Vergabe von Medikamenten, die den Hormonhaushalt beeinflusst, eine naheliegende Behandlungsform.

In all diesen Ursachen und Symptomen wird kein weiterer Sinn gesehen, der in seiner Bedeutung über das einzelne Tier hinausgeht. Doch liegt genau hier, neben all den berechtigten helfenden Maßnahmen eine entscheidende Möglichkeit, um zu dauerhaften und umfassenden Veränderungen zu gelangen. Die entscheidenden Fragen bei dieser Betrachtung sind beispielsweise: Welchen Sinn hat es, dass ich mir genau dieses Tier ausgewählt habe? Welchen Sinn haben seine Verhaltensweisen? Wohin führen mich seine Erkrankungen? Welcher Mensch in der Familie hat eine gleiche oder ähnliche Erkrankung wie das Tier?

Diese Fragestellungen würden oftmals in ganz andere Lebensbereiche und damit zu Veränderungsmöglichkeiten für alle führen, die bei einem eingeschränkten Blick auf das Tier ungesehen bleiben. Erkennt man den weiterführenden Sinn, ändert sich das Energiefeld auch hier für alle, indem das Tier lebt.

Sinn und Seele

Sinn und Seele hängen miteinander zusammen. Daher kehren wir an dieser Stelle zu einer Fragestellung zurück, die bereits an anderer Stelle gestellt wurde: Hat ein Tier eine Seele? Diese Frage wird meist nur im Vergleich zum Menschen gestellt. Man entdeckt die unübersehbaren Unterschiede zwischen Menschen und Tieren, die beispielsweise in einigen intellektuellen Fähigkeiten bestehen. Hieraus leitet man dann allzu leicht die Schlussfolgerung ab, dass Tiere keine Seele haben, ohne sich zu fragen, was genau eine Seele eigentlich ist. Ist Seele etwa dasselbe wie Geist, Bewusstsein, Intellekt oder die Psyche?

Wenn mit der Seele komplexe geistige Fähigkeiten gemeint sind, durch die man dann beispielsweise auch Autos entwickeln und bauen kann, dann haben Tiere wohl keine Seele. Wenn aber mit Seele die Eigenschaft gemeint ist, ein Empfindungsleben zu haben und sich in andere Lebewesen einfühlen zu können, dann haben Tiere sehr wohl eine Seele. Sogar aus heutiger wissenschaftlicher Sicht, da in der Verhaltensforschung nachgewiesen werden konnte, dass einige Tiere ihre Artgenossen täuschen und sogar belügen können. Dies setzt ein hohes Maß an Einfühlung in den anderen voraus.

Wenn mit Seele aber gemeint ist, dass man ein Bewusstsein darüber hat, dass man selbst existiert und dass man irgendwann sterben wird, dann trifft auch dieser Aspekt auf viele Tierarten zu. Auch wenn es hier wieder bedeutende Unterschiede zum Menschen gibt. Während die meisten Menschen geradezu ständig über ihr eigenes Sein nachdenken, also darüber, wie es ihnen geht und wie sie sich fühlen, tun das Tiere wohl kaum oder gar nicht. Aber dass auch Affen sich im Spiegel erkennen und sich beispielsweise in Versuchen einen aufgeklebten Punkt vom Kopf entfernen, den sie im Spiegelbild erblicken, spricht für ein Ich-Bewusstsein. Dass Tiere zudem die Bedrohung ihres Lebens spüren oder auch erspüren, dass ihr Leben zu Ende geht, ist auch anzunehmen. Viele Tiere verhalten sich zu diesem Zeitpunkt anders, ziehen sich zurück oder suchen ihren menschlichen Begleiter auf, als wollten sie Abschied nehmen. All diese Fragestellungen greifen Aspekte auf, die gewiss etwas mit der Seele zu tun haben, die aber für die meisten Menschen nicht das Wesentliche der Seele sind.

Die meisten Menschen verbinden mit dem Begriff Seele weder die Fähigkeit, Autos zu bauen, noch die Fähigkeit zu lügen, sondern denken an etwas, das mit Größe und Bedeutung zu tun hat. Dass es etwas in uns gibt, das mit seiner Bedeutung über unseren Alltag hinausgeht. Dass unser Leben zu irgendetwas gut ist und zu irgendetwas führt. Dass auch nach dem Tode etwas von uns bleibt. Dass nämlich das Leben eines Säuglings, der nach einem vierzehntägigen Überlebenskampf verstirbt, eine erhebliche Bedeutung für die Familie hat und zur Sinnfindung führen kann. Bedeutung und Sinn entstehen nicht aus der Lebenszeit oder daraus, was man alles im Leben erreichen konnte, sondern daraus, dass unser Leben mit etwas Größerem verbunden ist und man selbst auch Teil des Größeren ist. Dass etwas von unserer Energie, die wir Leben nennen, auch nach dem Tod bestehen bleibt und auch hier das physikalische Gesetz gilt, dass Energie nicht vergehen, sondern nur gewandelt werden kann.

Obwohl man hier nichts wissenschaftlich messen, beweisen und verstehen kann, macht sich doch jeder irgendwann hierüber Gedanken. Besonders dann, wenn das Leben an Lebensqualität verliert. Wenn Leid in unser Leben tritt und wir uns fragen, wozu wir all das auf uns nehmen. Dann hoffen wir, dass alles einen Sinn hat, auch wenn sich dieser vielleicht erst im Nachhinein erschließen wird.

Aus der Sicht eines Babys müssen die Vorgänge der Geburt recht leidvoll, bedrohlich und erschreckend sein. Der gewohnte Lebensraum zieht sich zusammen und drückt es in eine unbekannte Zukunft. Der Sinn dieses gewaltigen Prozesses erschließt sich erst im Nachhinein und deutet all das Vorherige völlig um. In leidvollen Zeiten ist es für uns von enormer Bedeutung, einen Sinn in dem zu finden, was in unserem Leben geschieht. So wie die Gebärende weiß, dass die Geburt sie und ihr Kind in einen neuen Lebensabschnitt führt.

Sinn in der Lebensqualität

Wenn wir in den Ereignissen, die uns widerfahren, keinen Sinn finden, so bedeutet das nicht, dass sie keinen Sinn haben. Der Sinn zwingt sich einem nicht auf. Daher sind Fragen oder Gedanken über den Sinn mühsam. Sie erscheinen, so paradox es klingt, vielen sinnlos. Sich aber nicht mit dem Sinn des Lebens zu beschäftigen führt im Allgemeinen dazu, dass man nur einen Sinn in einer gegenwärtigen Lebensqualität erkennt. Man will möglichst viel Spaß, Freude und Unterhaltung in der Lebenszeit haben, die einem zur Verfügung steht. Eine Fun- und Party-Gesellschaft ist die Folge daraus. Wenn ich mich dann auch noch mit einem Tier herumärgere, empfinde ich dies als sinnlos. Sinnvoll ist es demnach, das Tier loszuwerden. Das Gleiche gilt dann auch für die Menschen, mit denen ich zusammenlebe. Verdirbt mir mein Partner die Lebensqualität, den Spaß, trenne ich mich.

Krankheiten sind dann ebenfalls sinnlos und müssen möglichst schnell und einfach abgeschafft werden, damit die Lebensqualität wieder ansteigt. Man würde vielleicht noch einen Sinn im Fieber erkennen, der beispielsweise darin liegt, Viren abzuwehren, aber einen Sinn in den Viren und deren Eindringen in den Organismus findet man nicht. Ebenso erkennt man den Sinn einer psychotherapeutischen Behandlung, die der Überwindung von Problemen aus der Kindheit dient, aber man sieht keinen Sinn in der individuellen Kindheit selbst. Aus dieser Sicht wäre es sinnvoller gewesen, eine leichtere Kindheit und bessere Eltern gehabt zu haben.

Diese Form der Betrachtung reduziert den Sinn auf die Lebensqualität, ohne das Leben selbst in einem sinnvollen Zusammenhang zu sehen. Alles was vor und was nach dem irdischen Leben ist, bleibt hierbei unbedeutend. Da man nun mal eben lebt, möchte man die Angelegenheit möglichst angenehm hinter sich bringen.

Sinn im Größeren

Etwas ganz anderes ist es, einen Sinn im Leben selbst zu finden. Das hat etwas mit dem Finden der eigenen Bestimmung und Herzensangelegenheit im Leben zu tun. Dieses erreicht man nur, wenn man den Blick auf etwas Größeres in sich selbst richtet und das daraus Resultierende in das eigene Leben einbettet. Man findet die Bedeutung und Erfüllung in seinem Leben und in seinem Tun. Dann wird man mit seinem Leben ein Teil eines großen Ganzen. So wie ein Organ in einem Organismus, welches bestrebt ist, in einem ständigen Austausch mit den anderen Organen zu sein, um das große Ganze für alle bestmöglich in Wachstum und Harmonie zu erhalten.

Tiere zeigen uns den Sinn

Was viele Menschen mit ihren Tieren erleben, ist, dass Tiere eine Verbindung zu dem Größeren haben. Sie leben nach dem höheren Plan und sind dabei auch ein Teil des Größeren. Wenn wir sehen, mit welcher Energie und Selbstverständlichkeit ein Rotkehlchen seine Jungen selbst unter schwierigsten Bedingungen füttert und versorgt, so spüren wir, dass dieses Rotkehlchen nicht mit dem hadert, was es da tut. Es lebt ohne eigene Zweifel in einer höheren Ordnung, als Teil dieser Ordnung. Tiere sind somit für uns die Repräsentanten des Größeren. Durch sie bekommen wir eine Ahnung von dem, was das größere Prinzip, die größere Ordnung und das Größere selbst sein kann. Wir bekommen eine Ahnung, wie es für uns sein könnte, wenn wir uns selbst mit dem Größeren so verbunden fühlen würden.

Sinn verändert alles

Erkennen oder erleben wir, vielleicht auch nur bruchstückhaft oder als kurzen, flüchtigen Moment, das Größere, so ändert sich viel. Es ändert sich damit die eigene Haltung zu den „Einzelteilen".
Das, was einem im Leben widerfährt, kann man nun in Beziehung zu dem Größeren

sehen. Krankheiten sind dann nicht mehr nur körperliche Probleme, sondern Wegweiser zu einem gesunden, sinnvollen Leben. An ihnen erkennt man, was gut für einen ist und was nicht. Krankheiten geben damit Hinweise auf die höhere Ordnung. Glück entsteht dann auch nicht mehr ausschließlich aus dem Bestreben nach Spaß oder dadurch, dass man es möglichst bequem haben will.

Das Rotkehlchen kann man nicht von den Vorteilen eines bequemen Lebens überzeugen. Man kann ihm nicht aufzeigen, wie angenehm doch sein Leben sein könnte, wenn es mal ein Jahr lang keinen Nachwuchs aufzieht und es sich stattdessen über den Sommer gemütlich macht. Es möchte keinen Urlaub, nicht ausspannen und das Nichtstun genießen. Rotkehlchen möchten, wie alle Tiere, ihren Platz einnehmen und in diesem ein Teil des Ganzen sein. Das ergibt für sie einen Sinn. Nimmt man ein Rotkehlchen aus seinem Platz heraus und sperrt es in einen Käfig, wird für es das Leben sinnlos und es verstirbt, auch wenn dieser Käfig voller Futter und Bequemlichkeit ist.

Als ein Teil der Schöpfung dienen

Wenn man nicht nur einen Sinn in einer hohen Lebensqualität findet, sondern in seinem Leben selbst, ändert dies auch die Haltung zur Schöpfung. Die Erde und ihre Lebewesen sind dann Ausdruck des großen Ganzen. Als Teil von ihr dient man der Erde und der Schöpfung, denn nur dadurch ist man selbst in seiner Bestimmung. Wie ein Organ, ob Leber, Niere oder Herz, dem Körper dient. Ein Organ, welches sich über das Ganze stellen würde, würde Krankheiten verursachen, weil es nicht dienen, sondern sich bedienen würde.

Schöpfung hier, Paradies da

Sieht man aber den Sinn im Leben darin, eine Art Prüfung zu bestehen, um dann in ein Paradies zu kommen, wie einige Menschen beispielsweise das Christentum auffassen, dann ändert sich das Empfinden zur Schöpfung und zum Leben wiederum. Bei einer solchen Auslegung sind die Lebewesen dann keine Repräsentanten des Ganzen mehr, im Gegenteil, sie sind Repräsentanten des Unvollkommenen. Die Vorstellung vom Paradies entwertet in diesem Sinne das irdische Leben.

Die Erde und die Schöpfung sind dann einem auch nicht mehr heilig, weil das Heilige und Göttliche erst nach dem Leben im Paradies kommt. In dieser Auslegung sind dann die Erde und die Schöpfung für den Menschen eine Mischung aus Klassenzimmer und Warteraum. Dann verhält man sich auch wie Schüler im Schulgebäude: Schaut gerade mal kein Lehrer hin, be-

schmiert man Tische und Wände. Versteht man dann noch die Bibelaussage, dass man sich die Erde untertan machen soll, in dem Sinne, dass die Erde dem Menschen geschenkt wurde, kann man natürlich mit ihr machen, was man will. Als neuer Eigentümer dieses Geschenkes namens Schöpfung hat man natürlich das Recht, es zu treten und zu beschmutzen, es zu quälen und zu erniedrigen, es zu vergiften und es auszunehmen. Natürlich hat man das Recht, das Geschenkte zu zerstören und zu töten. Man braucht es ja nur vorübergehend, um dann zum Paradies einzukehren. Aber ehrt man damit den, der es einem geschenkt hat?

Denken und Erleben

Unser Denken steht in einer Wechselwirkung mit unseren Erlebnissen. Wenn uns ein Hund beißt, denkt man als Folge dieses Erlebnisses, dass Hunde gefährlich sind. Aber Gedanken und Meinungen formen und beeinflussen auch unsere Erlebnisse. Denn wenn man die Meinung übernimmt, dass Hunde gefährlich sind, erlebt man diese auch unter diesem Gesichtspunkt. Man erlebt den einen knurrenden Hund hinter dem Zaun deutlich, während die anderen dreißig Begegnungen mit friedlichen und freudigen Hunden nicht in das Bewusstsein dringen. Durch Gedanken und Meinungen werden Erlebnisse sortiert, eingeordnet und interpretiert.

Da wir nie alles selber erleben können, vervollständigen Meinungen und Gedanken von anderen unser Weltbild. Beispielsweise übernehmen wir die Meinungen und Gedanken der Eltern und was uns die Schule und die Kultur vermittelt. Auch hier engen dann die übernommenen Meinungen die eigene Wahrnehmung ein. Werden wir beispielsweise in einer Kultur erzogen, in der die Theorie herrscht, dass Tiere nichts empfinden können, über keinerlei Intelligenz verfügen und unbeseelt sind, dann erleben wir die Tiere auch tendenziell so, weil wir sie unter diesem Blickwinkel betrachten. Unsere Erlebnisse mit Tieren werden dann auch gemäß diesen Theorien und Meinungen interpretiert.

Gedanken aus Verbundenheit

Unsere Wahrnehmung wird auch von systemischen Kräften beeinflusst, da wir Meinungen und Gedanken von den Menschen übernehmen, die uns nahestehen und wichtig sind. Wenn die Eltern die Tiere für beseelt halten, werden ihre Kinder in der Regel Tiere auch beseelt erleben. Wenn die Eltern Tiere für empfindungslose Geschöpfe halten, werden die Kinder diese auch eher als empfindungslos erleben. Erleben Kinder die Tiere ganz anders, wirkt dies innerhalb der Familie störend und trennend. Jemand, der etwas anderes denkt und erlebt, wird dann zum Außenseiter. Daraus resultiert aber nicht, dass Kinder immer genauso wie die Eltern denken und erleben. Denn sind beispielsweise die Großeltern Außenseiter, Sonderlinge oder Einzelgänger, können dies wiederum auch die Enkelkinder werden, um diesen nahe zu sein. Trotz verschiedener Möglichkeiten wird deutlich, dass das Erleben und die Meinungsbildung weder objektiv noch frei geschehen, sondern durch unsere Verbundenheit geformt werden.

Dies gilt selbst auch für Wissenschaftler, die ja stets nach Objektivität streben. Auch sie unterliegen, wie alle Menschen, den hier aufgezeigten systemischen Kräften. Denn die Geschichte der Wissenschaft zeigt immer wieder folgende Entwicklungsprozesse:

Zu bestimmten Zeiten herrschten beispielsweise in der Physik und in der Biologie bestimmte Theorien. Diese Theorien engten dann die wissenschaftlichen Erfahrungen ein, denn nun wurde alles aus dieser Theorie heraus betrachtet und verstanden. Diese Theorien galten dann als Wahrheit und wurden gelehrt.

Dann gab es die ersten Wissenschaftler, die andere Erfahrungen machten, die mit der herrschenden Theorie in Widerspruch standen. Diese Wissenschaftler wurden nicht etwa freudig und neugierig begrüßt, sondern meist als Störenfriede lange und teilweise massiv unterdrückt. Sie wurden als Außenseiter oder Spinner betrachtet. Ihnen wurden auch oftmals die Möglichkeiten für weitere Forschungen entzogen. Manche von ihnen entwickelten trotz der großen Widerstände ihre neue Theorie weiter und veröffentlichten diese. Durch diese neue Theorie wurden dann nach einiger Zeit auch andere Wissenschaftler darin mutiger und freier, ihre gemachten Erfahrungen in Bezug auf die neue Theorie zu überprüfen. Sie trauten sich nun auch, den eigenen Erfahrungshintergrund zu erweitern oder selbst auch neue Erfahrungen zu machen.

Auch unter Wissenschaftlern gab und gibt es Kräfte wie Macht, Machtverlust, Loyalität, Angst und Zugehörigkeit. So entstehen auch hier, wie in religiösen und ideologischen Bereichen, Gläubige und Ketzer. Es gibt die Loyalen und die Treuen, die Verräter und die Fahnenflüchtigen.

Das Gleiche gilt für den Alltagsmenschen. Viele Menschen haben in Schule und Familie davon gehört, dass die Natur in einem permanenten Wettstreit steht, in dem sich nur der Stärkere durchsetzt und es dadurch eine natürliche Auslese gibt. Viele haben auch von Charles Darwin gehört, der diese Theorie aufgestellt hat. Diese Theorie gehört heute noch zum Alltagswissen und beeinflusst und lenkt nun unsere Erfahrungen. Wo man auch hinschaut, überall scheint sich diese These zu bewahrheiten: ob Arbeitsleben, das Verhalten der Kinder im Kindergarten oder beim Autofahren auf der Autobahn. Immer scheint sich das Gesetz des Stärkeren zu bestätigen. Andere Erfahrungen werden „übersehen" und ausgeblendet.

Hört man nun aber andere Theorien der Verhaltensforschung, kann man auch – vorausgesetzt man hat den Mut dazu – seine bisherigen Erfahrungen unter den neuen Gesichtspunkten auswerten und sich ebenso für neue Erfahrungen öffnen. Das Schwierige hierbei ist nicht das Neue zu verstehen, sondern mit dem Alten zu brechen. Hiervor haben wir Angst.

So nehmen die ersten Verhaltensforscher beispielsweise auch andere Aspekte in den Blick. Heute erkennt man auch, dass es in der Natur viele kooperierende Kräfte gibt und die Natur auf ein Gleichgewicht abzielt. Öffnet man sich für diese Theorie, öffnet man gleichzeitig auch seine Wahrnehmung hierfür.
So wurde beispielsweise lange Zeit gesehen, dass es bei Tieren, die in sozialen Gruppen leben, einen Anführer gibt. Man erkannte lange Zeit, dass der körperlich Stärkste diese Position durch Machtkämpfe einnimmt, bis er von einem anderen abgelöst

wird. Heute erkennt man beim Blick auf dieselben Tiere zunehmend andere Aspekte. So erkennen heute einige Verhaltensforscher, dass derjenige die Position bekommt, der einer Gruppe am besten dienen kann. Das Tier, das beispielsweise Streit schlichten und Lösungen finden kann, wird zum Leittier und nicht das, was alle anderen durch seine Stärke dominieren kann. Heute wird erkannt, dass sich die Tiere dem Leittier anschließen, weil sie diesem vertrauen und längst nicht jedes Tier diese Position gerne haben möchte. Aber über diese Aspekte wird bei Verhaltensforschern noch gestritten. Obwohl alle auf dieselbe Tiergruppe schauen, wird doch sehr Unterschiedliches gesehen. Auch in anderen Bereichen der Wissenschaft wird Unterschiedliches wahrgenommen und gestritten. So etwa im Bereich der Physik beim Thema Überlichtgeschwindigkeit oder in der Biologie beim Thema Epigenetik und was Gene alles steuern und was nicht.

Zu einer Wahrheit zu finden hat also auch damit zu tun, ob man mit „alten Wahrheiten" brechen und diese loslassen kann, um „neue Wahrheiten" zu ergreifen. Trauen Sie sich, neue Gedanken aufzunehmen und vieles neu zu erleben?

Die Frage des Verbundenseins

Beseelt zu sein bedeutet für uns, die Autoren, mit dem Größeren in Verbindung zu stehen und diese Verbundenheit zu leben. Tiere stehen immer in Verbindung zum Größeren, und zwar derart, dass sie ein Teil des Größeren selbst sind. Sie sind ursprünglich und handeln mit dem Sinn des Ursprünglichen. Nimmt man sie aus der ursprünglichen Ordnung heraus, drängen sie wieder zu ihr zurück. Durch sie finden wir einen Zugang zur ursprünglichen Ordnung und zum Größeren.

Demgegenüber kann der Mensch auch aus dieser ursprünglichen Ordnung heraustreten und von dieser entfernt bleiben. Damit entfernt er sich auch entsprechend von der eigenen Seele. Aber auch sie drängt zur ursprünglichen Ordnung, zum großen Ganzen zurück.

Die Frage des Verbundenseins mit der eigenen Seele und mit der ursprünglichen Ordnung hängt nicht einfach vom Willen ab. Man muss sich darüber im Klaren werden, was verbindend und was trennend wirkt. Hierauf wird im weiteren Verlauf noch ausführlich eingegangen.

So merkwürdig und widersprüchlich es klingt, trennt uns meist eine Form der Liebe vom Ganzen. Der Liebe zu den Menschen, denen wir entsprungen sind. Denn diese Liebe hält uns bei ihnen, treu und loyal, egal wo diese auch stehen. Stehen diese im Licht, bleiben wir bei ihnen. Stehen sie im Dunkeln, bleiben wir auch dort. Ein Großteil der Herausforderungen in unserem Leben besteht darin, unseren daraus weiterfolgenden Weg zu finden. Entgegen dieser blinden Liebe, die uns bei ihnen hält. Dies erfordert eine ehrliche, erwachsene Liebe, die dem anderen das Schicksal nicht abnehmen will, sondern im anderen die wirkliche Größe sieht und anerkennt. Erst dann ist eine freie und wirkliche Begegnung möglich.

In diesem Spannungsfeld aber werden wir aufgerieben und entwickeln uns nach besten Kräften. In ihm entstehen Wege, die manchmal zu Umwegen und manchmal zu Abwegen werden, auf denen man sich allzu leicht verirren kann. So weit verirren sogar, dass wir für andere scheinbar zu Unmenschen werden. Doch in jedem von uns bahnt sich früher oder später die Seele ihren Weg, um erneut eine Verbindung zur Ursprünglichkeit, zur ordnenden, guten Kraft herzustellen. Einem Wunsch gleich der Sehnsucht, nach Hause zu kommen.

So haben die meisten Probleme, die eigenen oder die unserer Tiere, nur den einen Sinn: uns zur Verbundenheit mit dem Ganzen zurückzuführen. Das Ganze aber ist eben alles: das Angenehme wie auch das Schmerzhafte, das Gute wie das Böse.

Die Akte

Hinter den Trümmern liegt das Licht

In diesem Kapitel begegnen wir Mord und Totschlag. Wir begegnen Mördern, auch den Mördern in uns, die dazu in der Lage sind, kaltblütig abzuschlachten oder abschlachten zu lassen.

Wir betreten hier eine Halle des Grauens. In dieser befinden sich alle Erinnerungen an Taten, die jemals begangen wurden. Hier befinden sich nicht nur Zahlen der Opfer, sondern auch die der Mitverursacher. Hier werden Lebensläufe festgehalten, von allen, von Mensch und Tier. Hier werden Schicksalsfäden sichtbar, die aus dem Getanen oder Nichtgetanen entstanden sind. In dieser Halle gibt es eine Abteilung, die sich mit der Aufklärung ungesehener Taten beschäftigt, die darauf warten, abgearbeitet zu werden. In ihr gibt es Türen, die in andere Räume führen, und wir dürfen gespannt sein, welche Türen sich hier für uns öffnen werden. Ein Arbeiter dieser Halle wird uns verschiedene Akten vorlegen, zur Begutachtung und Stellungnahme. Er deutet noch an, dass viel Arbeit auf uns wartet. Er sucht ein paar Akten heraus, darunter auch ein paar, die er mir schon zur Ansicht gegeben hatte, und legt sie alle gemeinsam auf einen Wagen. Sein Blick deutet an, dass es Zeit wird. Er selbst hat jetzt keine Zeit mehr, da immer wieder neue Akten angelegt werden müssen oder in alte etwas Neues dazukommt.

Im Andenken an einen wunderbaren Mann und einen treuen Hund.

„Ein furchtbares Kind war dieses Adoptivkind, Frau Oppermann. Wir hatten nur Theater mit ihm, schon als kleines Kind. Wir haben alles für ihn getan. Wir haben jeden Kontakt zu seinen Eltern untergraben und haben ihm auch nie etwas davon gesagt. Seine Mutter war asozial, sein Vater ein Säufer, und da haben wir uns seiner angenommen. Aber man konnte machen, was man wollte, für ihn waren wir nie gut genug. Dabei haben wir alles getan, um ihn davon abzuhalten, so widerlich wie seine Mutter und sein Vater zu werden.

Wissen Sie, Frau Oppermann, später dann, als er größer wurde, haben wir ihm die unverblümte Wahrheit gesagt, was seine Eltern für Menschen waren. Einfach widerlich, die ganzen Familienverhältnisse, aus denen er stammte, und wir, mein Mann und ich, haben ihm deutlich gesagt, wie gut er es bei uns hat und wie viel besser wir wären als seine Eltern.

Ich habe ihm auch gesagt, dass ich, wenn ich gewusst hätte, wie undankbar er wäre, lieber ganz auf ein Kind verzichtet hätte. Es wurde immer schlimmer mit ihm. Er hat uns dann die Türen eingetreten und ist gewalttätig uns gegenüber geworden. Verstehe das, wer will. Mein armer Mann und ich haben wirklich alles getan, Frau Oppermann. Wenn ich aber ehrlich bin, wusste ich schon immer, dass diese Gene durchschlagen werden. Und liebe Frau Oppermann, ich will auch hierin ehrlich sein, er hat sich ja vor drei Jahren nach dem Abschluss seiner Ausbildung, als

er die Waffe ausgehändigt bekommen hat, in der Halle des Sicherheitsdienstes erschossen. Mein Mann und ich waren froh. Schade ist nur, dass er uns den Kontakt zu seinem Kind untersagt hat. Ein allerliebstes Kind, und wir haben jetzt auch gerichtliche Schritte eingeleitet. Vor allem jetzt, da er tot ist, da brauchen wir ja keine Angst mehr vor seinen Gewaltausbrüchen zu haben und können uns ganz auf das Wohl unseres Enkelkindes konzentrieren. Die Schwiegertochter wird da wohl hoffentlich keine allzu großen Schwierigkeiten machen. Mein Mann und ich sind ja Großeltern, Frau Oppermann, und wir würden gerne dem Enkelkind mit Rat und Tat zur Seite stehen.

Wissen Sie, Frau Oppermann, wir haben auch wirklich Pech, mein Mann und ich. Unseren Hund mussten wir auch vor einem Jahr einschläfern lassen, da er epileptische Anfälle bekommen hat und in diesen aufgesprungen ist und meinen Mann und mich angegriffen hat. Es war so schlimm, dass er versucht hat, durch die geschlossene Balkontür durchzuspringen, mit gefletschten Zähnen und, Frau Oppermann, es war ein großer Hund. Wir konnten den Tierarzt dann auch davon überzeugen, dass es so das Beste ist. Wir hatten ja Angst, und ich frage mich, womit wir das alles verdient haben. Wir haben uns so aufgeopfert, und dabei haben wir nie jemandem etwas Böses getan. Wir sind gute Menschen und sind so bestraft worden vom Leben. Da bekommt man keine eigenen Kinder und nimmt ein fremdes auf, um einen guten Menschen aus ihm zu machen, und man wird dafür dann auch noch bestraft. Ich frage mich, was Gott gegen uns hat. Tja, Frau Oppermann, so ist das. Die Frau Doktor hat Sie mir ja empfohlen und sagte, ich sollte Ihnen mal alles erzählen. Sie wüssten dann schon. Mein Mann hat es schwer am Rücken und kann nicht mehr rausgehen. Er ist am Herzen krank, leidet unter Schmerzen und ich leide unter Schlafstörungen, Angstzuständen, immer dann, wenn ich mich ins Wohnzimmer auf die Couch lege, an die Balkontür, dann zieht sich hier vorn in der Brust alles so zusammen. Meinen Sie, da können Sie was machen, liebe Frau Oppermann?"

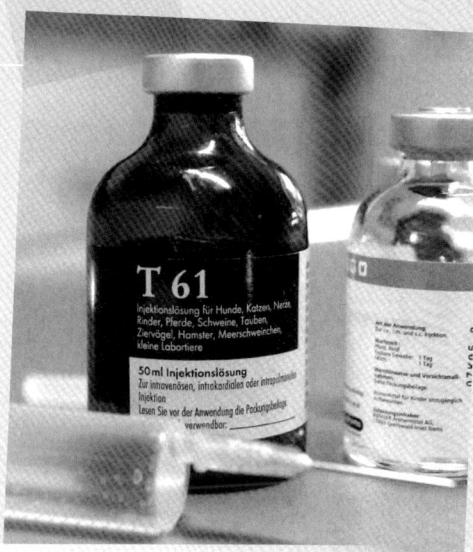

Foto Pistole: Drops, www.pixelio.de

Eine dicke Frau läuft schwerfällig über den Hof. Ihre Oberschenkel reiben aneinander und erstaunlicherweise fällt ihr das Atmen nicht schwer. Auch dann nicht, wenn sie ihren Hunden hinterherläuft und sich darüber ärgert, dass diese schon wieder eine Katze getötet haben. Einer ihrer Hunde hat es auf diese regelrecht abgesehen. Er wartet, dann tötet er gezielt mit einem Genickbiss. Es ist ihm dabei auch egal, ob es sich um ein zugehöriges Tier handelt oder um eine Katze, die sich auf diesen Hof verirrt hat. Einmal, als es in ihr hochkochte, weil er wieder eine Katze getötet hatte, die sie mochte, packte sie diese am Schwanz und haute sie ihm um die Ohren. Danach fühlte sie sich zwar genauso hilflos wie zuvor, aber ein wenig fanden ihre Hassgefühle ein Ventil. Erst vor Kurzem sah sie erneut, dass es die Hunde allzu bunt trieben. Sie bekam zufällig mit, dass zwei von ihnen einem „Zweijährigen" vorn in der Mähne hingen und der dritte hinten im Schweif. Deshalb hatte sie mit ihren Hunden auch kein Mitleid, als eins ihrer Einstellerpferde nach ihnen trat und einer von ihnen dabei einige Zähne vorn verlor.

Früher, als sie noch schlank war und die Pferde sie gern auf ihren Rücken getragen haben und sie sich noch zumutbar fühlte, da war es anders. Als sie schlank und anmutig auf ihrem Pferd saß und Turniere gewann. Das war es! Bewundert wurde sie! Alles war damals anders, so meint sie immer noch. Da war sie diejenige, die strahlte. Heute sind es die anderen. Heute hat sie eine Pferdezucht und sie ist dabei dick und schwerfällig geworden. Ihr Mann ist wesentlich älter, krank und voller Schmerzen. Wenn es nach ihm gegangen wäre, hätte man weiter Immobilien verkauft und wäre nicht auf Turniere gegangen. Man hätte auch nicht umgesattelt und würde Pferde an- und verkaufen, um die besten dann in die eigene Zucht aufzunehmen. Das bringt nicht das Geld, was die Immobilien damals gebracht haben. Für ihn waren die Immobilien seine Traumzeit gewesen, in der er das Sagen hatte. Als sie mit der Pferdezucht anfing, flog diese schöne Frau häufig um die Welt. Heute ist es ruhiger um sie geworden und jetzt können beide nicht mehr so wie damals. Tiere sind immer ein Risikogeschäft, das hatten sie gelernt.

Der letzte Einkauf einer Zuchtstute namens Chadinera fand einen Ausgang, den niemand vorher erahnt hatte. Die junge zweijährige Stute brach sich beidseitig das Becken, als sie mit anderen jungen Pferden auf der Weide tobte, auf der der Boden gefroren war. Tja, 50.000 Euro hatte sie gekostet, dazu noch Flug, Unterkunft, Containerverladung und viele Streitereien um den Einkauf des Tieres. Er konnte ja auch nicht mitfliegen, wegen seiner Beinbeschwerden und der unerklärlichen Schmerzen, für die kein Arzt eine Lösung gefunden hatte. Er blieb zurück auf dem Hof, den er für seine Familie gefunden und gekauft hatte, und sie flog ins Ausland, um mitten im Trubel dabei zu sein. Das hatte ihn von Anfang an an der ganzen Sache gestört. Jetzt ging es aus seiner Sicht lediglich noch darum, wie man mit den Tieren das finanzieren konnte, was sie da so betrieb. Außerdem sei ja auch klar, dass Chadinera nicht mehr als Zuchtstute infrage kommt. Sie werden sie einmal künstlich befruchten lassen. Den hofeigenen Deckhengst würde ihr Becken nicht aushalten. Dann muss man ohnehin mal sehen, wie es laufen wird, ob sie die Schwangerschaft überhaupt übersteht. Es wäre schade um das Fohlen, wenn es dann schon weit wäre. Der Hoftierarzt hatte ja dringend abgeraten, aber der hat auch nicht die Anschaffungskosten im Blick. Vielleicht, wenn alles gut geht, wird man zum Abdecker fahren, der betäubt sie mit einem Bolzenschuss und der Tierarzt macht dann den Kaiserschnitt auf die Schnelle. Alles in allem wäre das die rentabelste Lösung, dann bekäme man unter Umständen wenigstens noch das Schlachtgewicht ausgezahlt. Ob so oder so, wenn es ein gutes Fohlen würde, vielleicht eine Stute und es vielleicht auch noch überlebt, dann holt man langfristig das Geld wieder rein.

CHADINERA

ÜBERALL FAHREN SIE

Es ist laut, es stinkt und es ist nicht zum Aushalten. Das interessiert keinen! Räder rollen über den Asphalt, das interessiert keinen. Szenen fliegen an ihnen vorbei. Das interessiert keinen. Die Luft ist warm, es ist so anders als da, wo sie herkommen. Das interessiert keinen! Die letzte Fahrt ihres so kurzen Lebens haben sie angetreten. Das interessiert keinen! Sie wissen noch nicht genau, was da auf sie zukommt. Das interessiert keinen! Sie können vielleicht nur das Jetzt fühlen, das interessiert keinen, und das ist eng, dunkel und von Angstlauten erfüllt. Das interessiert keinen! An ihrem Bestimmungsort angekommen, werden sie dort überwiegend durstig, hungrig und vollkommen verstört auf ihren Schlachter treffen. Das interessiert keinen. Sie werden in dem Blut ihres Vorgängers stehen. Das interessiert keinen! Um dann nach einiger Zeit auf einem weißen Teller zu landen. Das interessiert jetzt aber wirklich keinen!

Nicht die Alltäglichen interessiert es. Das ist tatsächlich so. Nur die, die sich innerlich dagegen auflehnen. Die wieder Lebendigen, die sich trauen, den Opfern und den Tätern nah zu sein. Die den Willen haben, in die eigene Auseinandersetzung mit ihren inneren Opfern und Tätern zu gehen, um diese dann in sich selbst zu wandeln, um dann aus dieser inneren geheilten Energie heraus denken und handeln zu können.

Eine Welt mit diesen wieder Lebendigen würde ein erstrebenswertes Erbe für Tier und Mensch sein. Es gäbe eine Welt, in der man interessiert aneinander wäre. In dieser würde ich gerne wiedergeboren.

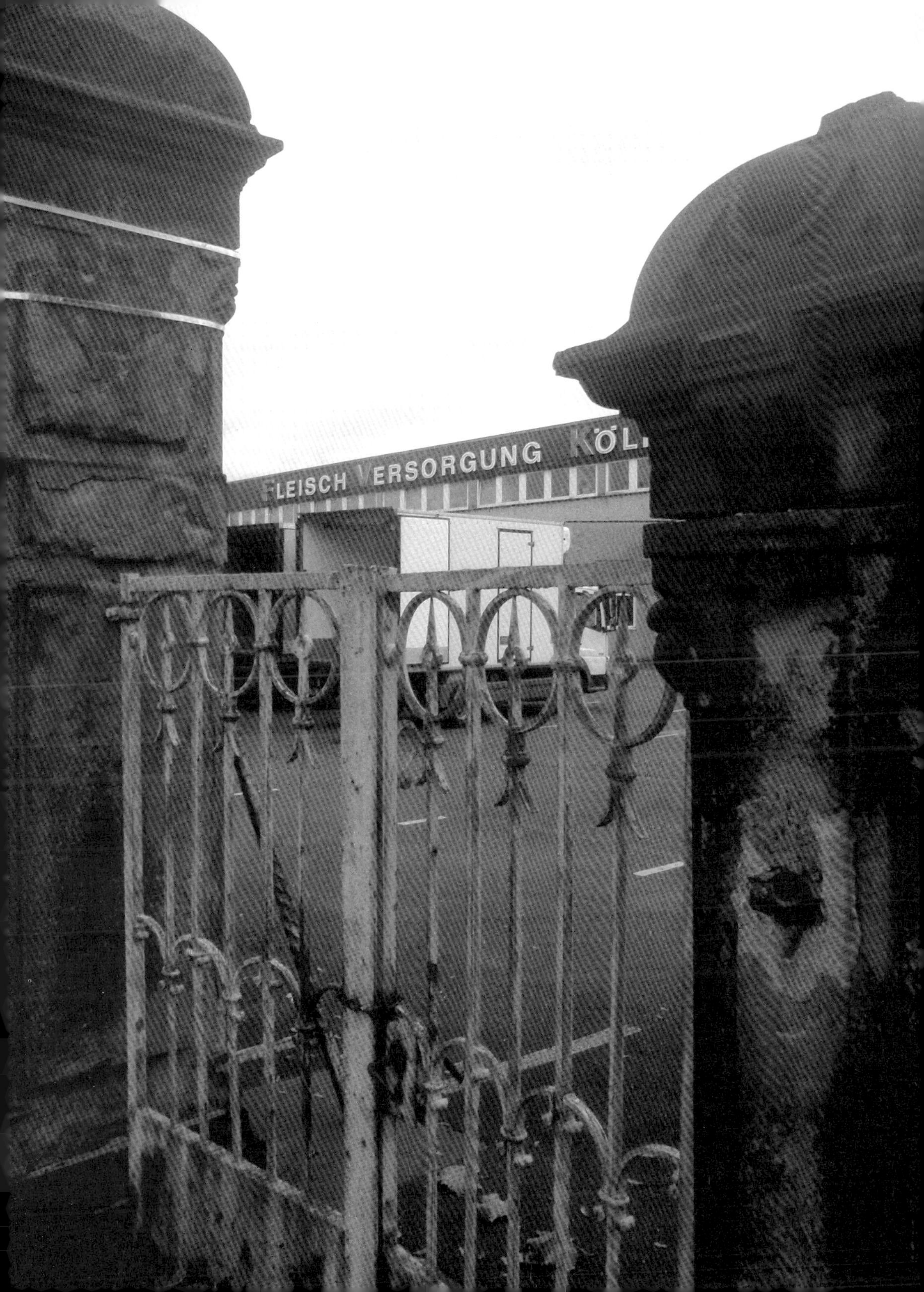
FLEISCH VERSORGUNG KÖL

EIN TIERARZT SAGTE MIR ...

... dass es oft nicht so angenehm wäre, als
Schlachter zu arbeiten, da nicht alle Tiere
sich freiwillig töten ließen. Sie würden um
ihr Leben kämpfen.

ACH HÖR DOCH DAMIT AUF ...

2009 circa 56 Millionen geschlachtete
Schweine. Ergibt 5,25 Millionen Tonnen
toter Tiere. Der Verzehr ergibt pro Ein-
wohner demnach 53,2 kg.

Die erwartete Nettoerzeugung liegt für das
Jahr 2010 bei 57,75 Millionen Schweinen.

Zahlen des Bundesministeriums für Ernährung, Landwirt-
schaft und Verbraucherschutz, www.bmelv-statistik.de

WILLI

Ich habe es nicht verstanden. Es war ein schönes Essen zum Abschluss einer guten Ausbildung, aber es gibt etwas, das ich nicht richtig verstanden habe dabei. Alex und ich sind Vegetarier. Der Ausbilder: „Sonntagmorgen hol ich mir immer ganz frische schöne Täubchen, die ich dann in der Pfanne zubereite. Auch die Fische ganz frisch und die Täubchen jung und zart ...“

Was ich verstehe, sind die Nähe zu seinem Großvater, der einen Bauernhof hatte, die Treue und die systemische Bindung zu ihm. Ich kann mir vorstellen, dass es irritierend sein kann, mit Vegetariern an einem Tisch zu sitzen.
Ich glaube nicht, dass sein Großvater ein Tier getötet hätte, wenn er mit ihm gesprochen und von diesem Tier auch Antworten bekommen hätte, so wie ich. Ich rede auch mit meiner Katze, wir verstehen uns gut. Sie respektiert, dass ich keine toten Tiere vor der Tür haben will und dass es für mich kein Ausdruck der Liebe ist.

Ich bin meinem Vater sehr dankbar, dass er die Gaststätte mit angrenzender Geflügelzucht nicht übernommen hat und sich stattdessen mit meiner Mutter zusammen für eine andere Gaststätte entschieden hatte. Er, mein Vater, hat dann auch nicht mehr lange die Froschschenkel und Haifischflossen sowie die Schildkröten in die Kochtöpfe gesteckt. Eigentlich komisch, es gab wohl bei ihm eine unsichtbare Grenze. Oder lief es nicht mit diesen Tieren auf den Tellern?
Wie es auch sei, ich jedenfalls habe die blutigen Rumpsteaks geliebt, meinen Vater ekelte es. Für mich musste das Blut über den Teller laufen. Ich liebte seinen metallischen Geschmack und den Biss ins Fleisch. Ich glaube, ihn erinnerte es an den Krieg, an das Hungern und das Blut, welches er aus vielen Menschen spritzen sah, wenn eine Granate neben ihnen einschlug und Arme und Beine vom Rumpf des noch gerade neben ihm Laufenden gerissen wurden. Er erzählte oft, dass sie sich den Kot der anderen Flüchtlinge angesehen hätten, um zu sehen, ob jemand vor den anderen etwas Essbares versteckt gehalten und dann heimlich gegessen hätte. Die Schalen der Hülsenfrüchte seien unverdaubar, klärte er mich damals auf. Sein Vater war in Ostpreußen Melker. Er ritt auf den Kühen, mit einem wehenden Mantel, und er war ein Deserteur, der weder töten noch getötet werden wollte, aber dadurch andere verriet.

Unberührt von alldem, teilte ich mein Essen mit meinem Hund und mit meiner Katze. Pommes und auf dem fast rohen Fleisch ganz dick Mayonnaise gestrichen. Die Schnitzel mussten fettig sein. Nicht zart, nein, mit Sehnen und am besten mit Knorpel. Ich liebte es hineinzubeißen und zu schmecken, so wie es war, ohne zu wissen, was es eigentlich genau war. Hühnermägen und Hähnchenbollen waren

mein Leibgericht als Kind. Fleisch, Fleisch, Fleisch, Matschkartoffeln, Erbsen, Soße und Apfelmus, aber vor allem Tier, Tier, Tier. Sonst war es kein Essen.

Außer Hunden, Katzen und Spatzen hatte ich nie ein Tier lebend bewusst gesehen, schon gar keine Schlachttiere. Man nahm mich mal mit auf den Schlachthof, als ich vier war, und ich wusste nicht, was das Gebrülle der Tiere bedeutet. Ich hab keins gesehen, nur unvergessen gehört, gerochen und erinnert. Viele Jahre aber ohne Zusammenhang. Ich wollte täglich Tiere essen, ohne wirklich zu wissen. Sie waren lecker, diese Hühner aus dem Wienerwald, sie rochen gut und ich sah sie nie vorher und ich bin dankbar dafür, dass mir durch den eingeschränkten Blick die kindliche Unschuld geblieben ist.

Ich habe sie gefressen ohne Dank, ohne Anerkennung ihres Leids und ihres Nicht-sterben-Wollens. Ich hatte nie darüber nachgedacht, nie gewusst, oder? Doch natürlich irgendwann, als ich älter wurde und wissender, da wusste ich es. Ich erahnte es und es wurde gezeigt im Fernsehen und in Zeitungen. Ich drehte mich weg, das war mir zu viel.
Ich wollte mein Fleisch, täglich zweimal mit Salat, das war meine Nahrung. Kein Gemüse, keine Kartoffeln. Jahrelang wollte ich Tiere fressen, aber unschuldig dabei bleiben wollte ich auch. Wissen macht schuldig, aber wegschalten half nicht immer. Die Bilder waren schneller, es war wie Krieg, die kleinen Ausschnitte reichten, um das gute Gewissen in mir anzu-feuern. Also nahm ich mir vor: keine Tiere

mehr essen! Es war unfassbar für mich feststellen zu müssen, dass ich dazu nicht in der Lage war. Es fehlte mir was, ich wurde nicht mehr satt, ich fing an zu frieren, wurde unleidlich. Mir fielen die Haare aus und ich rang tagtäglich mit meinem Gewissen. Je mehr Menschen mit ihren Tieren zur Beratung kamen, umso schlimmer wurde es. Je mehr ich in ihre Welt eintauchen durfte, desto unerträglicher fand ich meine Unfähigkeit, nicht verzichten zu können. Denn damals dachte ich noch, es wäre ein Verzicht. Tagsüber sprach ich mit ihnen, nahm mit ihnen seelischen Kontakt auf und abends aß ich sie. Fast heimlich inzwischen, ohne Genuss und ich fing an, mich meiner selbst zu schämen.

Wir haben Schweine, sie sind bei uns geboren. Ich hätte sie weder geschlachtet noch gegessen, auf die Idee wäre ich gar nicht gekommen. Es war der Geburtstag meines Mannes, als das Fleisch für mich so persönlich wurde, dass ich mich ab diesem Zeitpunkt abwendete, von der Fleischverkäuferin, von den fertigen Koteletts und den viel zu durchgebratenen Schnitzeln, der Jagdwurst, dem Schinken und dem Gehackten halb und halb. Eines unserer Schweine, ein Eber, lag an diesem Tag im Sterben und er starb auf grauenvolle Art und Weise.

Ich bekniete den Tierarzt in mehreren Telefonaten, dass er kommen sollte, und das tat er dann auch. Damals waren Schweine noch Schweine. Sie landeten ausschließlich auf den Tellern oder wurden speziell für Versuchszwecke gezüchtet. An ihnen wurden wegen der organischen Ähnlich-

keit zum Menschen Herzklappen, diverse Cremes und andere Dinge getestet. Selbst unser Landtierarzt wusste damals weder, wie alt Schweine werden können, noch wie man Krankheiten von ihnen diagnostiziert oder geschweige denn behandeln konnte. Es war ein Hoffen, ein Ringen um sein Leben. Wir haben ihn sehr geliebt. Er ist bei uns im Haus groß geworden und ich bin mit ihm und den Hunden durchs Wohnzimmer gerannt und ich habe gelacht und er geschnauft dabei. Er war, wie alle unsere Schweine, ein besonderes Schwein. Sein Grunzen war unübertroffen und seine Forderungen an uns haben ständig für eine bessere Bauchmuskulatur gesorgt. Willi hieß er. Seine Mutter Gerda eine Zirkussau, Rudi, sein Vater ein „Göttinger", seine Schwester Maria, nach meiner Mutter benannt, Knut sein Bruder und er – 5 Schweine lebten mit uns. Jetzt schien es so, dass der Jüngste sich als Erster auf den Weg machte, um zu sterben.

Ich hatte den ganzen Tag nichts gegessen und dann fielen mir die leckeren eingefrorenen Schweineschnitzel ein. Während ich bei Willi war und mich um ihn kümmerte, tauten die toten Tiere auf.
Bevor der Tierarzt wieder ging, versicherte er uns noch, dass Willi nicht leiden würde. Er bekäme in seinem Zustand nichts mit und trotzdem hörte ich immer wieder: „Lass mich so nicht sterben."
Ich blieb bei ihm, streichelte ihn, deckte ihn zu und zweifelte an allem, was ich hier tat. Kein Tierarzt, der helfen konnte, keine Klinik, die sich seiner annehmen wollte. Er starb vor der Zeit, in der Schweine in Haushalte einzogen und das Interesse an

Behandlungsmöglichkeiten für Schweine größer wurde. Damals war die einzige Behandlung das Schlachten, und Medikamente durfte der Tierarzt wegen des Lebensmittelgesetzes nicht geben. Ihm waren gesetzlich die Hände so und so gebunden. Wir regten uns darüber auf und sahen Willi beim Sterben zu. Noch immer in der Versicherung des Tierarztes, dass er nichts merken würde, hörte ich wieder: „Lass mich bitte so nicht sterben."
Es war unerträglich und untröstlich. Ich hielt ihm die Klaue und hielt mich selbst an dieser fest. Mein Mann liebte Willi und es war für die beiden schwer, Abschied zu nehmen. Wir hofften ja immer noch ein ganz kleines bisschen, während die Schnitzel auftauten. Irgendwann, ich weiß nicht mehr, wann, ob vor oder nachdem er gegangen ist, hielt ich die Pfanne mit den eigentümlich riechenden Schweineschnitzeln in der Hand, sah sie an und ich hörte wieder: „Lass mich bitte so nicht sterben."

Erst später begann ich zu begreifen, was Willi mir damals als Geschenk dagelassen hat. Ich hatte nur noch einmal danach Appetit auf ein Würstchen, in das ich einmal hineinbiss und danach nie wieder. Ich konnte den gefühlten Todesschrei der Tiere schmecken.

Heute verneige ich mich vor all denen, die meinen kriegerischen Hunger gestillt haben, und ich sehe die Scharen von Hühnern, die Besseres verdient hätten, als auf meinem Teller zu landen. Ich danke den Rindern, den Kälbern, den Schweinefamilien, dem Pferd, dem Hirsch, den Rehen, dem Wildschwein, den Gänsen, den Enten, den Schildkröten, dem Frosch, dem Haifisch, den Fischen, den Tauben, den Rebhühnern, Hummern und all den im Essen Untergemogelten, dass sie mich gelehrt haben, dass diese Welt schön wird, wenn sie von Gleichheit und Ehrfurcht dem Leben gegenüber erfüllt wird.

Herr Kollege, ich weiß nicht, was Sie mir, dem Menschen, der durch die eigene Lebenserfahrung zum Vegetarier geworden ist, sagen wollten? Ich sag Ihnen, die Tiere, die ich in meinem Leben gegessen habe, reichen für zehn Leben und solange kein Tier zu mir kommt und sagt „Iss mich, weil du sonst verhungerst und es wichtig für diese Welt ist, dass du weiterlebst", so lange werde ich mich nicht mehr schuldig machen, an dem Schlachter, an dem Tier und vor allem an meinem Wissen. Ich werde niemanden mehr dafür bezahlen, dass er für mich ein Wesen tötet, das eine Seele hat und mit Gewissheit nicht gerne

jung und zart in meiner Pfanne liegen möchte. Heute beerdige ich sie, nachdem sie sich dann auf den Weg zum Sterben gemacht haben und der letzte Atemzug von ihnen meine Wange streichelt.

Ich brauche den Geschmack des Sterbens nicht mehr, um mich lebendig zu fühlen. Heute fühle ich Ehrfurcht vor dem „Teller" und ich entscheide, wie ich meine Bindung zu meiner Familie zum Ausdruck bringen will. Es lebe das Leben, die Zartheit und Liebe in meinen Händen, der direkte Weg zu meinem Herzen, wenn ein Tier sich vertrauensvoll an mich wendet. Es bleibt das Gefühl, dass ich zubeißen könnte, aber der Weg ist wieder frei und zugänglich zu meinem Herzen und zu meiner Seelenbewegung und diese ist mir heilig geworden.

Lipi	Hauskatze
Genotte	Hauskatze
Wolf von Asien	Schäferhund
Corsak-Fuchs	Haushund

Gaewolf	Haushund
Wildhund ·	Haushund
Finn-Racon	Haushund
Seefuchs	Haushund
Sabaki	Haushund
Asiatischer Waschbär	Haushund
Persianer	ungeborene Lämmer
Chinchilette	Kaninchen
Marmola	Waschbär
River-Mink	Bisamratte
Wombat	Koalabär
Zobelkanin	Hamster
Echtpelz	(ohne nähere Bezeichnung) bezeichnet meist Hunde- oder Katzenfell

Wenn die älteren Damen ihren Persianermantel tragen, wollen sie in der Regel nicht wissen, dass dieser aus 25 bis 40 gerade erst geborenen Lämmern entstanden ist. Sie wollen nicht wissen, wie diese zu Tode gekommen sind, und selbst wenn sie es wüssten, ändert sich nichts daran, was dieser Mantel in ihnen auslöst. Ein klein bisschen Luxus, Anerkennung des Gewesenen. Dazugehören, dem Adel nah sein und wenn der keine Bedenken hat, na dann – und irgendwie muss ja auch was dran sein. Und tatsächlich, es fühlt sich gut an, diesen Mantel sein Eigen zu nennen. Wow, so viele Tiere sind nur für mich gestorben, so viel Bedeutung, so viel Macht. Wie eine Zarin fühlt man sich, besonders geliebt vom Mann, wenn dieser mit einem Strauß roter Rosen und dem Lied auf den Lippen „Dein ist mein ganzes Herz" einen herrlichen Mantel aus einer geschmückten Schachtel zieht.

Da gibt es tatsächlich Menschen, die für einen töten, häuten, sich die Finger schmutzig machen und sich diese zerstechen. Dafür bezahlt man gern das Geld, auch wenn man sich das vom Munde abgespart hat, nur um diesem Gefühl nah zu sein. Man trägt ein totes Tier um die Schultern, da muss man doch gesehen werden, endlich! Je mehr aufsehen, umso besser, wie in alten Zeiten. Jung fühlt man sich, wie 25. Die Enkel verstehen es ja, Gott sei Dank, auch wieder. Lautlos, aber rasant tritt das Vergessen der letzten zwanzig Jahre Tierschutzarbeit ein. Pelz kommt wieder in Mode. Da weiß man doch wieder, was man vererben kann, wenn man sonst nichts hat.

DIE ZARIN

Was ist daran schlimm, dass man sich so fühlen möchte?

Man sollte alle Entscheidungen unter der Berücksichtigung des eigenen Familiensystems und dem Anerkennen dessen, was dort passiert ist, treffen. Das gilt auch für die Entscheidung, etwas wissen zu wollen. Das Wegschauen ist erlernt. Im Dritten Reich wurde weggeschaut, und wir tun es auch jetzt. Das, was unsere Eltern und Großeltern erblickt hätten, wenn sie geschaut hätten, wäre ungleich schlimmer gewesen als das, was wir sehen werden, wenn wir hinschauen. Gerade aus diesem Grunde sollten wir jetzt damit anfangen hinzuschauen. Den Eltern und Großeltern aber sollten wir ihr Wegschauen lassen, sofern sie dies noch brauchen. Ein paar von „den Alten" leben noch, und ich bin mir sicher, dass einige von ihnen gerne erzählen würden, jetzt am Ende ihres Lebens. Es liegt nicht ausschließlich an ihnen. Es ist eine Frage, ob wir es wissen wollen! Wie es war und wie es ist!

Elektrokution
Dabei werden dem Tier zwei Elektroden in Mund und After eingeführt und Stromstöße durch seinen Körper gejagt.

ER SITZT IMMER NOCH
AUF DEM DACHBODEN
DES HOCHHAUSES

Das Leben hatte es scheinbar bislang nicht gut mit ihm gemeint. Groß geworden bei Eltern aus der Kriegszeit. Geschichten im Kopf mit Lösungen aus ihrer damaligen Zeit. Nie Zeit für ihn, keine Umarmung, kein liebes Wort von ihnen im Herzen. Kein Mitgefühl, keine Freunde, schlechte Noten. Dafür aber Härte und „Jungen weinen nicht". Er hielt diese, seine Welt nicht aus. Er traf Menschen, die Mittel hatten, das Leben erträglicher zu machen. Er nahm sie regelmäßig, der Schmerz verflog in Drogenträumen und machte seine Welt zumutbar und ähnlich im Empfinden seiner Eltern.

Es kam ein Tag, an dem er jemanden auf der Straße traf, der sein Herz erreichte, der seine Welt aus den Angeln hob. Mit diesem verbrachte er seine Zeit und seine Tage bekamen endlich Bedeutung. Als er kurzfristig verhaftet wurde, war deshalb auch sein erster Weg, nachdem er sich vorher noch seine Dosis verabreicht hatte, ihn aus seiner Haft zu erlösen und ihn aus dem Tierheim zu holen, in der dieser die Nacht verbracht hatte. Er hat das Bild von ihm noch im Kopf, die Freude, als er vor dem Gitter stand. Er konnte ihn noch vor Freude jauchzen hören. Sie gingen noch eine Zeit lang gemeinsam durchs Leben, bis zu dem Tag, als er sich auch wegen ihm entschlossen hatte, in eine Entzugsklinik zu gehen. Einen Tag vorher begab er sich mit ihm auf den Speicher, nachdem er alle Bekannten aus der Drogenszene, die Leitung der Therapieeinrichtung und seine Eltern gefragt hatte, ob sie ihn für die sechs Monate nehmen könnten.

Er hatte nichts anderes erwartet, aber heimlich doch gewünscht, jetzt da er einen neuen Anfang machen wollte. Er gab sich vorher eine Dröhnung und viel ist ihm nicht mehr in Erinnerung, außer seinen Augen. Seine Augen, die verstanden und auch wieder nicht. Seine Anschmiegsamkeit und sein grenzenloses Vertrauen, als er ihm den Strick um den Hals legte und ihm mit einem Ruck nach oben zog. Er schaffte es nicht, ihm das Genick dabei zu brechen. Er wand sich, schlug dabei gegen die Wand und er, der noch das Leben in ihm sah, erinnerte sich an die Erzählungen seines Vaters von den Erhängten aus dem Krieg, wenn sie hingerichtet wurden und das Genick nicht brach. Er blieb bis zum Schluss, er ging nicht von ihm weg. Er blieb, er hatte es sich nie verziehen. Die Hündin der Mitarbeiterin der Einrichtung mied er.

In Deutschland werden jährlich Tausende von Tieren heimatlos, weil ihre Menschen ins Altersheim gehen. Noch immer gibt es nicht ausreichend Möglichkeit für Mensch und Tier, gemeinsam in Frieden die letzte Zeit verbringen zu können. Ein Ersatzhund eines Mitarbeiters erinnert nur und tröstet nicht über die Unmenschlichkeit hinweg, die Mensch und Tier in dieser letzten Phase erleben. Es grenzt eher an Zynismus. Man muss sich wirklich dabei vor Augen halten, wie die Menschen von dieser Erde gehen. Die letzte Erinnerung von dieser Welt ist der innere Blick auf das Tier im Tierheim. Wenn das Tier Glück hat, findet es ein neues Zuhause, in dem es dann unerkannt um seinen ersten Menschen trauert.

Ein Vater verlässt das Haus, er geht zur Arbeit. Dies ist keine angenehme, aber eine, die getan werden muss. Er arbeitet im Akkord, täglich und in Nachtschichten. Er und seine Kollegen. Er redet nicht viel darüber, es soll auch keiner hören. Dafür sind sie, die anderen, viel zu empfindlich. Er freut sich, wenn es seinen Kindern schmeckt.

Was er als unangenehm empfindet, ist das ständige Blut, das seine Schürze und Gummistiefel beschmutzt. Anfangs war er da zimperlicher, da haben ihm andere Sachen zu schaffen gemacht. Wenn der Bolzenschuss das Tier nicht richtig betäubt hat. Wenn der Tierarzt zum vierten Mal da war, um zu sagen, dass er ordentlich töten sollte. Da hat es ihm auch noch etwas ausgemacht, wenn die Kälber schrien, wenn er ihnen die Kehle durchschnitt.

Heute ist das anders, heute hat er sich daran gewöhnt. Er nimmt es sich auch nicht mehr persönlich übel, wenn da ein Schwein kaum betäubt in das Siedewasser getaucht wird und in diesem dann seinen Tod findet. Ist ja auch nichts anderes als bei den Hummern, Austern und Muscheln. Der einzige Unterschied ist ja nur der, dass dies dann lautlos geht. Bei ihm ist es da anders, da geht es schon mal laut her. Inzwischen muss er auch schon manchmal darüber lachen, gerade dann, wenn ein Kollege neu anfängt. Einer wurde ganz weiß um die Nase, und er dachte schon, der würde umfallen. So ist das halt am Anfang. Auch bei den Transporten sind die jungen Kollegen nicht besonders hilfreich. Die stellen sich halt noch an. Wenn er sieht, dass ein Rind sich mit einem Lauf einge-

2010

keilt hat, dann geht er hin und schneidet das halt ab. Er versteht das ganze Theater auch nicht mehr.
Tja, früher.

Heute, wenn die Bioschweine kommen, die ja so hoch angepriesen werden, dann ist es manchmal für ihn auch noch schwer. Sie kommen halt nicht halb tot in die Hallen und da braucht es manchmal Zeit, bis die wirklich aufhören zu zucken. Das ist dann schon eine Sauerei, überall das Blut an den Wänden. Letztens hat er einem Rind die Kehle bis zum Halswirbel durchgeschnitten und es lebte immer noch, obwohl es da schon einige Minuten kopfüber zum Ausbluten hing. Tja, das ist so eine Sache mit dem Bio.

1942

Ein Vater verlässt das Haus, er geht zur Arbeit. Dies ist keine angenehme, aber eine, die getan werden muss. Er arbeitet im Akkord, täglich und in Nachtschichten. Er und seine Kollegen. Er redet nicht viel darüber, es soll auch keiner hören. Dafür sind sie, die anderen, viel zu empfindlich. Er freut sich, wenn es seinen Kindern schmeckt.

Er ist stolz dazuzugehören. Er weiß, wofür er das alles macht. Für das Vaterland, für Deutschland, für das Tausendjährige Reich. Ihm ist ein guter Hund zugeordnet worden und es liegt in seiner Hand, was aus diesem wird. Sein persönliches Ziel ist es, ihn gezielt auf den Kehlbiss abzurichten. Dies würde dann schnell zum Tode führen und eindrucksvoll für seine Untergebenen sein. Man ist ja schließlich kein Unmensch und der schnelle Tod hat ja was. Er macht aber auch schon so Eindruck bei den Juden und seinen Untergebenen.

Beim letzten Einsatz im Arbeitslager allerdings ist es zu einem unangenehmen Vorfall gekommen. Da ist ein „Jud" einfach ruhig liegen geblieben. Dieser hat nicht wild um sich geschlagen und geschrien, wie die anderen, und der Hund hat dann nicht zugebissen. Gott sei Dank hat der Lager-

kommandant davon keinen Wind bekommen, das wäre beschämend. Schließlich ist ihm ja selbst die Hundestaffel unterstellt worden. Seine Überlegungen gehen dahin, wie man in Zukunft diese Vorfälle verhindern könnte. Er hatte den Hund zwar nach allen Regeln gezüchtet, aber es kommt halt auf die Zukunft an.

Justiz und NS-Verbrechen (English), Verfahren Lfd.Nr.596
Tatkomplex: Massenvernichtungsverbrechen in Lagern

Angeklagte:
Franz, Kurt Hubert, lebenslänglich
H., Richard Otto, Freispruch
Lambert, Erwin Hermann, 4 Jahre
Matthes, Heinrich Arthur, lebenslänglich
Mentz, Willi, lebenslänglich
Miete, August Wilhelm, lebenslänglich
Münzberger, Gustav, 12 Jahre
Ru., Franz Albert Otto vor Erlangung, der Rechtskraft verstorben
Stadie, Otto, 7 Jahre
Suchomel, Franz, 6 Jahre

Gerichtsentscheidungen:
LG Düsseldorf 650903, BGH 700630
Tatland: Polen
Tatort: HS KL Treblinka
Tatzeit: 4206-4311
Opfer: Juden, Zigeuner
Nationalität: Bulgarische, Deutsche, Griechische, Jugoslawische,
Österreichische, Polnische, Tschechoslowakische
Dienststelle: Haftstättenpersonal KL Treblinka
Verfahrensgegenstand: Vergasung von mindestens 700.000 überwiegend
jüdischer Männer, Frauen und Kinder, sowie, in der Minderzahl, auch
von Zigeunern. Tödliche Misshandlung, Erschießung, Erschlagung und
Erhängung einzelner Häftlinge sowie Zerfleischung durch ‚Barry‘, den
Hund des Lagerkommandanten

Veröffentlicht in Justiz und NS-Verbrechen Band XXII
(Quelle: http://www1.jur.uva.nl/junsv/brd/Lfdnrfr.htm, Band XXII, Lfd. Nr. 596.)

„Ein Häftling des Außenlagers Wiener Neudorf berichtete nach Kriegsende, der
dortige Lagerführer Kurt Emil Schmutzler habe seinen Privathund erschossen,
nachdem der Hund seinen Kopf auf das Knie des Häftlings gelegt hatte."

(Quelle: Bertrand Perz: ... müssen zu reißenden Bestien erzogen werden. Der Einsatz von Hunden zur Bewachung
in den Konzentrationslagern. In: Konzentrationslager – Lebenswelt und Umfeld. Dachauer Hefte 12, Dachau 1996,
S. 155f.)

EINE GROSSARTIGE ZEIT WAR ES

Zigtausende von Menschen waren es an diesem Tag, die die Straßen säumten. Kinder schwenkten wild ihre Fähnchen. Die Stimmung war atemberaubend. Alle warteten auf ihn. Dein Opa und ich waren dabei. Ich höre heute noch den Gleichmarsch der tausend Männer, die stolz durch die Straßen marschierten. Die Fackelzüge und die herrlichen Soldaten, das waren noch Männer. Frauen weinten, weil es sie überwältigte.
All das hatten wir nur dem einen zu verdanken. Wir haben ihn geliebt. Seine Ausstrahlung, seine Reden, die uns mitrissen. Das Charisma, was ihn umgab, es zog uns in seinen Bann. Adolf Hitler war ein ganz großer Mann. Da gab es auch keine Arbeitslosigkeit. Da waren Frauen noch stolz mit ihren Männern an der Seite.

Dein Opa gehörte ja auch dazu. Er hat ihm auch mal die Hand geschüttelt, und das ist und bleibt was ganz Besonderes. Ich persönlich bin ja der Meinung, dass man nicht alles glauben soll, was von ihm sonst so erzählt wird. Ein großartiger Mann war Adolf Hitler. So, mein Kind, ich glaube, deine Mutter will jetzt fahren und die beiden, dein Vater und deine Mutter, müssen ja nicht alles wissen, was wir uns so erzählen. Manchmal sind die beiden ja ein bisschen komisch und du willst ja auch nicht, dass wir uns streiten. Oder?

Trotz seines Alters war sein Opa ein schöner Mann. Er liebte seinen Enkel und sein Enkel liebte ihn, seinen Opa, den Vater seines Vaters. Diese drei Männer, eine eingeschworene Gemeinschaft. Polizist war sein Opa, solange er denken kann. Sein Opa war 1901 geboren und in gutbürgerlichen Verhältnissen groß geworden. Er „genoss" die damalige Erziehung und ihre Auswirkungen, unter denen er stand. Er wurde zu einem guten tugendhaften Preußen erzogen, der sich der Werte des Mannseins zur damaligen Zeit sehr bewusst war. Diese Tugenden wurden ihm eingebläut: Aufrichtigkeit, Fleiß, Gehorsam, Geradlinigkeit, Mut, Härte, Ordnungssinn, Pflichtbewusstsein, Pünktlichkeit, Tapferkeit, Treue, Unterordnung, Sparsamkeit, Zurückhaltung und Zuverlässigkeit, bis sie in Fleisch und Blut gingen. So trat er sein Berufsleben als Polizist an und durchlebte auch die Zeit des Nationalsozialismus in Anlehnung an diese Tugenden.

Seinem kleinen Enkel erzählte er nie aus dieser Zeit. Er fragte sich im Stillen, was ihm diese Tugenden eingebracht hatten. Ihm persönlich und seinem Volk. Hitler stellte sich am Kriegsende durch seinen Selbstmord als Verräter am deutschen Volk heraus. Er entpuppte sich als Schwächling. Wer hätte das damals gedacht? Ein offenes Wort in so eine Richtung hätte die Todesstrafe wegen Landesverrat bedeutet. Auch die anderen Bonzen begingen Selbstmord, anstatt der Welt unter Berücksichtigung der Tugenden davon zu berichten, dass es unbedingt notwendig war, genau so zu handeln. Nach dem Krieg nahm er seinen Platz mit seinen persönlichen Wertvor-

... ICH NEHM MIR JETZT EINE AXT UND SCHLAG SIE TOT

stellungen bei der Polizei wieder ein. In Anlehnung an diese Tugenden erzog er auch seinen Sohn. Dieser widersetzte sich ihm aber, so gut er konnte. Er wurde kein Polizist und fand Lohn und Arbeit in einer Fabrik als einfacher Arbeiter. Des Opas Hoffnung hing jetzt am Enkel. Sein eigener Sohn aber verhinderte, dass der Enkel in den Polizeidienst eintrat. Der Enkel wurde groß und arbeitete in der Firma, in der sein Vater als einfacher Arbeiter sein Berufsleben verbracht hatte. Er blieb damit beiden treu, seinem Opa und seinem Vater. Er entschied sich, bevor er in die Firma ging, ein Studium zu machen und die Produkte dieser Firma ständig weiterzuentwickeln, sodass diese ihren Standard auf dem Weltmarkt halten kann.

Nun saßen der Enkel und seine Hündin vor mir. Sie, auf drei Beinen, keine Zähne mehr und mit einem immer wiederkehrenden Juckreiz an Pfoten und Ohren. Sie war eine wunderschöne Rhodesian-Ridgeback-Hündin, deren Ursprung in Afrika lag, wo ihre Ahnen auch als Hetzhunde eingesetzt wurden.

Ich sage ihm: „Ist schon verwunderlich, dass sie mit jeder Operation, die an ihr vorgenommen wird, an mehr Selbstbewusst-

sein gewinnt. Sie lebt richtig auf und ist zutraulich und freundlich geworden." Er bejaht und fügt hinzu, dass dies nicht mehr der Hund sei, den sie anfangs hatten. Wir lachen beide darüber, als ich ihm sage, dass ich das nicht als Lösung für seelische und körperliche Probleme empfehlen würde.

Ich fragte ihn: „Hast du jetzt mal recherchiert, was dein Opa im Krieg als Polizist gemacht hat?" „Nein, bin ich noch nicht zugekommen. Zu Hause habe ich keine Zeit dazu und auf der Arbeit geht das nicht. Ich habe aber ein paar Informationen von meiner Mutter bekommen, dass er irgendwo im Osten 1943 als Polizist eingesetzt war, mehr weiß ich noch nicht."

Damit ist das Thema für ihn erst mal hier an dieser Stelle des Gespräches beendet. Während wir so plauderten, konnte er feststellen, dass sich bei ihm ein heftiger Juckreiz entwickelte und dafür die Hündin jetzt genüsslich schlief. Wir plauderten weiter und ich fragte ihn, ob er sich schon mal Gedanken darüber gemacht hätte, dass er sie auch einschläfern lassen könnte. „Manchmal", sagt er, „könnte ich eine Axt nehmen und sie erschlagen, dann, wenn sie ununterbrochen gejammert hat, ohne ersichtlichen Grund. Oder wenn sie sich unentwegt kratzt." Dann würde er „so was", und er tippt dabei auf seine Schläfe, in sich fühlen können.

Das würde er auch in sich wahrnehmen, wenn er einen „über den Durst" getrunken hätte. Am Ende der Sitzung verlässt er mich mit den Worten: „Mein Opa war ein liebenswerter Mann." Ich nicke und

ich stimme ganz zu, dass er ihn liebt. Währenddessen steht seine zahnlose, dreibeinige Hündin bei ihm und schaut ihn liebevoll an und er blickt für einen kurzen Moment beschämt zu Boden.

Heinrich Himmler wurde 1936 zum Chef der deutschen Polizei ernannt. Es unterstanden ihm somit auch die Diensthundeschulen. 1943 äußerte er sich in einem Schreiben über seine Vorstellungen über den Einsatz von Hunden in Konzentrationslagern:
„Hunde, die an der Außenseite der Lager revieren, müssen zu derartig reißenden Bestien erzogen werden, so wie es die Hetzhunde in Afrika sind. Sie müssen so abgerichtet sein, dass sie mit Ausnahme ihres Wärters jeden anderen zerreißen. Dementsprechend müssen die Hunde gehalten werden, damit kein Unglück passieren kann. Sie sind eben nur bei Dunkelheit heranzulassen, wenn das Lager geschlossen ist, und müssen morgens wieder eingefangen werden."

(Quelle: Schreiben Himmlers an Oswald Pohl und Richard Glücks vom 8. Februar 1943, zitiert bei Bertrand Perz: ... müssen zu reißenden Bestien erzogen werden. Der Einsatz von Hunden zur Bewachung in den Konzentrationslagern. In: Konzentrationslager – Lebenswelt und Umfeld. Dachauer Hefte 12, Dachau 1996, S. 145.)

DIE VERRÜCKTE FRAU

Eins der Kinder schloss sich wieder auf der Toilette ein und kam stundenlang nicht mehr raus. Sie konnte sehen, dass es Angst hatte, aber sie verstand nicht, wovor. Es brachte sie an den Rand der Verzweiflung und sie nahm in solchen Situationen ein Zittern in sich wahr, sodass sie dann den Abend herbeisehnte, an dem sie mit der Bierflasche und ihrem Mann gemeinsam im Wohnzimmer vor dem Fernseher saß. Dann, wenn es endlich mit zunehmender Menge des Alkohols ruhiger in ihr wurde. Die Kinder, ihr Mann, die Schwiegermutter, alles machte sie hilflos und trieb sie um.

So ein Tag war es, als sie mit ihren Hunden vom Spaziergang wiederkam, ein ganz normaler Halt. Sie machte die Futterschalen der Hunde fertig, ging zum Küchenschrank, nahm die Schachtel mit dem Schnecken-korn heraus und streute es in die Schale ihrer Hündin. Stunden später ging sie mit der verendenden Hündin zum Tierarzt.

Diese starb, ohne dass irgendjemand ver-stand.

ZÜCHTER

Es gab Momente, da konnte selbst ich
nichts mehr sagen und ich wollte es auch
nicht. In diesen Momenten überfiel mich
eine Gefühllosigkeit, die erst Stunden
später wieder von mir abfiel. Im Nachhinein weiß ich, ich habe Angst vor diesen
Menschen bekommen.

WISSEN IST MACHT

Das haben wir nicht gewusst, das hat uns keiner gesagt. Das haben wir mal am Rande mitbekommen. Das war so unvorstellbar, das hat ja keiner glauben können, dass es so was gibt. Wir kleinen Leute wussten ja nichts davon.

Ich streichle dein Fell, nur in Gedanken, alles andere ist mir noch zu viel. Ich nehme dein Maul in meine Hände, schau dir in die Augen, noch in Gedanken. Ich verspreche dir, ich werde es tun, wenn ich so weit bin. Dann, wenn es mich nicht mehr zerstören wird und ich uns dienen kann. Dann, wenn ich weiß, dass ich vernünftig handeln werde. Ohne dabei zum Opfer, Täter oder Retter zu werden.
Warum guck ich es mir nicht an? Warum schrei ich nicht laut: „Halt! Das könnt ihr doch nicht machen, es sind doch Tiere! Tiere, die fühlen, selbst wenn ihr nicht glauben wollt, dass sie es können, um euch selbst nicht als Täter fühlen zu müssen! Sie können es fühlen, und ich kann es fühlen und es schmerzt mich so sehr, dass es mich innerlich fast zerstört!" Ich begreife noch nicht das Ausmaß, wozu Menschen fähig sind, wenn sie mit dem Kalten und Bösen in Kontakt kommen.

Ich sitze hier und alles zieht sich in meiner Brust zusammen. Mein Arzt sagte mir: „Ihr Zustand ist haarig, Frau Oppermann." Im Moment nehme ich Medikamente, damit ich überhaupt Luft bekomme, dann, wenn ich mir die Fotos und Filme ansehe. Jetzt, in diesem Moment, ergreifen mich erneut alle körperlichen Symptome, nur durch den Gedanken daran, was wir alle den Tieren und uns selbst damit antun. Mir wird das persönliche und kollektive Trauma bewusst, dessen Unbarmherzigkeit und dessen Rückwirkung ins Hier und Jetzt. Gestern habe ich mir einen Film von der Tierrechtsorganisation Peta angesehen und das, was ich da gesehen habe, hält mich immer noch fest im Griff. Ich muss dies erst in meiner Seele verarbeiten. Am liebsten würde ich in diesen Momenten aussteigen. Alles kämpft in mir. Ich kann das nicht, ich will das nicht! Ich will diese Seite des Menschseins nicht in der Gänze an mich heranlassen, mir wird übel dabei.

Mein Gott, bin ich denn die Einzige, die so fühlt? Ich kriege Schweißausbrüche und fühle mich wie kurz vor einem Zusammenbruch. Warum tue ich mir das eigentlich an? Ich habe doch selbst keine Kinder und was habe ich mit fremder Leute Kindern zu tun? Die Welt ist so, wie sie ist, und die Menschen sind so, wie sie sind. Was kann ich daran ändern, dass jedes Jahr zig Millionen von misshandelten Tieren auf Tellern von kleinen Kindern landen, die nicht wissen, was sie da in den Mund geschaufelt bekommen? So, jetzt wird es ruhiger in mir. Ich schalte jetzt den Computer aus. Das war's. Was habe ich persönlich eigentlich damit zu tun?

Aber langsam erobert die Kuh wieder mein Bewusstsein. Ich streichle dein Fell, nur in Gedanken, alles andere ist mir noch zu viel. Ich nehme dein Maul in meine Hände, schau dir in die Augen, noch in Gedanken, ich verspreche dir, ich werde es tun, wenn ich so weit bin. Dann, wenn ich weiß, ich schaff den nächsten Atemzug, um vernünftig handeln zu können. Aber was soll ich dann tun?

Sie stehen doch alle vor dieser Fleischtheke, ohne Gefühl, ohne Schuldbewusstsein. Oh Gott, es fängt dermaßen im Gesicht an zu jucken. Das erkenne ich wieder. Das hatte ich schon mal, als ich noch Tiere gegessen habe. Ich erinnere mich, als ich vor Jahren an der Fleischtheke stand und dort sah, dass sie ein kleines Ferkel in der Auslage liegen hatten und ich mir ansehen musste, wie Wurst auch aussieht. Damals regte ich mich bei meinem Mann darüber auf, dass „das da" so in der Theke lag, während ich mir in Ruhe die Wurst aussuchen wollte. Ich schweife ab.

Oh Gott, warum mache ich das hier, was habe ich damit eigentlich zu tun? Andrea, halt doch einfach deinen Mund! Es reicht doch, wenn du weißt, wie es annähernd ist. Jetzt wird es wieder besser, ruhiger in mir. Ich bekomme Luft, aber dafür tritt das Jucken in den Vordergrund.

Wie viele Menschen haben Schuppenflechte und Neurodermitis in Deutschland? Nicht aufregen, ist ja nur eine Frage, oder nicht? Ist ja auch weit hergeholt. Misshandelte Tiere und Hauterkrankungen? Es geht ja nicht unter die Haut, wie denn auch, oder doch?

Wissen ist Macht? Und jetzt? Es schwirren so viele Sätze und Stimmen in meinem Kopf umher, die mich zurückhalten wollen: „Der Verbraucher will das nicht wissen, die werden aggressiv dabei, Frau Oppermann." „So etwas will doch keiner lesen!" Dann direkt eine andere Erinnerung: Meine Anfrage damals, bei dem Tierschutz, ob es eine Möglichkeit gäbe, Schweine aufnehmen zu können, die mit der entsetzten aggressiven Stimme einer Tierschützerin endete: „Wo sollen wir denn mit dreihundert lebenden Schweinen hin, Frau Oppermann, wir wissen ja noch nicht mal, wohin mit den Katzen und Hunden!" Ja, sie hatte recht, das ist eine andere Hausnummer. Dreihundert Hunde und Katzen oder dreihundert ausgewachsene Schweine in Deutschland unterzukriegen, die nicht verzehrt werden sollen. Wir haben vier Schweine, alle im Haus groß geworden. Wir hätten nicht den Platz. Und wie soll man ein Schwein aus dem Transporter rauskriegen? Verrückte Gedanken? Kopf in den Sand, oder was jetzt?

Nein, ich lass mich von der Kuh an die Hand nehmen und mir ihre Welt zeigen, in der sie bei uns in Deutschland lebt. Sie erspart mir nichts und ich erspare mir nichts mehr. Ich will es wissen! Ich will nicht mehr so tun, als ob es das nicht gibt, und ich hänge auch nicht mehr an der Zeit,

als ich nichts wusste. Manchmal traure ich ihr nach, dieser Zwischenzeit, als es sich noch so unschuldig anfühlte, als es noch in mir „gaukelte". Ich wusste noch nicht, was die Kuh, das Schwein, das Küken, die Pelzträger in meinem stillen Einverständnis ein ganzes Leben lang bis zu ihrem grausamen Tod erlitten.

Nicht dieses Ausmaß! Ich hätte mir im schlimmsten Albtraum nicht vorstellen können, dass es da brave Arbeiterinnen gibt, die kleinen Eberchen bei lebendigem Leib die Ohren, Zähne, Schwänze und Hoden abschneiden, bei vollem Schmerzempfinden. Diese Tiere sind gerade mal ein paar Tage alt. Sie stehen da, diese Frauen, unterhalten sich, das Radio läuft und sie erzählen vielleicht auch noch von dem Enkelchen, was operiert werden muss, weil es einen Leistenbruch hat. Währenddessen schneiden sie den schreienden Tieren die Hoden ab, ohne Betäubung und ohne ein menschliches Mitgefühl.
Sie denken: „Wir handeln im Sinne des Verbrauchers, fertig! Dafür werden wir doch entlohnt. Später liegt doch sowieso alles schön klein zurechtgeschnitten in der Theke. Sieht doch keiner, weiß doch kaum einer, wie es ist."

Ich lass mich von der Kuh auch zu ihrem Kälbchen führen, welches in einer 80 cm breiten Box auf einem Spaltenboden sein Leben fristet und verzweifelt nach ihr blökt. Es hat inzwischen durch das schnelle Wachstum und die Enge, in der es gehalten wird, deformierte Beine und leidet unter fürchterlichen Schmerzen. Statt der Milch der Mutterkuh, die sie im Überfluss für ihr Kälbchen bereithält, bekommt dieses Milchersatz, das mit Hormonen angereichert wurde. In diesem Pulver ist der Eisengehalt bewusst gering gehalten, damit das tote Kälbchen, was zu Lebzeiten dadurch an Blutarmut litt, später dadurch zarter und rosarot auf dem Teller seine letzte Ruhestätte finden kann. Vorher werden diesem Tier aber die Hoden und die kleinen Hörner ohne Betäubung entfernt, damit, falls es sich mal wehren könnte, niemand bei seinem Überlebenskampf verletzt wird.

Sie zeigt mir, wie andere Kühe im Gesicht gebrandmarkt werden, nicht in Deutschland, aber es passiert überall auf der Welt und immer in unserem stillen Einverständnis, wenn wir einen Burger mit Pommes kaufen. Alles für einen Euro.

Auch die Junghennen sollen hier ihren Platz erhalten, sagt die Kuh und weist mich auf ihre gestutzten, offenen Schnäbel hin. Ihre Zungen kann man bei geschlossenem Schnabel sehen, aus dem das Futter zurück in die Halterung fällt. Ein Arbeiter an einer Maschine schneidet ihnen die hochsensiblen Schnäbel ab, damit sie sich nicht in der Enge, durch die sie verrückt geworden sind, gegenseitig verletzen.

Zu guter Letzt führt die Kuh mich zu den Pelzträgern, die in kleinsten Käfigen ihren verrückten Tanz aufführen, bevor der Mann kommt und sie entweder vergast, ihnen das Genick bricht, sie mit einer Injektion vergiftet oder sie pfählt, sodass sie dann an einem Elektroschlag elendig und unwürdig nach geraumer Zeit versterben. Die Kuh deutet an, dass dies alles im Akkord geschieht. Die Pelzträger müssten noch warm bei der Pelzernte sein, so würden die Arbeiter und die Betreiber der Pelztierfarmen sagen.

All das geschieht in der Absicht, dass der Verbraucher nichts, aber auch rein gar nichts davon erfährt, damit er ungehindert nach mehr schreien kann. Ich erahnte am Anfang nicht, dass es tatsächlich Menschen gibt, die immer noch zu so etwas in der Lage sind, und ich war mir über das Ausmaß der Perversionen, die da angeblich auch in meinem Namen passieren, nicht bewusst. Oder doch? Wollte ich es nur nicht genau wissen? Lieber doch erlerntes Wegschauen in Anspruch nehmen?

Ich schau die Kuh an und ich verspreche es ihr. Ich schau hin, ich weiß es jetzt und ich sage mit Nachdruck: Nein! Ab jetzt ohne mich und auch nicht mehr in meinem Namen! Der Verbraucher kann es ändern, er hat die wirkliche Macht. Wenn er aufwacht und nicht mehr stillhält, sich alldem stellt, dann hört es auf. Aber erst dann.
Wenn er den Willen hat, es zu wissen, und versteht, was da passiert. Wenn er das, was in Deutschland und auch in anderen Ländern passiert, anerkennt und daraus seine eigenen Entscheidungen trifft. Dann!

Wenn Sie es bis hierhin ausgehalten haben, ist es nur noch ein kleiner Schritt anzuerkennen und zu begreifen, dass die Energie, die in der dunkelsten Zeit Deutschlands den Raum erfasste, auch heute den Umgang mit Leben und Tod beherrscht. Nur dann, wenn der Einzelne sich dessen bewusst wird und sich dann auf die Suche macht und andere findet, die verwandt denken, hat die Generation nach uns eine Chance, weniger aufarbeiten zu müssen, als wir es jetzt müssen.

Wenn Sie über dieses Buch hinaus wissen wollen, wie es den Tieren in Deutschland und weltweit im Namen der Menschen ergeht, finden Sie im Anhang Tierrechtsorganisationen, die ausführliches Bild- und Filmmaterial für jeden zur Verfügung stellen. Die Seiten sind verbraucherfreundlich, trotz allem.

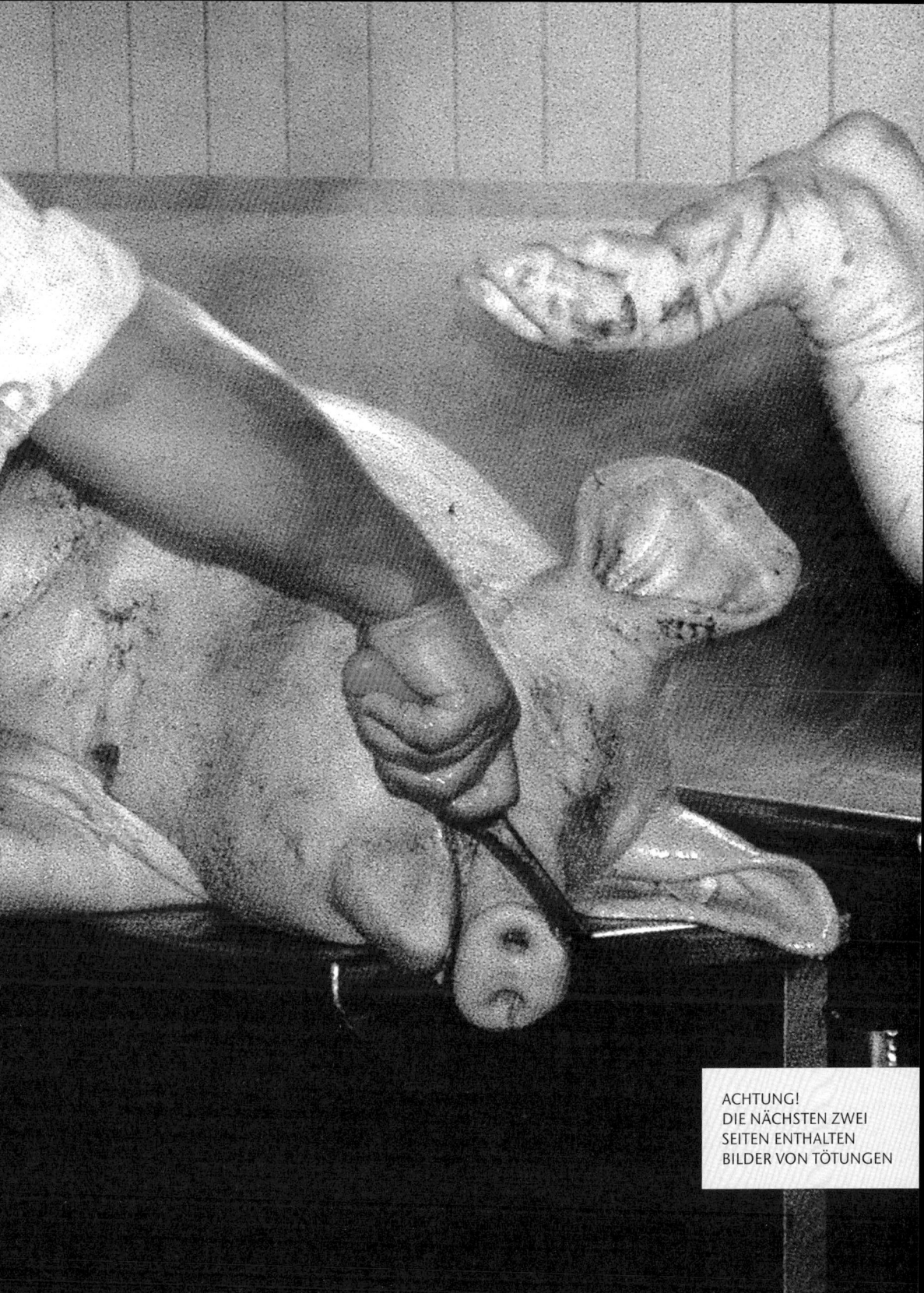

ACHTUNG!
DIE NÄCHSTEN ZWEI
SEITEN ENTHALTEN
BILDER VON TÖTUNGEN

KOLLEKTIVER WAHNSINN

Fröhliche Weihnachten und schöne andere Festtage mit Messer und Gabel in der Schizophrenie unserer Zeit.
Wir gehen mal schön in den Streichelzoo, nachdem wir die Gans gegessen haben, oder machen wir Hasen oder doch nur Schwein und Rind?
Da soll es ja auch ein Rehkitz geben. Wir müssen dann an die 50 Cent für den Futterautomaten denken. Das ist ja dann auch nett für die Kinder. Vielleicht sollten wir auch mal wieder Wild machen mit Preiselbeeren?

Zuerst in den Zoo und dann zum toten Tier auf den Teller.

Fragen Sie doch mal Ihr Kind beim lebenden Objekt, ob es das essen will, was es da sieht. Früh übt sich, der da nicht zum Täter werden soll.

TAMINO,
SAG MEINEM SOHN,
DASS ICH IHN LIEBE

Seine Tante fragte mich: „Willst du wirklich wissen, was mein Vater mit den Katzenkindern gemacht hat?" Ich ahnte ja, was kam, sie hatte es aber noch niemandem erzählt, der dies als unnormal empfinden würde. „Er hat sie am Schwanz gepackt und auf den Boden geschlagen." Die Mutter von ihnen stand daneben. Meistens waren sie mit einem Schlag tot. „Wie alt warst du denn, als du das gesehen hast?" „Weiß ich nicht, klein." „Aha."

Eine Frau rollt langsam mit ihrem Fahrrad auf der Mitte der Straße und wartet darauf, dass diese frei wird. Ihr Ziel ist die andere Seite. Sie hält den Lenker fest und schaut in beide Richtungen und erstarrt, als sie sieht, dass ein Wagen ausschert und damit geradewegs auf sie zukommt. Ein kurzer Augenblick, in dem sich ihrer beider Blicke treffen. Dann ein Aufprall und Knall, als ihr Körper die Windschutzscheibe zum Splittern bringt und dann ...

Krankenwagen, Hubschrauber, ein goldener Ohrring von ihr in der Hand. Er fand ihn ein paar Meter von der Bremsspur entfernt. Er steht da mit dem Ohrring und dem Polizisten im Blick. Er übergibt ihm diesen und ordnet ihn ihr zu. Er fragt nach ihr. Der Polizist bleibt ihm die

Antwort schuldig. Er sieht es, der gelbe ADAC-Hubschrauber fliegt ohne sie. Sie bleibt noch zurück im Straßengraben, bis der Leichenwagen kommt. Er bleibt stehen, er schaut sich um. Kann denn keiner der Frau helfen? Das kann doch nicht sein. Das jetzt hier ist zu groß. Er sieht sie doch noch atmen, kurz bevor er aus dem Straßengraben geklettert ist, weil die Sanitäter Platz brauchten. Sie hat doch noch geatmet und er dachte noch, so schlimm kann es nicht sein, darf es nicht sein, wird es nicht sein.

Er weint um sich, um sie, was kann er tun? Ich muss doch was tun. Was hab ich da getan? Was ist das für eine Frau? Warum stand sie da auf der Straße? Warum habe ich sie nicht gesehen? Sie war auf einmal da. Ich bin nicht schuld. Bin ich schuld? Ich bin schuld oder doch nicht? Wer ist denn hier schuld?

Seine Eltern kommen, irgendjemand hatte sie angerufen, vielleicht auch er selbst. Er steht da, mitten auf der Straße. Er sieht nur sie, ihr Gesicht, ihr Atmen, ihren verkrümmten Körper, ihr Blut an seinen Sachen und er bleibt bei ihr. Das Streiten der Eltern hilft, es bringt ihn in das Gewohnte zurück. Er hört die Stimme seines Vaters, der sagt: „Wie kann man so blöd sein und nicht ausweichen?" Er hört auch seine Mutter, die sagt: „Wir nehmen den Rechtsanwalt von meiner Freundin, die vor ein paar Tagen den Prozess gewonnen hat. Dabei war es ja auch strittig, wer Schuld hatte, der Mann ihrer Freundin oder die Motorradfahrerin, die dabei zu Tode kam. Die Rechtsanwältin ist gut, die holt dich da raus."

Er steht da, er hört die beiden streiten und dabei sieht er nur sie, obwohl der Leichenwagen inzwischen weg ist.

Ich erhielt die Nachricht seiner schluchzenden Schwester auf dem Anrufbeantworter: „Andrea, es ist was ganz Schlimmes passiert. Mein Bruder hatte einen Unfall. Eine Frau ist dabei getötet worden. Ich weiß nicht mehr, was ich machen soll. Bitte ruf mich an, wenn du Zeit hast."

Am nächsten Tag saß er vor mir, noch immer unfähig, das Ausmaß zu erkennen. Wir sprachen über sie, über ihn, über sie beide. Darüber, dass jetzt ein anderes Leben beginnen würde. Für die Frau, für die Familie der Frau, für ihn selbst und er war im Schock. Er kam mit seinem Auto, ich ließ ihn von seinen Schwestern abholen. Wir sahen uns oft und er fing erst später an zu erzählen. Von dem Marder, den er totschlagen musste, weil sein Vater selbst zitternd davorstand. Von den Schweinen, die beim Schlachten schrien. Von den Ferkeln und der kleinen Katze, die er mit einem Spaten erschlagen hat, schon früh morgens vor dem Frühstück. In Irland auf einem Bauernhof, in einer Behinderteneinrichtung, in der er ein Jahr als Praktikant gearbeitet hat. Die Arbeit mit den Behinderten hätte Spaß gemacht, aber das Töten ...

Er brachte das Familienalbum mit. Wir sahen es uns zusammen an. Wir sprachen über die toten Menschen auf den Fotos. Wie es sein kann, dass Köpfe von ihnen so exakt an der Schädeldecke durchtrennt wurden. Wir sprachen über die Einsatzorte seines Opas in Russland und wieso diese Fotos einen Platz im Familienalbum eingenommen haben. Wieso es alle als normal empfänden und es keine Fragen in der Familie auslösen würde. Er erinnerte sich an die Aussagen seines Opas, dass Kameraden von diesem die gefangenen Frauen im Lager jeden Abend aufsuchten, um sie zu vergewaltigen. Der Opa hätte das Schreien von diesen Frauen und das Sperma auf den Hosen seiner Kameraden in Erinnerung. Selbst hätte er sich daran nie beteiligt, er hielt davon nichts. Aber so sei es gewesen, ohne sein Zutun.

„All das", sagte er, „habe ich mein Leben lang als normal empfunden und zum Leben als dazugehörig." Erst jetzt sei eine Tür aufgegangen. Vorher hatte ihn der Platzmangel der Schweine und Hasen im Stall überhaupt nicht interessiert. Er würde als Bauernsohn das Töten der Tiere erstmals wahrnehmen und das Ausmaß des unmenschlichen Umgangs mit ihnen. Heute führt er Gespräche mit seinem Vater und dessen Bruder, aber sie sehen die ganze Sache nach wie vor aus dem alten Blickwinkel seines Opas heraus. Das wäre halt so. Auch würde er die Leute aus seiner Umgebung mit ganz anderen Augen und Ohren wahrnehmen. Er fragt sie, wie das für sie ist, mit dem Töten. Er ist interessiert an dem Leben von anderen. Dafür, ob sie es fühlen können, das Töten und seine Folgen. So wie er jetzt. Die größte Frage, die ihn aber bis vor Kurzem umgetrieben hat, ist die, wie und wann es gut wäre, mit dem Sohn der Frau zu sprechen. Was kann er ihm sagen? Jedes Wort ist eigentlich fehl am Platz. Er hat sich für die Wahrheit entschieden, wenn er, der Sohn, es wissen will und ihn fragt. Er wird es ihm sagen. Wie ihre letzten Minuten auf dieser Erde waren. Er wird ihm die Antworten nicht schuldig bleiben. Nicht ihm, dem Sohn, auch nicht ihrem Enkel, ihrer Familie und auch nicht dem weltlichen Gericht.

Er spricht viel mit ihr, die Bilder haben sich in ihm verändert. Er erzählt ihr von der neuen Freundin, von der Liebe und fühlt sich ihr gegenüber schuldig. Manchmal würde er gerne mit ihr tauschen, das kann sie fühlen. Sie schaut ihn an und sagt: „Uns beide lass Frieden schließen, mein junger Freund. Sag meinem Sohn bitte, dass ich ihn aus tiefstem Herzen liebe."

Seine Tante lieh ihm das Geld für die Beerdigungskosten. Seine Mutter wollte ihm das Geld nicht vorstrecken. Nur dann, wenn er ein Jahr ins Ausland gehen würde. Dann würden sie und sein Vater alle Kosten dafür übernehmen. Er hat sich einen anderen Rechtsanwalt genommen und wartet auf die Gerichtsverhandlung.

MADE IN GERMANY

Da Tiere unter anderem Leichen riechen können, können sie auch Folgendes: Sie riechen die massiven Adrenalinausstöße ihrer verstorbenen Artgenossen.

In Teilen Chinas wie Koreas gilt adrenalinhaltiges Fleisch als Delikatesse mit potenzsteigernder Wirkung. Um den Adrenalinspiegel im Fleisch zu erhöhen, werden deswegen Tiere, auch Hunde und Katzen, mit einem Knüppel langsam totgeschlagen. Andere versterben daran, dass sie in Chinas Pelzindustrien zum großen Teil lebendig gehäutet werden. Diese abgezogene behaarte Haut findet sich dann weltweit als Accessoires an den Produkten der Modeindustrie wieder.

Wundert es da, dass so mancher Hund aggressiv auf das Enkelchen reagiert, wenn dieses das neue Jäckchen trägt, an dem sich ein niedlicher kleiner Pelzkragen befindet? Muss man sich denn da wirklich noch wundern, dass so manche Katze diesen Todesgeruch nicht in ihrem Zuhause ertragen kann und auf die neu erworbene Handtasche pinkelt? Made in China? Made in Germany bedeutet nun mal bei Weitem nicht, dass jedes Einzelteil von einem Zulieferer aus Deutschland kommt.

IM SCHWARZEN HAAR
WEHT DER WIND

Stolz wirft er seinen Kopf zurück. Wenn sein Huf die Erde berührt, donnert der Boden. Menschen drehen sich zu ihm um und er genießt es. Er ist sich darüber im Klaren, was sie ihm zu verdanken haben. Sie wären nichts ohne ihn. Seinesgleichen hat ihnen erlaubt, auf ihren Rücken Kriege zu gewinnen. Er weiß, dass er ihnen schon immer einen großen Dienst erwiesen hat. Er wartet auf die Danksagung, auf den Ausgleich, den sie ihm und allen anderen seinesgleichen schulden.

DER HINTERHOF

Schwarze kniehohe Lederstiefel sind zu sehen. Die Gerte ist zu hören, diese hinterlässt einen ungeduldigen herrschenden Ton in den Ohren. Ein gewohntes Entsetzen in den Herzen ist zu spüren.

Eine ältere gut gekleidete Dame betritt meine Praxis mit ihrem deutschen Schäferhund Rex an ihrer Seite. Beide sind anmutig, trotz allem oder gerade deswegen. Ich höre, ich frage, ich erstarre, ich verstehe, versuche zu übersetzen. Lösungen zu finden, wo es nie welche gab. Verneigen, demütig werden. In der Stille des Raumes bilden sich Bilder, erscheinen ganze Familien, nichtjüdische und jüdische.
In diesem Raum erstarrt jeder Schrei. Nur der Hund bewegt sich. Leckt seine Wunden, kratzt wie wild an seinem bloßen Fleisch. Es sickert dieses Blut von seinen Pfoten. Er leckt es ab und hinterlässt auf dem Boden blutverschmierte Bestandteile seiner Haut, seines Körpers. Je mehr sie erzählt, desto lauter wird es um ihn. Er nimmt es wahr. Er sieht es. Er riecht es. Er fühlt es. Er zeigt es. Er schaut mich an, er nimmt mich mit durch den See seiner Augen in dieses Tal, in diese Massengräber, in die Gaskammern, dort wo ihre Familie vergast, erschossen und anschließend verscharrt wurde.

Schäferhunde gab es dort, deutsche. Missbraucht und zweckentfremdet. Mordmaschinen, Angst einflößende Gefolgssoldaten der KZ-Aufseher. Die Vorfahren dieses Hundes, der vor mir auf dem Boden liegt, die gleiche Rasse, die geknebelt ist an die Geschichte des Dritten Reiches, massenhaft abgeschoben in deutsche Tierheime, und keiner will sie mehr. Genauso wenig wie man Oma oder Opa oder Onkel oder Tante in der Familie haben will, die aktiv an Nazi-Verbrechen beteiligt waren.

Er schaut mich an, er nimmt mich wieder mit. Ich höre die Schreie, rieche es, muss mich abwenden, guck wieder hin und verstehe, was er erzählt. Suche wieder nach Lösungen mit ihm und finde einen ganz kleinen Teil der Lösung, um es milder, erträglicher zu machen. Der Rest wird bleiben. Nicht nur für sie, für ihn, sondern für alle, die daran beteiligt waren und mit diesen Tätern sind. Er erzählt weiter und ich fange an zu erahnen, welche Szenerie sich dort wiederholt. Will es nicht glauben, dass es so grausam und einfach zu übersetzen ist. Und doch, es ist so.

Er lebt mit sechs ausländischen anderen Hunden auf einem Hinterhof abgesperrt, in einem Gehege aus Beton. Der Zaun ist hoch, damit keiner ausbrechen kann. Und sie, diese Anmutige, kann aus ihrem Fenster auf die Anlage schauen und es bricht ihr das Herz zu sehen, dass einer ihrer sieben Hunde sich selbst zerfleischt. Ihr einziger geliebter, treuer deutscher Schäferhund Rex.

Eine Fernsehjournalistin sitzt erschüttert in einer Zwingeranlage ihrer Freundin, an ihrer Seite eine Hündin, die ihr die Pfote auf die Hand legt. Dies tat die Hündin noch bei keinem. Die Filmerin sagt ihr: „Vergib den Menschen, was sie dir angetan haben."

Vor einer Stunde kamen sie und ihre Freundin aus einem spanischen Tierauffanglager zurück. Ein Teil ihrer Seele ist noch bei ihnen. Es ist der vierte Montag im Monat, und heute werden 150 Hunde ihren Tod in diesem finden. Bis auf die, die ihre Freundin mitnehmen wird. Diese selektiert und zeigt mit spitzem Zeigefinger auf einzelne Hunde. Nach der Vermittelbarkeit wird selektiert.
Schwarz „nein". Groß „nein". Älter „nein". Ängstlich „nein". Bissig „nein". Blind „nein". Taub „nein". Podenco „nein".

Es bleiben sechs Hunde von 150 übrig, mehr Platz ist auch nicht bei der Freundin. Die restlichen werden heute ihrem Henker zugeführt.
Nachdem sich die Tore zum Wartesaal des Todes hinter den beiden geschlossen haben, kommt sie sich selbst vor wie einer. Sie streitet sich mit ihrer Freundin und diese windet sich unter ihren Wutausbrüchen. Sie sagt, schau dir die ängstliche Podencohündin an, die seit Wochen in meinem Zwinger sitzt. Sie will keiner haben. Sie ist in Deutschland nicht in Mode und hier werden diese Hunde ausgesetzt und von den Einwohnern im Wald aufgehängt. Was soll ich machen? Mein Mann will auch nicht mehr Hunde. Die Tierfilmerin dreht sich um und geht zu den Zwingern.

VERGIB DEN MENSCHEN, WAS SIE DIR ANGETAN HABEN

In diesen Momenten denkt sie oft an ihren Vater, der ihr so viel erzählt hat. Von sich aus seiner Zeit. Von dem, was er gehört, gesehen und erlebt hat. Von der Hilflosigkeit, die ihn erfasste, wenn er sah, wie dumm Menschen sein konnten. Aber auch von dem unbändigen Willen, weiterzumachen und an bessere Zeiten zu glauben.
Sie nimmt erneut seine Kraft in sich selbst wahr, seine Größe, seinen Willen durchzuhalten und sie fühlt die Wärme der Hundepfote auf ihrer Hand. Sie weiß, dass von diesen vierzehn Tagen Filmarbeit, in denen sie selbst unsäglichem Leid ausgesetzt war, nur wenige Minuten Film übrig bleiben. Sie hofft, dass nicht allzu viele Menschen bei ihrem Beitrag wegzappen, und überdenkt den Zusammenschnitt ihres Filmbeitrages aus dieser Perspektive heraus noch mal.
Das, was ungesendet in den Archiven landet, weil es nicht ins Sendeprofil passt, wegen Unzumutbarkeit, verbleibt nicht nur dort, sondern auch in ihr selbst. Ihre Freundin kommt irgendwann und sagt: „Das habe ich mir gedacht, dass ich dich hier finde." Beide schauen sich an und beiden tut es leid, dass sich „das" zwischen ihnen breitmachen konnte.

ICH TÖTE SIE DOCH NICHT SELBST

Enge Käfige stehen dort in Reih und Glied. Gefüllt mit Tieren, die ausschließlich für die Pelzgewinnung gehalten und gezüchtet werden. Ein kleiner Junge rennt durch die Reihen und auch er nimmt schon seit geraumer Zeit nicht mehr wahr, was da in den Käfigen vor sich hinvegetiert. Manchmal ärgert er sie noch, aber das macht in gewissen Zeiten wenig Spaß. Je älter die Generationen der Nerze und Füchse werden, je unsensibler werden sie diesen Reizen gegenüber. Das weiß auch er inzwischen. Er und sein Bruder haben sich Spiele ausgedacht. Verstecken zwischen Reihen von Pelztierkäfigen auf der eigenen Pelztierfarm.

Ihr Vater züchtet sie und Kanarienvögel, schöne gelbe. Auf die ist er sehr stolz. Harzer Roller sind es und er gewinnt oft auf den Ausstellungen den ersten Preis mit ihnen. Er hat ein eigenes Zimmer, in dem seine Pokale stehen. Er hat darauf geachtet, dass er nur die Zukunftsträchtigsten miteinander verpaart.

Seine Frau ist Schneiderin, sie verarbeitet die toten Pelztiere zu unschuldig aussehenden, anspruchsvollen Mänteln, Jacken, Mützen und niedlichen kleinen Schühchen. Diese sind im Verhältnis teuer, aber die Damen erwerben sie sehr gern, für die

neuen Erdenbürger, die in ihre Familien hineingeboren werden. Das Pelzgeschäft ist ein hart umkämpfter Bereich, in dem man auch auf das Geld gut achten muss. Das Futter inklusive Eintagskükenmus und andere Haltungskosten für die Pelzträger verschlingen Unsummen. Deshalb haben sie sich auch entschieden, von Ausländern töten zu lassen. Die Deutschen sind zu teuer. Das macht schon einen erheblichen Unterschied. Er selbst geht dann, weil er sich das nicht ansehen will. Damit will er auch nichts zu tun haben. Das ist die Arbeit anderer Menschen, nicht seine. Er schaut sich gerne an, was seine Frau aus den Pelzen dann gemacht hat.

So sitzt er Jahre später bei mir, inzwischen schwer erkrankt und nach wie vor im Herzen nicht erreichbar. Sein organisches Herz hat sich in den Jahren verschiedenen Herzoperationen unterziehen müssen. Die Überfälle der Tierrechtler, die nie aufgeklärt wurden, hatten zu seinem Ruin geführt. So sagt er. Ich frage ihn, wo denn sein Herz „geblieben" sei. Er schaut mich an und ich kann spüren, wie sein Herz in seiner Brust schlägt, darauf hoffend, nun endlich von ihm wahrgenommen zu werden. Aber sein Gehirn lässt die Frage erst gar nicht zu. Er erfasst nicht, wovon ich da rede. Auch das Geflügel, was er jetzt als halbe Hähnchen verkauft, preiswert aus der Massentierhaltung, drückt scheinbar nicht auf seine Seele. Nur der Urlaub, als ihn ein Insekt gestochen hat und er danach höllische Schmerzen dauerhaft in sich wahrnahm, hat ihn für alternative Gedankengänge offen gemacht. So sagt er und überlegt, ob er einen neuen Hähnchenwagen kaufen solle, wegen der Steuer, die ja Unsummen verschlingt. Ich frage, was denn mit der Massengeflügelhaltung sei, aus der er die Tiere bezieht. Sein Herz schlägt erneut hoffnungsvoll, doch sein Gehirn dominiert es nach wie vor. Er schaut mich wieder an und versteht nicht, wovon ich da rede. Es zerreißt mir fast selbst das Herz, wenn ich sein Herz fühle.

Aber sein Gehirn ist unerbittlich und antwortet: „Die lassen sich gut verkaufen und andere töten sie, nicht ich."

Es ist ihm vollkommen unverständlich, dass einer seiner Söhne nicht ins Familiengeschäft einsteigen will. Er findet, dass sich dieser auch viel zu große Sorgen um seine Katzen machen würde, wenn diese das Haus verließen.

AUS DER SICHT EINES
VETERINÄRMEDIZINERS

Ich hab da ein paar Fragen ...

Wie läuft eine Schlachtung ab?

Werden die Tiere beruhigt?

Wissen Sie, ob sie das Töten im Voraus erahnen?

Stirbt ein Tier allein oder finden Massenschlachtungen statt?

Was könnte man Ihrer Meinung nach verbessern?

Wie ist die Haltung Ihrer Kollegen Tieren gegenüber?

Was wäre die optimale Schlachtung?

Was ist Ihnen persönlich an die Nieren gegangen?

Was könnte man bei Tiertransporten optimieren? Wie laufen diese herkömmlich ab?

Welche Komplikationen gibt es bei Schlachtungen?

Wozu dient der Bolzenschuss genau?

Welche Komplikationen gibt es mit dem Gerät?

Stimmt es, dass sie die Stimmbänder durchtrennen, damit man das Schreien nicht hört?

Wie lange dauert es, bis das Tier verstirbt?

Welche Methoden des Schlachtens gibt es?

Wieso schreien Schweine so laut?

Wie viele Tiere schlachtet ein Arbeiter in einer Stunde?

Lassen sich alle freiwillig schlachten?

Wie viele Tiere kommen auf dem Schlachthof tot an? Was macht man dann mit den bereits vor Stunden verstorbenen Tieren?

Kennen Sie einen Schlachter aus einem Großbetrieb, dem ich ein paar Fragen stellen könnte? Wie das für ihn persönlich als Arbeiter so ist, das mit dem Töten meine ich? „Nein, das sind, sagen wir mal, eine besondere Art von Menschen."

Darf ich noch ein paar Fragen stellen, Herr Doktor?

Was ist der Unterschied zwischen einem Tierarzt, der Großtiere behandelt, und dem von Kleintieren? Welche unterschiedlichen Mentalitäten gibt es in diesen Berufszweigen?

Gibt es Wünsche eines Tiermediziners gegenüber dem Halter von Kleintieren? Fühlen Sie sich jetzt wohler, als Kleintierarzt?

Eine allerletzte Frage, darf ich noch? Wie ist das für Sie mit den Einschläferungen und was passiert nachher mit den Tierkadavern? So nennt man das doch bei der Firma, die die Tiere dann abholt? Was ist Blutmehl und wofür werden die eingeschläferten Tiere dann verwendet?

Vielen Dank, Herr Doktor!

VIELLEICHT BLEIBEN IHNEN EIN PAAR STUNDEN

„Wir haben genug von den Zweiflern", würde ein Mensch sagen, ein Tier würde sagen: „Habe Geduld mit den Zweiflern, sie haben Angst vor dem, was sie bislang nicht wahrgenommen haben."

Was wäre, wenn die Zweifler oder die scheinbar Gedankenlosen unseren Mitgeschöpfen eine Seele zusprechen würden? Es wäre grausam für sie, weil dann der Vorhang des bislang nicht Anerkannten auf einmal fallen würde. Dies aber darf nur in Rücksichtnahme mit dem Entwicklungsstand des eigenen Bewusstseins passieren. Man würde es sonst schlichtweg nicht aushalten. Es gibt dahinterliegende Gründe, warum man bislang den schützenden Zweifel in Anspruch genommen hat. Vielleicht war dies zusätzlich auch mit Sarkasmus, scheinbarer Kaltblütigkeit oder anderen Abwehrmechanismen gekoppelt, aber es bleibt das Gleiche. Je größer der Widerwille ist, einem Tier die Seele anzuerkennen, desto grausamer der eigene Schmerz, der in der Seele wütet und nicht mehr wahrgenommen werden kann. Wenn dieser Vorhang des Selbstschutzes auf einmal fallen würde, würden die Ärzte und die Pharmaindustrie an ihnen viel Geld verdienen.

Das, was ich im Laufe des Schreibens dieses Buches gelesen, gesehen, gehört und erahnt habe, hat mich dazu veranlasst, auf diesen Aspekt einzugehen. Ich empfinde inzwischen Verständnis für die Menschen, die Tieren Leid antun, für die, die dies befürworten (Konsumenten), und ich verstehe auch die schützenden Abwehrmechanismen, die Menschen benutzen, um so leben zu können. All das verändert aber nicht meine Meinung darüber, dass das, was auf dieser Welt mit Tieren passiert, unerträglich ist. Mal ganz abgesehen davon, wie dieses Verhalten in der Seele der Menschen zurückwirkt.

Ich verstehe Tierschützer, die an der Last der überfüllten Tierheime und Pflegestellen sowie an dem miterlebten Elend der Tiere zerbrechen. Dass sie misstrauisch einen Interessenten für Vermittlungstiere beäugen, ist nur verständlich. Sie kümmern sich um den „gesellschaftlichen Abfall" und sind dabei auch noch gezwungen, sich bei denen Geld zu erbetteln, die diesen Abfall verursacht haben. Es ist so, als ob sie gegen Windmühlen kämpfen. Tierrechtler haben es da noch mit anderen Aspekten zu tun. Sie setzen sich dafür ein, dass das, was von unserer Gesellschaft beschlossen (Tierschutzrecht) wurde, auch eingehalten wird, und weisen hierbei immer wieder auf Missstände hin. Dies tun sie an jeder Front, wo Tiere ausgebeutet und missbraucht werden.

Leider ist der Handlungsbedarf groß. Gerade da, wo die Industrie ihre Finger mit im Spiel hat. Diese Menschen sind Könner im Verschleiern, erfinderisch in den Wort-kreationen und haben für ihre Zwecke das nötige Geld.

Ich persönlich bin sehr dankbar, miterleben zu dürfen, was sich in den letzten fünfzehn Jahren in den Bereichen des Tierrechts und des Tierschutzes getan hat und zukünftig tun wird. Denn davon bin ich überzeugt. Es ist unbedingt notwendig. Würden Sie sich selbst in ein Schlachthaus trauen und dabei zusehen wollen, wie am Fließband Tiere vergast werden? Oder möchten Sie vielleicht die Welle nach Weihnachten miterleben, wenn das Weihnachtsgeschenk nicht umgetauscht, sondern sich vom Massenvermehrer mit kurzzeitiger Zwischenstation in einem Pappkarton unter dem Tannenbaum vor dem ohnehin schon überfüllten Tierheim wiederfindet?

Ich glaube noch nicht daran, dass ich mir unbeschadet einen Film von dem Fleischwolf anschauen könnte, den man „liebevoll" getarnt Musmaschine nennt. Ich weiß, dass es mich persönlich tief in der Seele verletzen würde und dass dann Abwehrmechanismen in mir greifen würden, die mich in Wut und Verzweiflung stürzen, aus denen es scheinbar kein Entrinnen gibt. Aber ich verleugne nicht das Wissen darüber, dass es diese Industrie und diese Musmaschine gibt.

Wissen Sie, was eine Musmaschine ist? Stellen Sie es sich, wenn Sie es möchten und sich das zutrauen, in dem Zusammenhang Industrie, lebende Küken und Musmaschine vor. Vielleicht nicht in allen Einzelheiten, aber als ein Gedanke, der in Ihnen reifen kann.

Für die, die es direkt wissen wollen und denen ich dieses Wissen auch nicht vorenthalten will, ohne es sich als Film ansehen zu müssen: Eine Musmaschine dient in Deutschland dazu, männliche Küken, die vorher aussortiert wurden, in dieser Maschine zu zerschreddern. Ein anderer großer Teil von ihnen wird mit CO_2 vergast und landet dann als Futtertiere in Zoos und Tiergehegen. Die zerschredderten Küken werden dann auf minus 30 Grad tief gefroren und anschließend als Geflügelmus an zoologische Gärten, Pelztierfarmen und Geflügelmastanlagen verkauft.

Ich denke aber auch an die Frau, die die Küken aussortiert und in den Tod schickt. Wie es ihr wohl dabei ergeht? Was sie wohl von Menschen hält? Ob sie gerne ihr Geld mit dieser Arbeit verdient? Wo ihre Seele ist und wie es ihren Kindern und ihrem Mann geht, wenn sie von der Arbeit nach Hause kommt? Ob sie von dieser erzählt und wenn, wem und wie? Stellen Sie sich einen Tierschützer vor, der erfährt, dass diese Frau diese Arbeit macht. Stellen Sie sich vor, dass Sie Ihrem Kind erzählen, wie und womit diese Frau ihr Geld verdient und von wem sie letztendlich bezahlt wird. Ich frage mich, welche Mechanismen die Frau einsetzen muss, um das alles aushalten zu können.

Der Blick auf die Küken und was mit ihnen in dieser Maschine ganz genau passiert, würde meine Seele erschaudern und sich zurückziehen lassen, was zur Folge hätte, dass ich gefühlskalt zurückbleiben würde.

Deshalb arbeite ich langsam mit mir unter der Berücksichtigung des Wissens, was dort mit den Küken passiert. Daraus ziehe ich als Erstes die Konsequenz, auf bestimmte Nahrungsmittel zu verzichten. Wir haben unsere Henne Gertrud, die im Winter gebrütet hatte, aufgrund der Kälte mitsamt ihren Eiern ins Badezimmer getragen. Ich habe dann mit Menschen, die bei mir an einem Kurs teilgenommen hatten, eines von den Eiern abwechselnd zwei Tage lang in unseren Händen ausgebrütet, da Gertrud dies nicht mehr tat. Wir haben das Küken durch die Schale angefeuert, den schwierigen und gefährlichen Weg aus dem Ei zu schaffen. Wir haben geweint vor Freude. Eine Teilnehmerin rief dem Küken, nachdem die erste kleine Öffnung im Ei zu sehen war, zu: „Das ist das Schwierigste, mein Freund, danach wird dir alles andere leicht erscheinen!" Man konnte das Leuchten in ihren Augen sehen und sie wusste, wovon sie sprach, denn ihre Geburt war für sie und ihre Mutter damals lebensgefährlich gewesen. Sie war an der Gefahr ganz nah dran. Es treibt mir heute noch die Tränen in die Augen, wenn ich daran denke, dass vier erwachsene Menschen ein Küken anfeuerten und dabei alle auf ihre Art die eigene Geburt noch mal erlebten.

Stellen Sie sich beide Bilder vor: auf dem einen das Küken und die Schreddermaschine, auf dem anderen die vier Menschen, die mit dem Küken mitfiebern. Ich kann den Sinn des Zweifels verstehen. Sie auch?

ELTERN, ...

die ihren Kindern erlauben, Tauben zu jagen, laufen blind durch die Welt. Sie verderben anderen Menschen den Tag.

WAS MAN LIEBT, KANN MAN AUCH TÖTEN

Das Treuste, was ich von einer ehemaligen Bauers- und Schlachtertochter gehört habe, ist die Aussage: „Mein Vater hat die Tiere geliebt und er hat sie getötet. Das komische Verhalten gegenüber Tieren heutzutage hat wohl damit zu tun, dass die Menschen eine unnatürliche Einstellung zu den Tieren bekommen haben. Früher lebte man mit den Tieren und dann schlachtete man sie halt. Mein Vater hat sie geliebt und seinen Beruf als Schlachter und Metzger. Leider ist er ja früh an Herzinfarkt verstorben, mit 43. Aber, wie krieg ich das denn jetzt mit meinem Mann hin, das mit der Nähe?"

VERMENSCHLICHT

Es wird so viel davon berichtet, dass Tiere vermenschlicht werden. Wie soll es denn anders sein, dann, wenn der Mensch nicht weiß, wer er ist und was ihn ausmacht? Desinteresse an sich selbst beinhaltet die Unfähigkeit, das Wesen eines anderen zu erfassen. Dies ist von der Spezies unabhängig.

ZUCHT

Der Zuchtgedanke an sich ist schon abnorm. Er beinhaltet einen unaussprechlichen Größenwahn und rassistisches Gedankengut, das der Schöpfung aus diesen Gründen allein schon niemals nah kommen kann. Deshalb endet es für den „Gezüchteten" in der Regel immer qualvoll.

JEMAND SAGTE MIR MAL ...

... dass er sich den Ratten auf dem Gefängnishof näher gefühlt hätte als den Menschen in diesem. Mit ihnen teilte er sein Essen. Wenn die Menschen an seine Tür klopften, zog er es vor, hinter ihr zu bleiben. Das wäre das Gute im Knast gewesen.

VON ALLEN SEITEN

Morgens im Büro: Der Anrufbeantworter gibt die Informationen wieder, die sich in der Nacht gesammelt haben. Der Computer wird hochgefahren, das zweite Handy schellt, und die Kollegen warten noch auf die nächsten Informationen über den Skandal der Wiesenhofkette. Die Presseleute reichen sich die Klinke in die Hand und irgendwo dazwischen denkt er an den kleinen Elefanten, der von den Zirkusleuten malträtiert wurde, damit er Kunststücke für die Kinder aufführt.

Er schaut auf den inzwischen hochgefahrenen Computer und ruft die E-Mails von diesem Tag ab. Hunderte jeden Tag, und das Tag für Tag, Woche für Woche, Monat für Monat. Inzwischen aus allen Ländern dieser Welt. Je mehr Tierrechtler, desto mehr unerträgliches Leid, was tagtäglich aufgedeckt wird. Er drückt auf die Mailboxtaste seines Handys und ihm hämmern verschiedene fremde Menschen Informationen in seine Ohren. Er versucht zu filtern, nur das Nötigste, wie ein Polizeibeamter, der Notrufe entgegennimmt. Genauso wie auf den Polizeistationen schlagen ihm auch hier anonyme Anrufer den Schrecken ins Herz. „Hier bei uns in Österreich werden Schweine in einem Experiment lebendig unter dem Schnee begraben. 29 sind es. Ich möchte meinen Namen nicht nennen, aber es findet hier in … statt." Tuut. „Hier bei uns gibt es einen Bauern, der seine Tiere …" Tuut. „Sagen Sie mal, können Sie sich nicht mal darum kümmern, dass der benachbarte Züchter die weißen Boxerwelpen nicht mehr ertränkt?" Tuut. „Hier in diesem Schlachtbetrieb laufen Sauereien. Ich schick Ihnen mal ein verdecktes Video. Mir ist es wichtig, dass ich anonym bleiben kann. Geht das von Ihrer Seite aus in Ordnung?"

Die E-Mails sind auch nicht leichter, das weiß er. Hier kommt das ausführliche Bildmaterial hinzu, welches gesichtet werden muss. Bei einigen besonders abscheulichen Gegebenheiten, gegen die sie protestiert haben, gibt es immer wieder Gegenstimmen, die behaupten, sie würden die Fotos stellen und die gequälten Tiere eigenhändig für diese Zwecke töten. Ihnen, die für die Tiere einstehen, sich darum kümmern, dass beispielsweise Tötungstransporte der Schlachttiere ohne zusätzliche Quälerei der Tiere ablaufen, wird ständig vorgeworfen, dass sie diese Fotos stellen würden. Die Grausamkeiten sind auch zu ungeheuerlich, als dass man sie glauben will. Er weiß, dass so mancher Verbraucher lieber daran glauben möchte, dass es sich bei diesen Informationen um Ammenmärchen handelt als um die noch immer abgeschwächte grausame Realität. Er weiß das und erinnert sich an einige Einsätze, in denen sie aus seiner Gruppe friedlich demonstriert haben, um auf Missstände aufmerksam zu machen. Er sieht heute noch die Polizisten ruhig danebenstehen und zuschauen, als eine junge kleine Kollegin von den aufgebrachten Besitzern der Tiere zusammengetreten wurde. Die Polizisten griffen nicht ein, sie standen da und schauten zu. „Das sollen die doch mal unter sich selbst ausmachen." Erst als das Blut in Strömen floss, schritten sie ein.

Dieses Desinteresse liegt einige Zeit zurück und die Ereignisse haben sie schlauer gemacht. Sie gehen nicht mehr allein. Sie haben jetzt inzwischen auch Menschen hinter sich stehen, die sich mit den Gesetzen genaustens auskennen, und sie haben eine gewisse Öffentlichkeit hinter sich. Es werden von Tag zu Tag mehr, die hinsehen und das alles nicht mehr so einfach akzeptieren. Er weiß, es ist eine gute gemeinsame Arbeit, die sie da machen, und er weiß, die Zeit der großen Veränderung wird zwangsläufig kommen.

Er versteht die Angst seiner Mitbürger sehr wohl, aber er hat sich entschieden und seine vielen Kollegen weltweit stehen hinter ihm. Hoffnungsvoll schauen sie alle gemeinsam auf die Öffentlichkeit. Sie haben gute Konzepte in ihren Herzen, die sie unermüdlich ihre Arbeit vorantreiben lassen. Eine von ihnen regt den Traum an, dass Bauern Landschaftsgärtner werden könnten. Man könnte es ohne Weiteres mit den Geldern finanzieren, die ohnehin schon als Subventionen in diesen Bereich fließen.

Alle wissen, dass diese Entwicklung nicht mehr aufzuhalten ist. Sie ist dran, weil sie von vielen, die sich selbst noch nicht so trauen, sehnlichst erwünscht wird. Und sie ist dran, weil sie eine Entwicklung zum Guten hin ist, und nur das Gute ist wirklich.

Phönix aus der Asche

Es waren immer die außergewöhnlichen Menschen, zu denen mich die Tiere geführt haben oder die durch diese ihren Weg in meine Praxis gefunden haben. Diese Tiere und Menschen haben mich zu Höchstleistungen angefeuert. Ihre Lebensgeschichten und die ihrer Familien haben mich nachts den Schlaf gekostet, bis wir gemeinsam endlich eine Lösung gefunden hatten, für sie selbst und für die Tiere an ihrer Seite. Oft hat uns auch der Tod die Hand gereicht, um Licht ins Dunkel zu bringen. Diese Menschen selbst waren umgeben von einem Licht, das ich nur bei ihnen kommen und gehen sehen durfte.

Ob es sich dabei um die Züchterin und ihre Familie handelte, die ich kennenlernte, die sich seit einem Reitunfall vor Jahren in ihrem Zimmer im Dämmerzustand aufhielt, während dies nach ihren eigenen Exkrementen stank, ohne dass sie davon Notiz nehmen konnte. Oder um den Soldaten, der von dem Erlebten und Getanen aus dem Bosnienkrieg erzählte und unsere italienische ehemalige Straßenhündin allein nur durch sein Erscheinen dazu veranlasste, erst Stunden später wieder aus ihrem Versteck herauszukommen.

Mütter, die sich mir offenbarten: „Ich hasse mein eigenes Kind." Männer, die wissen wollten, wie sich das Töten anfühlt, und die die Soldaten beneideten, die jetzt in Kriegen Helden sein durften. Frauen, die ihre Männer belogen und betrogen. Die ihnen ohne Skrupel lebende oder abgetriebene Kinder als ihre gemeinsamen unterschoben, obwohl der beste Freund der Familie der Vater war.

In all dem menschlichen Wirrwarr und dessen gesponnenen Schicksalsfäden waren es immer die ordnenden Tiere dieser Menschen, die ihnen und mir den Weg zeigten. Bei all diesen Menschen und ihren Tieren war es immer so, dass entweder alles oder gar nichts möglich war.

All diese Schicksale haben meinen Blick auf das Leben nachhaltig beeinflusst und gravierend verändert. Sie alle haben mich gelehrt, hinter die Vorhänge zu schauen. Sie haben mir durch ihre Dunkelheit den Weg zum Licht gezeigt. Nur die tief in sich Verzweifelten, die, die nicht mehr mit dem Leben spielten, und die Willigen hatten in dieser Zeit der Läuterung einen Engel des Lichts neben sich stehen. Diese tiefen Begegnungen haben mich gelehrt, dass in den schlimmsten Zeiten der Veränderung Weggefährten bereitstehen, die stützen und schützen. Sodass der Geist nicht versagt und dass der Wille zum Dasein sich eine Bahn bricht, der einen vollkommen veränderten Menschen hinterlässt. Es war die härteste Schule, die mich in den Dienst genommen hat, und ich bin unsäglich dankbar dafür.

Ich denke in Liebe an die Mutter zurück, die sich ihren eigenen Hassgefühlen ihrem Kind gegenüber gestellt hat. Die es heute in ihr Herz schließt und ihm all die Liebe und Hingabe geben kann, die es braucht, um wachsen und gedeihen zu können. Und die endlich nicht mehr auf ihre Mutterschaft verzichten muss. Ich denke gerne an die getane Arbeit zurück und an die beglückenden Momente, wenn diese Menschen aus ihrem Schatten traten, sich ihrer selbst bewusst wurden und ihren Platz in ihrem Leben eingenommen haben. Sie lachen heute und weinen und nehmen sich so an, wie sie waren, ohne von dem Zurückgebliebenen einen Moment missen zu wollen.

Mich selbst rührt es tief in meiner Seele an, dass gerade all diese Menschen, die sich selbst so unmenschlich fühlten, heute dastehen und mit Rat und Tat anderen Menschen auf ihrem Lebensweg zur Seite stehen. Wer könnte es besser als diese? Sie, die auf ihre Tiere gehört haben und die die Chance in ihren Problemen ergriffen haben, sind für mich ganz persönlich die besten Ratgeber.

Wieso
passiert so etwas?

Es gibt die, die innerlich aufschreien, weil das Gesehene sie erschreckt. Es gibt auch die, die still werden. Manche von ihnen, weil sie nachdenklich geworden sind, andere, weil sie lieber das Thema wechseln möchten. Und dann gibt es auch noch die, die sagen: „Ich weiß gar nicht, was ihr habt. Das ist doch völlig normal."

Wie kommt es, dass Menschen so unterschiedlich handeln und empfinden? Zwei Wesenszüge des Menschen bewirken dies in ihrem Zusammenwirken:
Da ist zum einen der Wesenszug des Menschen, dass sich seine Seele zurückzieht, sich von ihm entfernt oder teil- bzw. zeitweise sogar verloren geht, wenn Belastungen und Traumata auftreten. Zum anderen ist da die Liebe, mit der wir vor allem als Kind uns uneingeschränkt unseren Vorfahren hingeben, selbst wenn sich hierfür unsere Seele zurückziehen muss. So halten Kinder in der Regel alles für

notwendig und richtig,

was die Eltern tun, und stellen dafür auch ihr eigenes Empfinden infrage. Auf beide Wesenszüge, die bereits in Aspekten angesprochen wurden, möchten wir hier näher eingehen.

183

Rückzug der Seele

Unabhängig davon, ob unser Handeln rechtmäßig oder unrechtmäßig ist, hat unser Handeln immer seelische Folgen. In der Seele wirkt ein ganz einfacher Mechanismus: Sie fühlt sich mit allem Lebenden verbunden. Das Leben und das Lebendige füllen und erfüllen sie. Daher erfüllen uns auch Taten, die dem Leben dienen. Das spüren wir, wenn wir beispielsweise jemand helfen oder retten. Wir fühlen Erfüllung, Verbundenheit und die feste Berechtigung, in der Weltgemeinschaft zu sein.

Schaden wir aber dem Leben und dem Lebendigen, zieht sich unsere Seele zurück. Wir fühlen uns beschämt und getrennt. Wir spüren, dass wir unsere Zugehörigkeit verlieren, verrohen und erkalten. Hier gibt es zudem eine Wechselwirkung: Wenn wir uns ausgestoßen fühlen, steigt die Bereitschaft, dem Leben zu schaden. Menschen, die anderen Menschen oder Tieren etwas antun, sind im Allgemeinen Außenseiter und verstärken dies durch ihre Taten. Kein Schüler, der sich mit der Gemeinschaft verbunden fühlt, wird zu einem Amokläufer.

Schwellen überschreiten

Jeder Mensch spürt erst mal eine natürliche Hemmschwelle dagegen, anderen Leid oder Schmerzen zuzufügen. Für jedes Kind ist es daher ein Trauma mitzubekommen, wie ein Lebewesen gequält, misshandelt oder auch „einfach" nur getötet wird. Wenn der Vater ein Huhn köpft, geschieht für das Kind gleichzeitig zweierlei: Die Tötung des Tieres ist für das Kind ein Schock. Es erlebt ganz klar, dass das, was hier geschieht, der eigenen Seele zuwiderläuft. Gleichzeitig führt aber auch die Selbstverständlichkeit, mit der der Vater das Tier tötet, dazu, dass das Kind sein eigenes Empfinden für falsch hält. Das, was der Vater tut, kann nicht falsch sein, nur das, was es selbst fühlt. Daher müssen die Angst vor dem Töten und der Schreck vor der Gefühllosigkeit des Vaters überwunden werden, weil der Vater für das Kind das Wichtigste bleibt. Damit der Vater weiterhin geliebt werden kann und man ihm zugehörig bleibt, muss die Seele sich zurückziehen. Vergleichbares geschieht auch manchmal unter Jugendlichen oder beispielsweise bei Soldaten in einer Truppe. Für die Zugehörigkeit werden Taten begangen, die einem Einzelnen zuwider sein können. Diese Widerstände werden zugunsten der Zugehörigkeit übergangen, auch wenn dies einen inneren Preis hat. Ist die erste Schwelle des seelischen Widerstandes überschritten, nimmt oftmals alles Weitere seinen Verlauf.

Verrohung

Beginnt die Seele sich zurückzuziehen, nimmt als Erstes das Mitgefühl ab. Eine Verrohung beginnt. Eltern verlieren dann das Mitgefühl mit ihren Kindern. Kinder verlieren das Mitgefühl mit ihren Tieren. Mit fehlender Liebe hat dies nichts zu tun. Ein in diesem Sinne verrohter Mensch empfindet zwar noch Liebe, diese ist aber nicht mehr mitfühlend und uneigennützig. Verrohte Menschen können daher auch das schlagen, was sie lieben. Dieser verrohte Umgang war früher weitverbreitet und offensichtlicher. Lehrer züchtigten Schüler, Eltern schlugen ihre Kinder. Auch die heimgekehrten Soldaten nach dem Zweiten Weltkrieg kamen meist ohne Seele zurück, die irgendwo auf den Schlachtfeldern zurückgeblieben war. Zurück in der Heimat war nur noch die Hülle eines Menschen anwesend, der mit den seelischen Empfindungen der anderen nichts mehr anfangen konnte.

Heute wird die Verrohung eines Menschen vor allem im Umgang mit seinen Tieren sichtbar. Denn mit diesen kann man noch, wie früher auch mit den eigenen Kindern oder der Ehefrau, machen, was man will. Es gibt kein Jugendamt für Tiere. Selbst wenn Tierschützer etwas anprangern, wird der verrohte Umgang mit Tieren vom Gesetz meist toleriert. Auch eine gesellschaftliche Verhaltensächtung, die einer Gesetzgebung meist vorausgeht, ist hier noch zu schwach. Viel zu wenig Menschen empören sich über Tierquälerei oder über

Tötung aus Lust. Man kann aber feststellen, dass das Mitgefühl in unserer Gesellschaft den Tieren gegenüber wieder zunimmt. Die Seele der Gesellschaft scheint an manchen Stellen langsam wieder zurückzukommen.

Ein verrohter Umgang mit Mensch und Tier ist also keine Frage des Charakters, sondern Ausdruck davon, dass dem Menschen etwas fehlt – die Nähe der eigenen Seele.

Diese kann sich auch dann zurückziehen, wenn man unbeabsichtigt jemandem Schaden zufügt. Ärzte, denen Patienten bei der Operation versterben, verlieren oft das Mitgefühl, um innerlich nicht zerrissen zu werden. Ebenso der Autofahrer, dem ein Kind vor das Auto gelaufen ist. Bauer, Metzger, Tierarzt und Schlächter verlieren durch ihre Tätigkeiten meist an Mitgefühl und verrohen im Umgang.

Kälte

Hat die Seele sich zurückgezogen, werden auch viele Menschen kalt. Man spricht vom erkalteten Herz und von Kaltblütigkeit. Während der verrohte Mensch sozusagen mit dem Knüppel gegen das vorgeht, was ihn stört, organisiert der kalte Mensch dessen Abschaffung. Der kalte Mensch denkt nützlich: „Bevor Tiere oder menschliche Feinde krepieren, können diese doch noch arbeiten." Er vollzieht noch medizinische Versuche an ihnen, um für ihn wichtige Erkenntnisse zu gewinnen. Welche Tötung ist am effektivsten, welche am preiswertesten? Was kann man noch alles von dem Kadaver vermarkten? Der kalte Mensch hat daher nur eine sachliche Beziehung zu allem. Auch er meint noch Liebe zu fühlen, diese unterscheidet sich aber völlig von der empfundenen Liebe des Menschen mit anwesender Seele. Während dieser sein Kind so liebt, wie es ist, liebt der kalte Mensch nur noch etwas an dem Kind. Vielleicht die Augenfarbe, vielleicht, dass es ein Junge ist. Kalte Menschen finden den Gedanken gut, dass man „fehlerhafte" Tiere oder Kinder abtreiben kann. Das falsche Geschlecht wird ebenso aussortiert wie ein falsches anderes Merkmal.

Züchter von Rassetieren behaupten ja oft, Tiere zu lieben, lieben aber in Wirklichkeit etwas an ihnen. Das ersetzt den seelischen Wert. Der Pokal, den man mit einem Hahn, einer Katze oder einem Kaninchen gewinnt, lässt einen das Tier wertschätzen. Der Hahn, der eine Zacke zu wenig im Kamm hat, bekommt den Hals umgedreht. Das geschwächte Katzenkind, welches für die weitere Zucht ungeeignet ist, bekommt keine Medikamente. Man lässt es sterben, da es für den Züchter keinen weiteren Wert hat. Gerade im Zuchtwesen wirkt auch wieder der Aspekt der Zugehörigkeit stark hinein. Denn Züchter werden schnell vom Verband ausgeschlossen, wenn sie die strikten Selektierungsregeln und Rassemerkmale nicht einhalten. Auch dann noch, wenn dies, wie beim Schäferhund bezüglich der Hüftdysplasie, dazu führt, dass die gesamte Rasse an Zuchtschäden leidet oder zu einer sogenannten Qualzüchtung entwickelt wird. Hier zählt kaltes Rassedenken mehr als das Leid der Tiere.

Grenzlosigkeit

Wird ein Mensch erst mal verroht oder kalt, ist oft eine Grenzenlosigkeit die Folge. Auch dies ist keine Frage des Charakters. Daher muss sich auch eine Gesellschaft, wenn sie die Überschreitung bestimmter Grenzen bejaht, darüber im Klaren sein, was die Folgen sind. Solange man beispielsweise Tierquälerei als kleine Marotte einiger weniger Jugendlichen duldet und Tiere rechtlich als Sache betrachtet, so lange erschafft sich eine Gesellschaft auch ihre Serientäter. Denn die meisten Serientäter – und hier besonders die sexuell motivierten – haben als Kind und Jugendlicher Tiere gequält. Das, was sich beim Serientäter in einer Person verdichtet, zeigt sich in einer Gesellschaft in vielfältigen Ausformungen und beginnt mit einem Verlust des Mitgefühls und des Miteinanders. Das Überschreiten von Grenzen beim Tier führt früher oder später in vielfältiger Form zum Überschreiten von Grenzen beim Menschen.

Folgen entstehen aber auch beim Überschreiten der Grenzen ganz anderer Art. Wenn man Soldaten in den Krieg schickt, zieht sich durch das Töten deren Seele zurück, auch wenn sie ein politisches Mandat zum Töten haben und es sich um einen „humanitären Einsatz" handelt. Sie verrohen und erkalten auch dann. Daher ist es nur natürlich, dass ein großer Teil von ihnen später Kriegsgefangene erniedrigt oder auch Fotos mit Siegerposen mit den Leichen der Kriegsgegner für das Familienalbum schießt. Es ist zu viel erwartet, dass Soldaten töten und trotzdem ihre Seele behalten. Es ist eine natürliche Folge, dass sie dann einen menschlichen Schädel als Souvenir mit nach Hause nehmen oder auch mal ein schreiendes Kind erschießen. Dies zu bestrafen hat etwas von Heuchelei. Vielleicht erst Jahre später, wenn sie mit ihrer Seele erneut in Kontakt kommen, empfinden sie solche Taten wieder als schrecklich. Aber würde es nur um Serientäter und Soldaten gehen, ginge es ja noch.

Für viele gesellschaftlich erwünschte Aufgaben benötigt man jemanden, der Grenzen mit entsprechenden Folgen überschreitet. Natürlich sehen Schlächter, die im Blut der Tiere stehen, die sie im Akkord abschlachten, nach kurzer Zeit keinen Sinn mehr darin, das Bolzenschussgerät möglichst präzise anzusetzen, damit das Tier wenig leidet. Kommt es denn wirklich auf die letzten drei Minuten des Lebens der Tiere an? Danach ist doch sowieso alles vorbei. Wofür die Mühe? Soll man etwa mit jedem verstorbenen Tier mitweinen?

Kalte Welt

Es gibt das beseelte Humanitäre und das seelenlose Humanitäre. Für das beseelte Humanitäre ist eine Abtreibung von behinderten Menschen (Embryonen) schlimm, wegen der Seele. Für das unbeseelte Humanitäre ist ein Weiterlebenlassen von behinderten Embryonen schlimm. Das arme Kind, die armen Eltern.

Das unbeseelte Humanitäre träumt von der perfekten Zukunft, in der dann alle Krankheiten durch die Gentechnik vermieden werden können. In der jedes Paar sein Wunschkind nach Geschlecht, Augenfarbe und Intelligenzquotient bestellen kann. In der es auch keine armen Schlachttiere mehr gibt.
Stattdessen züchtet man Fleischgewebe, vorwiegend Filetstücke, an einzelnen Beinen in industriellen Loboranlagen. Eine Schlagzeile der Tageszeitung wird dann sein: Endlich gibt es keine traurigen Menschen mehr: Das Traurigkeitsgen wurde gefunden und ausgemerzt!

Sadismus
und Blutrausch

Wenn man eine eigene Grenze, eine Hemmschwelle oder eine innere Blockade wie auch eine Angst überwindet, entsteht meist ein euphorisierender Adrenalinausstoß. Der gewonnene Boxkampf, der Absprung mit dem Fallschirm, Bungee-Jumping oder über glühende Kohlen laufen, das alles macht euphorisch. Man fühlt sich von der eigenen Stärke, der Todesnähe und davon, es überlebt zu haben, berauscht. Man hat die eigenen Fesseln der Ängste und Befürchtungen gesprengt, fühlt sich frei und mächtig. Man kommt mit einer existenziellen Energie in Berührung, die, solange sie wirkt, einen scheinbar über das Leben stellt. Hierdurch empfindet man keine Angst mehr, auch nicht vor dem Sterben. Nichts kann einem etwas anhaben. Weder andere noch das eigene Gewissen oder die eigene Seele. Man meint über allem zu stehen und steht damit auch ganz allein. Es ist so, als würde man der eigenen Seele ins Gesicht spucken und ihr zuschreien: „Was glaubst du, wer du bist? Du willst mir Regeln auferlegen? Dass ich nicht lache. Niemand kann mir etwas anhaben, auch du nicht. Schau, wozu ich fähig bin!"

Eine vergleichbare Euphorisierung entsteht auch bei sadistischen Handlungen und Tötungen anderer. Sadismus und Blutrausch werden auch wieder oft in Zusammenhang mit Tieren ausgelebt. Viele Jäger erleben

diese Euphorisierung oder Menschen, die zum Beispiel Hunde- oder Hahnenkämpfe anschauen, die ja bis zum Tod eines Tieres durchgeführt werden. Dem Sadismus wird bei Tieren kaum eine Grenze gesetzt. Da bei Tieren derzeit nie wirklich hingeschaut wird, ist dort ein Tummelplatz für Sadisten und Perverse (abnormal Veranlagte).

Oftmals ist dieser Aspekt im Inneren eines Menschen noch mit familiengeschichtlichen Ereignissen und Schicksalsschlägen gekoppelt. Denn im Dritten Reich entwickelten viele Menschen, die ohne die damaligen gesellschaftlichen Bedingungen „ganz normale Menschen" geblieben wären, starke sadistische und unmenschliche Züge. Die wenigsten Enkel der Kriegsgeneration wissen, was ihre Großeltern, ihre Großtanten und Großonkels beispielsweise in der Wehrmacht, in der Polizei oder in der SS genau gemacht haben. Neben den im Krieg üblichen Ausschreitungen wurden hier ja gleichzeitig die bisher größten Verbrechen an Behinderten, Verfolgten und ganzen Volks- und Glaubensgruppen durchgeführt, die auch durch den Krieg leichter ungesehen blieben. Doch die Erlebnisse der Täter und der Opfer schwirren schemenhaft und fragmentartig in der Psyche und in der Seele der Nachkommen herum und können in bestimmten Konstellationen hervorbrechen und wirken.

So gibt es Menschen, die ihre Tiere unbedingt der Todesspritze zum Opfer fallen lassen wollen. Sie sind regelrecht erbost, wenn beispielsweise ihr erkranktes Tier ohne ihr Zutun von allein verstirbt, bevor der Tierarzt dessen Tötung vollstrecken konnte. Sie fühlen sich in einer seltsam wirkenden Form betrogen und beraubt. In solchen Gefühlen finden die aufgezeigten Aspekte ihren Ausdruck. So können nicht ausgelebte Gefühle der Rache sich in späteren Generationen ausdrücken oder sadistische Handlungen wieder sichtbar werden.

Hierbei soll das Dritte Reich nicht als eigentliche Ursache verstanden werden, sondern vielmehr als eine, wenn auch extreme Folge menschlicher Grenzüberschreitungen, die, wie aufgezeigt, zu Verrohung, Kälte und Sadismus führt.

Fanatismus

Abschließend möchten wir hier noch kurz auf den Fanatismus eingehen. Fanatismus ist die Bemühung, innereigenen Zweifeln durch Übereifer zu begegnen. Die Zweifel am eigenen Handeln werden sozusagen weggebrüllt und überrollt. Daher werden viele Handlungen immer schlimmer. Jeder, der nur einen kleinsten Zweifel bemerkbar macht, wird mit ganzer Wucht bekämpft. Nachdenken und Nachspüren sind beim Fanatismus verboten. Durch diese Massivität werden auch die geringsten Schuldgefühle unterjocht. In Tätergruppen traut sich niemand mehr, etwas zu sagen. Alle streben aus Angst heraus danach, besonders eifrig zu sein.

Beim Thema fleischloses Essen begegnet man vielen Fanatikern auf beiden Seiten. Viele Veganer empfinden es unerträglich, mit einem Fleischesser an einem Tisch zu sitzen. Ebenso finden viele Fleischesser es unerträglich, mit einem Vegetarier zu speisen, da dieser das Schuldgefühl symbolisiert. Fanatisch werden ihm Erkenntnisse aus der Ernährungslehre aufgetischt, wie wichtig doch Fleisch ist – besonders für Kinder. Auch wenn diese Erkenntnisse bereits überholt sind und kaum noch ein Wissenschaftler daran zweifelt, dass der heutige hohe Fleischkonsum zu Gesundheitsschäden führt. Doch bei Fanatikern lässt das aufkeimende Schuldgefühl keine neuen Erkenntnisse zu, selbst wenn diese Erkenntnisse bereits Jahre alt sind.

Zugehörigkeit und Positionen

Die Frage, wieso all die schrecklichen Dinge und Ereignisse passieren, ist natürlich bisher nicht ausreichend beantwortet worden. Vielmehr sind Folgen und nicht Ursachen aufgezeigt worden. Ein wesentlicher ursächlicher Aspekt entsteht durch die Position, die man in seinem Beziehungsgefüge einnimmt. Die Position also, die man beispielsweise in der Herkunftsfamilie, in seiner derzeitigen Familie, in der Arbeitswelt und in anderen sozialen Gefügen einnimmt. In der Regel nehmen wir vergleichbare Positionen von den Menschen ein, mit denen wir zugehörig sind, weil wir uns mit ihnen identifizieren.

Spricht man beispielsweise über Massentierhaltung, würde wohl schnell ein altbekannter Streit entstehen. Argumente wie grausame Tierhaltung und Transporte und demgegenüber Kostensenkung und Sicherung von Arbeitsplätzen würden ausgetauscht. Auf beiden Seiten würden Gefühle von „recht haben wollen" entstehen. Was aber, wenn niemand recht hat? „Recht haben wollen" beinhaltet den Zustand des drohenden Krieges.

Das folgende Schaubild soll einen Überblick über Positionen geben, die in der Frage Recht und Unrecht, Schuld und Unschuld eingenommen werden können.

Täter
Ein Täter ist jemand, der einem Lebewesen körperliches oder seelisches Leid zufügt. Er selbst wird sich meist nicht als Täter bezeichnen, sondern eine Rechtfertigung für sein Handeln anführen. Hierdurch wird dann auch die Handlung selbst als richtig angesehen. Nur andere sehen in ihm den Täter.

Opfer
Ein Opfer ist jemand, dem körperliches oder seelisches Leid angetan wird und der in dieser Situation aus Unwissenheit, Machtlosigkeit oder sogar aufgrund bestehenden Rechts nichts dagegen unternehmen kann.

Mitwisser
Als Mitwisser fügt man zwar nicht selbst jemand Leid zu, weiß aber um diese Taten. Man unternimmt nichts dagegen, weil man den Taten bewusst oder unbewusst zustimmt.

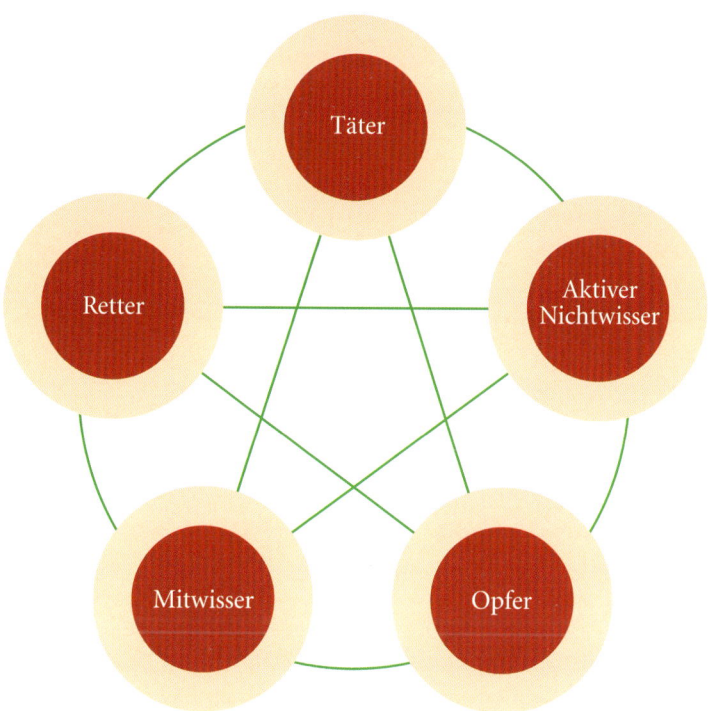

Retter
Ein Retter weiß auch um die Taten, stimmt diesen jedoch nicht zu. Er möchte die Taten verhindern und dem Opfer helfen. Er schaut nicht weg und ihn lassen die Taten nicht unberührt.

Aktiver Nichtwisser
Als aktiven Nichtwisser bezeichnen wir hier die Gruppe, die mit Absicht nichts wissen und erfahren möchte, um weder zum Mitwisser noch zum Retter werden zu müssen. Aktive Nichtwisser nehmen so gut wie immer die Vorteile von Taten an, ohne dafür Verantwortung tragen zu wollen. Ein Beispiel hierfür ist der Konsument, der gerne billiges Fleisch kauft, aber dabei nicht wissen will, unter welchen Bedingungen das Fleisch produziert wird.

Wechselnde Positionen

In Konflikten und Auseinandersetzungen jedweder Themen gibt es diese Positionen. Die Positionen rufen sich gegenseitig hervor. Menschen wechseln innerhalb Auseinandersetzungen auch oftmals in verschiedene Positionen. Daher sind im Schaubild die Positionen durch den Kreis und die Linien verbunden. Theoretisch kann man von jeder Position in jede andere hinüberwechseln.

Das bedeutet beispielsweise, dass aus Rettern Täter werden können und aus Tätern selbst auch Opfer. So brechen beispielsweise Tierschützer in Pelzzuchtanlagen ein, weil sie die Tiere, die dort auf grausame Weise gehalten werden, als Opfer empfinden. Sie wollen diese Tiere verständlicherweise befreien und retten. Hierdurch werden sie aber selbst zum Täter, brechen Gesetze, beschädigen und stehlen Eigentum eines anderen. Der Besitzer fühlt sich im Recht und sieht sich selbst als Opfer. Er ruft den Staat, der ihn retten soll. Auch dieser Blickwinkel ist verständlich.

Auch Retter können selbst von denen, die sie retten wollen, als Täter empfunden werden. Bei der Vogelgrippe im Jahre 2006 griff der Staat zu drastischen Maßnahmen, um Landwirte und andere Menschen zu beschützen. Es sollte die Ausbreitung der Vogelgrippe vermieden werden und die Krankheit sollte nicht auf andere Tierbe-

stände oder den Menschen überspringen. Damit durch die Vogelgrippe keine Opfer entstehen, wurde die Einstallpflicht aller Vögel angeordnet, die im Besitz von Menschen waren. Ebenso wurde die massenhafte Tötung von Geflügel in Sperrzonen durchgeführt, die man als vorsorgliche Keulung bezeichnete. In dieser Zeit sah man täglich Berichte mit weinenden Landwirten und Hobby-Geflügelhaltern, deren Tiere getötet wurden. Die Beamten in den Schutzanzügen, die Tausende von Hühnern, Enten und Gänsen in hochmodernen Lastwagen vergast hatten, wurden in weiten Teilen der Bevölkerung nicht als Retter empfunden, sondern als Täter gesehen.

Als die ersten Diskussionen darum gingen, auch Hauskatzen vorsorglich zu töten, die infizierte Wildvögel gefressen haben könnten, wurde die Stimmung angespannter.

Die, die man beschützen wollte, drohten nun damit, selbst zu „Tätern" zu werden und Widerstand zu leisten. In dieser Zeit hörten auf einmal die „Rettungsmaßnahmen" auf und der Staat zog sich zurück, bevor er noch mehr zum Täter erklärt werden würde. So manche Beamte werden diese massenhaften Tötungen wohl nicht aus voller Überzeugung mitbegangen haben. Sie werden sich wahrscheinlich selbst als Opfer der Umstände sehen, da sie ja ihre Familien ernähren und dadurch ihren Dienst leisten mussten. Eine Vielzahl von Taten wird mit den Umständen gerechtfertigt.

Und so dreht sich das Rad von Schuld und Unschuld, von Täter, Opfer, Retter immer weiter. Irgendwann werden auch die aktiven Nichtwisser in dieses Rad hineingezogen. Irgendwann werden sie gefragt: „Hast du wirklich nichts gewusst? Und warum hast du von alldem nichts gewusst?"

Dann passiert hier das Gleiche wie im Steuerrecht: Unwissenheit schützt nicht vor Schuld und Strafe. So werden dann auch die aktiven Nichtwisser moralisch verurteilt, fühlen sich wahrscheinlich zu Unrecht so betrachtet und sehen sich selbst wiederum als Opfer. Vielleicht kommt nun ein neuer Retter daher, um ihnen zur Seite zu springen und zu sagen: „Nein, sie haben wirklich nichts gewusst." Und das Rad wird schneller. Gibt es denn kein Anhalten, keine Lösung?

Wird es diese Positionen immer geben müssen?

Solange wir unsere Zugehörigkeit dadurch zeigen, dass wir auch in eine dieser Positionen gehen, um uns von dort an einer Auseinandersetzung zu beteiligen, so lange wird sich das Rad der Positionen weiterdrehen. Alle dauerhaften Konflikte, egal ob zwischen zwei Menschen oder zwischen verschiedenen Völkern oder Staaten, zeichnen sich dadurch aus, dass jeder sich dabei als ein Opfer eines anderen sieht. Jeder erlebt genau den anderen als Täter, gegen den vorgegangen werden muss. Gibt es zudem noch Mitwisser und Retter, also Menschen, die sich mit den Tätern bzw. den Opfern identifizieren, dreht sich das Rad der Positionen umso schneller. Auch in der Herkunftsfamilie erleben die meisten Menschen dieses Rad. So sehen viele Kinder oftmals den einen Elternteil als Opfer des anderen Elternteils an. Nun beziehen sie meist Position, mischen sich ein, wollen retten und verstärken dabei durch die Handlungen die Positionen oder deren Wechsel.

Erst, wenn wir eine Form finden, unsere Liebe und Zugehörigkeit zu erhalten und auszudrücken, während wir gleichzeitig aus dem Rad aussteigen, kann sich wirklich etwas ändern. Was damit gemeint ist, soll im Kapitel „Die Mitte des Pentagramms" beschrieben werden. Zuvor möchten wir aber die Kräfte in den Blick nehmen, die uns in den jeweiligen Positionen festhalten.

Was hält mich fest?

In der Täter-Position

Täter zu sein beinhaltet Schuld zu haben. Dem Verlassen der Täter-Position müsste also eine Schuldeinsicht vorausgehen. Die Einsicht, dass mein Handeln unrecht war und ich einem anderen damit geschadet habe. Aber meist rechtfertige und verteidige ich mein Handeln und beteure damit meine Unschuld. Hierdurch grabe ich mich immer tiefer in diese Position ein. Ein Verlassen der Position käme einem Schuldeingeständnis gleich. Daher benutze ich, wenn ich einem anderen Leid zufüge, verschiedene Strategien, mit Schuldvorwürfen umzugehen.

Eine Strategie ist, die Schuld dem Opfer selbst zuzuschreiben. So waren in der Ideologie des Dritten Reiches die Juden selbst schuld daran, dass man sie vernichten musste, da sie angeblich dem deutschen Volk geschadet hatten. Einzeltäter behaupten oft, dass ihr Opfer die Tat provoziert habe. Eine weitere Strategie ist die, andere abzuwerten. Da Tiere angeblich keine Seele haben und Schmerzen ihnen gar nicht richtig bewusst werden, kann man diese in Ruhe qualvoll halten, ausnutzen und schlachten. Dadurch empfindet man keine Schuld mehr. Zynismus und den anderen ins Lächerliche zu ziehen, gehört zudem auch zu den Formen des Abwertens.

Daneben sind Rechtfertigungen eine verbreitete Form, mit Schuldvorwürfen umzugehen. So werden die schlimmsten Haltungs-, Fütterungs- und Transportformen der Tiere damit gerechtfertigt, dass die erhöhten Kosten nicht tragbar seien und Arbeitsplätze gesichert werden müssten. Hierdurch wird auch wieder jemand anderem, beispielsweise der Konkurrenz, wie auch dem Verbraucher die eigentliche Schuld am Leid der Tiere gegeben. Der Verbraucher würde ja keine teureren Produkte kaufen und stattdessen dann Ware von der Konkurrenz aus dem Ausland beziehen.

Auch im Jagdwesen werden ethische Gründe wie Naturschutz und Waldpflege bemüht, um das Abschießen von Tieren zu rechtfertigen. Hierbei wird in einzelnen Bereichen auch vertuscht, dass Tiere importiert und ausgesetzt werden, um sie anschließend abzuschießen. Es wird verschleiert, dass die Freude am Töten das eigentliche Motiv zur Jagd ist. Um dies zu verbergen, wird auch der Habitus vom edlen Waidmann in Wort, Bild und Gesang erschaffen. Das Wort edel allerdings bedeutet im allgemeinen Sprachgebrauch: uneigennützig und großherzig. Ein Edelmann dient dem Leben und dem Lebendigen. Genau das aber tun Jäger nicht.

Der meistangewendete Mechanismus aber, um Schuldvorwürfen vorzubeugen, ist die Verheimlichung. Sie dient dazu, dass sowohl die Opfer wie auch die Offensichtlichkeit der Schuld ungesehen bleiben. Wo kein Opfer zu sehen ist, da ist auch kein Ankläger.

Versuchen Sie doch mal, die Inhaltsstoffe Ihrer Lebensmittel zu erfahren. Warum berichten Lebensmittelhersteller nicht mit Stolz über die Inhaltsstoffe und das Herstellungsverfahren? Das würden sie doch wohl, wenn sie sich tadellos verhalten und schuldfrei fühlen würden. Ebenso ist es eine Odyssee herauszubekommen, was wirklich in dem Futter für unsere Tiere enthalten ist. Wer dies wissen will, dem empfehlen wir starke Nerven und das Buch von Hans-Ulrich Grimm: *Katzen würden Mäuse kaufen.*

In der Opfer-Position
Da Täter meist dauerhaft und mit hohem Geschick die Schuld ihrer Taten den Opfern zusprechen, geraten viele Opfer wirklich in die Verwirrung. So fragen sich beispielsweise oftmals erwachsene Menschen, die als Kinder missbraucht wurden, ob sie nicht doch auch eine Mitschuld an dem tragen, was ihnen angetan worden ist. Zudem gehört es oftmals zu der psychischen Energie der Opfer, nicht sichtbar werden zu wollen. Daher werden Anzeigen und Aussagen vor Gericht vermieden. Dies kommt dem Täter entgegen. Denn erst das Sichtbarwerden des Opfers, mit seinen Wunden, Narben und Schäden, macht die Taten, die Schuld und den Täter sichtbar. Sichtbar zu werden ist für viele Opfer die einzige Möglichkeit, aus ihrer Position herauszukommen. Daher ist die Arbeit der Tierschützer und der Tierrechtler von enormer Bedeutung. Tierrechtler sind oft die Einzigen, die Nutztiere als Opfer sichtbar machen. Obwohl früher oft als Spinner abgetan, haben sie ein Umdenken im Großen angeregt. Ohne sie wären unsere Wälder noch kränker, unsere Nahrung noch giftiger. Es würden dann noch immer, wie in vielen anderen Ländern, Viehtransporte auf deutschen Autobahnen vor Ihnen herfahren, bei denen das Blut von der Ladefläche tropft.

Es gäbe wesentlich weniger Tierarten und dafür deutlich mehr erkrankte Menschen. Denn Umwelt-, Tier- und Menschheitszerstörung geht nun mal Hand in Hand. Den Tierrechtlern sowie den Tier- und Umweltschützern sei an dieser Stelle unser Dank ausgesprochen!

In der Mitwisser-Position
Die Mitwisser-Position ähnelt der Täter-Position. Da man hier aber nicht selbst Hand anlegt, kann man sich vermeintlich auch schuldloser fühlen. Vor allem dann, wenn niemand anderer außer dem Täter weiß, dass man ein Mitwisser ist. Hierdurch entsteht eine intensive Verbindung zum Täter, die verschiedene Aspekte umfasst. So kann man einerseits die Vorteile der Taten annehmen, muss aber andererseits dem Täter eine Art Treue halten, da man es sonst mit ihm zu tun bekommt. Ebenso werden Täter scheinbar dadurch entlastet, dass andere die Schuld durch Mitwissen auch mittragen. Als Täter kann man den Mitwissern sagen: „Ich habe das ja auch für euch getan. Ihr habt doch auch die Vorteile angenommen. Ihr habt mein Handeln doch gebilligt, also könnt ihr mich jetzt nicht verurteilen."

In der Retter-Position
Der Retter fühlt sich durch sein Handeln moralisch in der besten Position. Er wird

sozusagen zum Edelmann, zum Heiligen und zum Wertvollsten in der Runde. Aus diesem Grund halten Retter meist massiv an ihrer Position fest und verteidigen diese. Hierzu muss dann aber das Opfer auch Opfer bleiben und der Täter auch Täter. Eine Veränderung bedroht gleichzeitig die Retter-Position. Menschen, die sich in der Retter-Position gefestigt haben, neigen dazu, in jedem anderen entweder ein Opfer oder einen Täter zu sehen.

Gerade dann, wenn vermeintliche Opfer sich nicht klar äußern können, entstehen nicht selten schlimme Folgen. So sind beispielsweise einige Gerichtsprozesse bekannt, in denen Menschen zu Unrecht wegen Kindesmissbrauch angezeigt wurden. Der wohl bekannteste Fall geschah Anfang 1990 in Coesfeld. Ein Erzieher wurde hier zu Unrecht des 55-fachen Kindesmissbrauchs beschuldigt. Dieser Vorwurf entstand unter der Mitwirkung der Beratungsstelle Zartbitter Coesfeld. Die Mitarbeiter der Beratungsstelle, die sexuell missbrauchten Kindern und Jugendlichen helfen soll, befragten damals die Kinder in einer unbewusst suggestiven und manipulierenden Form. Dadurch ergab sich für die Mitarbeiter der Eindruck des Missbrauchs. Die Haltung des Vereins sah in den Kindern die Opfer und in dem Erzieher den Täter. Das Festhalten an dieser Haltung verhinderte einen sachlichen Blick auf die Ereignisse. Hierdurch wurde eine Aufklärung lange verhindert. Erst durch einen Gutachterstreit, also durch die Hinzuziehung anderer Fachleute, konnten die Ereignisse aus einem anderen Licht gesehen werden. Nun wurde

deutlich, dass die Art der Befragung auf die Kinder einen Druck ausgeübt hatte, unter dem sie schließlich die Antworten gaben, die von den Mitarbeitern der Beratungsstelle erwartet wurden.

Dies ist ein weiteres Beispiel dafür, wie schnell die Positionen wechseln und Retter zu Tätern werden können. So wurden die Kinder, in denen man grundlos Opfer sah und die gerettet werden sollten, dann wirklich auch zu Opfern. Wenn durch Anklagen vorübergehend Kinder den Familien entzogen werden, haben diese Vorgänge auch gravierende Folgen für zuvor Unbeteiligte.

In der aktiven Nichtwisser-Position
Neben dem Schuldgefühl, das entsteht, wenn man vom aktiven Nichtwisser zum Wissenden wird, entsteht aber oftmals noch etwas anderes: Angst. Die Angst vor dem Täter. Je mehr man weiß, desto klarer wird einem auch, zu was der Täter in der Lage ist und was der Verlust der Seele bei diesem möglich macht. Den aktiven Nichtwisser hält jedoch in der Position vor allem das Bedürfnis fest, nicht zwischen die Fronten von Tätern und Rettern zu geraten oder auch einem Opfer in die Augen schauen zu müssen. Aber in dieser Position nimmt man auf Dauer auch Schuld auf sich. Man befindet sich nur am Rande eines Strudels, in den man irgendwann hineingezogen wird.

wussten Sie ...

... dass sich Menschen in armen Ländern das Getreide nicht mehr leisten können, das bei ihnen angebaut wird? Dieses Getreide wird nämlich von den Industriestaaten mit viel Geld aufgekauft, um als Futtergetreide verfüttert zu werden. So entsteht ein Steak von 225 Gramm aus so viel Futter, mit dem man rund 40 Menschen einen Tag lang vor dem Hungertod bewahren könnte. Heutzutage sterben daher nicht nur Tiere aufgrund des Verzehrs von Fleisch, sondern auch Menschen.

Wenn *Tiere* es ausbaden müssen

Häufig habe ich erlebt, dass Tiere, die in einer gemeinsamen Beziehung angeschafft wurden, nach einer Trennung zu Schaden kamen. Der zurückgebliebene Partner tobte sich an den Tieren aus, ohne in seiner Raserei zu bemerken, dass er sich an tierischen Familienmitgliedern verging, die nichts für das Scheitern dieser Beziehung konnten.

Meisten waren sich die Betroffenen darüber anfangs selbst nicht im Klaren. Sie rächten sich stellvertretend am Tier und hofften, den Partner damit emotional zu treffen. Unreflektierte Gefühlsausbrüche und Verwechslungen dieser Art werden in der Regel dann an Schutzbefohlenen ausgelebt.

Dies geschieht verdeckt auch in der Hoffnung, den Schmerz mit diesen Tieren teilen zu können oder um den eigenen unerträglichen Schmerz mit einem größeren zu überdecken. Diese aggressiven Handlungen haben ein Ziel und eine bestimmte Absicht. Sie wenden sich an denjenigen, der einen selbst so verletzt hat, sodass man diesem im Nachhinein dann beim nächsten Zusammentreffen entgegenschleudern kann: „Siehst du, wozu du mich getrieben hast?"

Wenn *Helfer* verstrickt sind ...

Leider habe ich selbst immer wieder miterleben müssen, dass Kollegen unserer Berufsgruppen mit der seelischen Not der Menschen nichts anfangen konnten, insbesondere wenn es darum ging, dass Tiere durch Menschenhand zu Schaden kamen. Eine gewisse Empathie war den beruflichen Helfern, seien es Ärzte, Heilpraktiker oder Psychotherapeuten, vielleicht dann noch möglich, wenn diese selber mal eine intensive Beziehung zu einem Haustier hatten. Aber sie konnten ihr Verständnis nicht auf den Tierschutz- oder Tierrechtsgedanken übertragen.

Sie erkannten hier keine weiterführenden Zusammenhänge und hielten das Engagement von Tierschützern und Tierrechtlern sowie das erlebte Leid von diesen für eine Art Marotte, die normalerweise Jugendliche haben und die auf jeden Fall schnell vergehen sollte.

Dass bei dieser Haltung Schätze an seelischer Heilung für den Klienten verloren gehen, wird nicht erkannt. Denn wenn der Helfer selbst aus eigener Traumatisierung und Entfremdung der Schöpfung gegenüber handelt und wahrnimmt, kann er nicht bei seinen Patienten und Klienten erkennen, was er bei sich selbst nicht wahrnehmen kann. Dann kann man schon froh sein, wenn im Gegensatz zur Hilfe bei dem Klienten kein größerer Schaden

angerichtet wird. Denn in der Regel ist dann das Ziel des Helfers, den Klienten wieder auf die „Spur zu bringen". Das bedeutet aber, ihn von einem gesunden Unrechtsbewusstsein und einem gesunden Mitgefühl zu „befreien".

In diesen Momenten handelt der Therapeut wie ein Elternteil, das mehr oder weniger geduldig darauf wartet, dass die Tochter oder der Sohn die Phase des Vegetarierseins nun endlich überwindet und sich wieder in die normale Gesellschaft eingliedert.

Das ist mehr als bedauerlich, denn unsere Gesellschaft braucht gerade diese Menschen, die noch Mitgefühl und Unrechtsbewusstsein haben. Es bleibt zu hoffen, dass sich mehr Therapeuten mit diesem seelischen und gesellschaftlichen Bereich auseinandersetzten und ihre eigene zweckentfremdete Seele wiederfinden und diese „sehnsüchtige Unterdrückte" willkommen heißen.

In der ganzen Welt retten

„Warum denn auch noch Tiere aus dem Ausland, können die sich denn nicht um was Vernünftiges kümmern? Muss denn das jetzt auch noch sein? Unsere Tierheime sind doch zum Bersten voll und was ist denn mit den Kindern auf der Straße bei uns, die zur Tafel zum Mittagessen gehen? Darum könnten die sich doch mal kümmern!" Ihm selbst, dieser, der so empfindet, dem würde schon noch so einiges einfallen und er überlegt in der Regel dabei, mit einem Seitenblick auf seinen Hund, ob dieser noch eine Stunde aushalten würde, bevor er selbst die Zeitung vom Schoß auf den Tisch legt, um dann mit seinem Hund fünf Schritte bis zum nächsten Baum auf die andere Straßenseite zu gehen.

Oder so:
„Was wollen die deutschen Tierschützer denn hier? Die kommen doch nur, um unsere Hunde und Katzen zu vergasen oder ins Versuchslabor zu schleppen. Die Enkel von Hitler, Göring und Himmler bekommen von uns auf gar keinen Fall Tiere. Die werden hier ordentlich getötet. Was reden die uns eigentlich in unsere Angelegenheiten? Die sollen sich an ihre eigenen Nasen packen und uns hier in Ruhe lassen!"

Oder so:
„Da muss man doch was machen, aber was denn? Och nö."

Tierschützer, die sich den Auslandstierschutz auf die Fahne geschrieben haben, haben mit vielen Dingen zu tun. Vor allem mit Anfeindungen von beiden Seiten der Menschen in den jeweiligen Ländern. In Deutschland ist eine Diskussion auf diesem Gebiet äußerst schwierig, weil die Gemüter auf beiden Seiten hochkochen. Dabei geht es in der Regel nicht um den Auslandstierschutz an sich, sondern um Rassismus. Die Idee allein, dass ein anderer denken könnte, dass man ein Rassist sei, will dann keiner auf sich sitzen lassen. Schneller als man überhaupt versteht, was da mit einem passiert, befindet man sich in einer Diskussion, um die es doch scheinbar gar nicht geht, oder ist da doch was dran? Aber worum geht es denn bei diesem Thema überhaupt? Was ist denn rassistisches Denken? Wo fängt das denn an, und wie soll man denn damit umgehen, damit es nicht den Anschein erweckt, blinde Parolen durch die Gegend zu schreien, die man vielleicht mal irgendwo von irgendjemand aufgeschnappt hat?

Zurück aber zu denen, die sich alldem stellen und die unter diesem Druck versuchen, eine gute professionelle Arbeit zu leisten. Fakt ist, dass sie den deutschen Tieren die Vermittlungschancen erschweren. Fakt ist auch, dass Gelder gesammelt werden, die nicht in Deutschland bleiben. Ist das aber schlecht? Würde das Geld denn sonst überhaupt gesammelt werden?

Und warum überhaupt Auslandstierschutz? Wieso fühlen sich manche Menschen dazu berufen, genau diesen zu machen? Warum wollen sie keinen anderen machen? Warum verlassen sie ihre Heimat und eröffnen in fremden Ländern Tierheime und setzten sich all diesen fremden Sitten aus? Warum kastrieren sie alles, was auf vier Beinen durch die Gegend läuft, egal, ob die Tiere dann trächtig sind oder nicht?

Bei manchen Auslandstierschützern geht es mehr um die Handlung des Rettens als um die Tiere selbst. Oft genug kommen durch die engen Transporte und die ungenügende Sachkenntnis Tiere zu Tode. Gerade diese hilflosen Helfer, die keinen finanziellen Hintergrund haben und in der Regel auch über keine eigenen Tierheime oder Pflegeplätze verfügen, bestätigen immer wieder die Argumente der Gegner des Auslandstierschutzes. Aber auch die Menschen in den fremden Ländern begrüßen den Auslandstierschutz in ihrem Land nicht ausschließlich, da sie in einem Licht dargestellt werden, das nicht immer der ganzen Realität entspricht.

Beispielsweise stimmt nicht jeder Spanier den Zuständen in seinem Land zu, sondern ist beschämt und bemüht, die Zustände selbst zu verändern. Macht man aus fremden Ländern „Täterländer", muss man sich nicht wundern, dass manche Länder einen Riegel vorschieben und den Auslandstierschutz als persönlichen Angriff empfinden. Seit der Auslandstierschutz in den osteuropäischen Ländern seine Arbeit betreibt, weht den Auslandstierschützern noch mal ein anderer Wind entgegen, der das ganze Ausmaß dieser Arbeit deutlich macht. Dort treffen die Tierschützer auf

das „ganze Leid dieser Welt". Sie begegnen „solchen und solchen". Denen, die tatsächlich ihr letztes Brot mit ihren Tieren teilen, wie auch denen, die die Unmenschlichkeit des Staates in aller Härte repräsentieren. Sie begegnen Menschen, die in ihrem eigenen Land unterdrückt werden und nicht so handeln können, wie ihr Herz es ihnen sagt. Die Tierschützer, die eigentlich für die Tiere gekommen sind, kommen jetzt auf einmal mit einer lebensbedrohlichen Politik dieser Länder in Kontakt. Nicht wenige von ihnen werden so zu mitfühlenden Menschenrechtlern, die in der Tiefe verstehen, dass nur die

Veränderung im Ganzen

zu einer Lösung führt. Somit machen sie Weltpolitik und tragen zum Frieden bei. Gleichzeitig betreiben sie Vergangenheitsbewältigung und sorgen für ausreichend Zündstoff unter den Deutschen.

Da kommt es schon manchmal vor, dass vergessen wird, wen man da vor sich hat. Mancher Deutscher, der bislang gemütlich auf dem Sofa gesessen hat, möchte dann unbedingt unterstützend eingreifen und holt sich ein Tier aus den Ostblockländern auf den nahe gelegenen Märkten und übersieht dabei, dass genau diese Tiere nur zu diesem Zweck gezüchtet wurden, um den dummen, immer noch schuldbewussten Deutschen das Geld aus der Tasche zu ziehen. Das Einzige, was dadurch passiert, ist, dass sich so nichts ändern kann, da die

kranken Muttertiere nach einer gewissen
Zeit von den Züchtern ausgesetzt werden.
Wenn sie dann ganz viel Glück haben, landen sie in einem Tierheim, in dem sie nicht
nach 14 Tagen getötet werden.

Der Auslandstierschutz setzt auf allen
Ebenen, der Gegenwart, der Vergangenheit
und der Zukunft, hohes diplomatisch-
politisches Denken voraus.

Viel Glück dabei!

Die Mitte des Pentagramms

Man könnte eine Vielzahl weiterer Beispiele schreiben, mit denen die Positionen wie die des Täters, des Opfers und des Retters usw. verdeutlicht werden. Letztendlich kann man feststellen, dass man sich fast in jedem Lebensbereich mal mehr oder mal weniger dramatisch in einer dieser Positionen sieht.

Frauen fühlen sich von ihren Männern gegängelt, Männer von ihren Frauen ausgenutzt, Angestellte von ihren Chefs ausgebeutet und Chefs von ihren Angestellten sabotiert. Nachbarn fühlen sich durch andere benachteiligt, Verkäufer von den Kunden genervt. Aus diesen Eindrücken heraus wird dann dementsprechend gehandelt. Aus der eigenen Sicht wehrt man sich gegen Unfreundlichkeit und Ungerechtigkeit, man hofft auf eine Einsicht beim anderen und vielleicht auf eine Entschuldigung. Bleiben diese aus, beginnen oder verschärfen sich Konflikte.

Innerhalb der Positionen in dem Pentagramm sucht man immer nach einer Lösung, die gerecht sein soll. Bei eindeutigen Vorgängen ist dieser Lösungsansatz der Gerechtigkeit auch umsetzbar. Erschießt beispielsweise ein Mann einen anderen und wird dabei gesehen, wird es in der Regel kaum eine Diskussion darum geben, wer zu bestrafen ist. Denkt man aber beispielsweise an die DDR-Mauerschützen, wird es mit der Schuld und der klaren Sicht, wer hier Täter und wer Opfer ist, bereits schwieriger. Wenn also ein Staat den Grenzsoldaten befiehlt, all diejenigen zu erschießen, die verbotenerweise die Grenze überschreiten, dann schießt der Grenzsoldat rechtmäßig und handelt unrechtmäßig, wenn er nicht schießt. Dies ist unabhängig davon, ob man nun den Staat selbst als unrechtmäßig oder als ungerecht empfindet. Wenn dieser Staat dann später zusammenbricht und von einer anderen Staatsform abgelöst wird, in der es ein anderes Recht gibt, dann wird noch unklarer, welche Schuld der Grenzsoldat, welche Schuld ein Politiker und welche Schuld der Flüchtende an dem Ereignis und seinen Folgen hat. In dieser Situation wird es unmöglich, eine gerechte Lösung zu finden. Denn wird der Soldat für sein Schießen verurteilt, halten dies wahrscheinlich ebenso viele Menschen für gerecht, wie andere dies für ungerecht halten. Hierdurch käme es nicht zu einer wirklichen Auflösung der Positionen im Pentagramm, sondern vielmehr zu einem Wechsel der Positionen.

Deswegen wenden wir uns nun einem Lösungsweg zu, mit dem eine Veränderung des Ganzen erreicht werden kann. Diese Lösung entsteht über eine neue Position, nämlich die der Mitte.

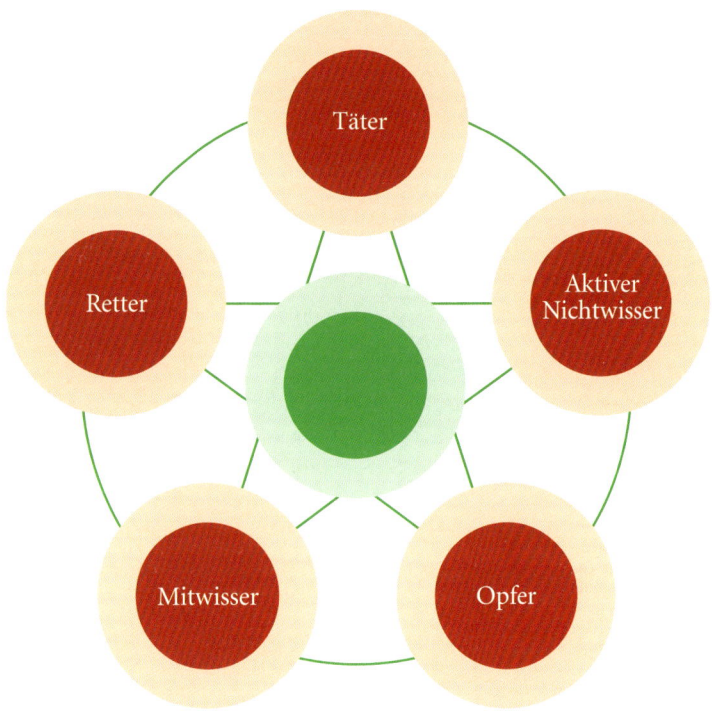

*Was ist
die Mitte?*

Wie so oft im Leben liegt die Lösung in der Mitte. Die Mitte ermöglicht es, aus dem Wechselmechanismus aus- und in eine übergeordnete Lösung einzutreten. Wie die anderen Positionen auch ist die Mitte eine Haltung, mit der man auf die anderen Positionen schaut und aus der man heraus handelt. Im Gegensatz zu den anderen Positionen aber sehe ich in der Mitte die Zusammenhänge in einer Vollständigkeit, da ich hier zu allen anderen Positionen die gleiche Nähe habe. Jede Außenposition bringt eine einseitige Betrachtung von Ereignissen oder Personen mit sich, aus der schnell der Eindruck von Gut und

Böse entsteht. Die einseitige und damit eingeschränkte Betrachtung verstärkt wiederum die Positionen.

So ist ja auch eine wesentliche Technik, um Menschen gut bzw. schlecht aussehen zu lassen, die einseitige Darstellung von Aspekten. Demagogen sind daher Spezialisten darin, gezielt unvollständige Bilder zu zeigen. Auch die Werbung in Zeitung oder Fernsehen bedient sich dieser Technik. Auch hier findet man demagogische Aspekte, da Werbung auch zu einer Handlung, nämlich dem Kauf von einem Produkt, motivieren soll. Beispielsweise bedient sich die Fleischindustrie der bewussten Ausgrenzung von Aspekten der Wirklichkeit, damit ein Bild von einem sauberen, gesunden und mit Liebe produzierten Fleisch entstehen soll. Würde sie die vollständige Wirklichkeit zeigen, würde vielen der Appetit auf Fleisch dauerhaft vergehen.

Nur eine Haltung und Position, die mir eine Vollständigkeit im Erleben ermöglicht, führt dazu, dass ich mich nicht manipulieren lasse. Dann kann ich wirklich aus mir selbst heraus urteilen, handeln und entscheiden. Eine vollständige Betrachtung verliert die demagogische und manipulierende Kraft. Sie ist auch eine erwachsene Betrachtung, die einem Kind meist nicht möglich ist.

Bedingte Liebe

So manche Mutter sagt zu ihrem Kind: „Wenn du mich haust, habe ich dich gar nicht mehr lieb. Wenn du aber jetzt deiner Mama hilfst, dann liebe ich dich umso mehr." Einen ungeliebten Zustand halten Kinder nicht lange aus. Daher fragen sie spätestens abends, wenn die Mutter das Kind ins Bett bringt: „Hast du mich denn jetzt wieder lieb?" Und wenn die Mutter dann mit Ja antwortet, ist für das Kind wieder alles in Ordnung. In diesem Ja findet es die Ruhe, die es braucht, um jetzt einschlafen zu können. Durch ein Nein verliert das Kind seinen inneren Halt. Neben dem Halt, den das Ja der Mutter dem Kind gibt, findet es aber auch die Bestätigung darin, dass es jetzt wieder ein gutes Kind ist. Später versucht dann das Kind selbst mittels der Entziehung seiner Liebe die Eltern zu beeinflussen: „Wenn ich nicht aufbleiben darf, hab ich dich gar nicht mehr lieb." Manche Eltern verspüren bei einer solchen Aussage einen kleinen, aber deutlichen Schmerz. So werden Liebe und gutes Verhalten miteinander gekoppelt, obwohl beides im eigentlichen Sinne nichts miteinander zu tun hat.

Und auch ein Zweites wird gelernt: Wenn gut zu sein bedeutet geliebt zu werden, dann bedeutet auch schlecht zu sein, nicht mehr geliebt zu werden. So empfindet man Liebe und Verhalten wie eine Tauschware zur Erziehung, wobei die Erstere so unbedingt benötigt wird. Denn auf die Liebe ist man angewiesen. Nicht geliebt zu werden ist wie ausgestoßen zu sein.

Die Mutter, die einen nicht mehr liebt, hat man verloren, sie ist nicht mehr für einen da. So verbindet sich mit der Liebe und dem Liebesentzug die Verlustangst. Diese kennen selbst viele Erwachsene, die noch immer in sich spüren, dass der Entzug der Liebe eines anderen sie ins Bodenlose fallen lässt. Sie spüren die Verlustangst, gleich wie ein Kind diese spüren würde, und tun nun alles gleich einem Kind, um die Liebe des anderen wiederzuerlangen.

Wenn die Liebe zur Erziehung des anderen gegeben und entzogen wird, dann erhält nur der Gute die Liebe, und der Böse verliert sie. Nun wird die Liebe also dem gegeben, der sie am wenigsten braucht, und dem entzogen, der auf sie am meisten angewiesen ist. Denn derjenige, der sich gut, gesund, stark und in einem Miteinander verhält, braucht am wenigsten von der Liebe. Und derjenige, der strauchelt, bockig und verzweifelt ist, der aus der Reihe tanzt und sich absondert, der braucht die Liebe am meisten, um wieder Halt zu finden und einen Weg zurück zum Miteinander.

So wird die Liebe auf eine bedingte Liebe reduziert. Diese Empfindung ist im wirklichen Sinne gar keine Liebe, denn Liebe bedeutet nichts anderes, als jemanden genau so anzunehmen und zu bejahen, wie er ist, ohne ihn verändern zu wollen.

Kindliche, blinde Liebe

Die Liebe, die nicht an Bedingungen geknüpft ist, durchströmt die Kinder in einem unermesslichen Maße. Sie lieben die Eltern und nehmen sie an, wie sie sind. Sie kommen gar nicht von alleine auf die Idee, die Liebe zu reduzieren, sie mal zu geben und dann wieder zu entziehen. Sie lieben bedingungslos, aber dabei auch blind. Zu einer anderen Liebe ist das Kind gar nicht fähig, denn es sieht und erlebt allein die Eltern. Hierbei geht die Liebe zu ihnen mit einer blinden Vergötterung einher. Kinder sind in ihrer Liebe unfähig zu verstehen, dass derjenige, den sie lieben, auch „böse" sein kann oder etwas Falsches machen kann. Dies wird ihnen erst mit zunehmendem Alter nach und nach möglich. Zuvor ist für ein Kind alles, was die Eltern machen, ausnahmslos richtig und gut, selbst dann, wenn es für das Kind leidvoll ist. Die spätere Erkenntnis, dass Eltern auch „böse" oder unvollkommen sein können, erzeugt in ihnen einen Konflikt. Es stürzt die Eltern von der göttlichen Position, wodurch ein Kind seinen Glauben an die Eltern und damit auch den eigenen Halt verliert.

Die bedingte Liebe und die blinde Liebe stehen mit der als Kind empfundenen bedingungslosen Liebe in Widerspruch. Bei der bedingten Liebe dürfen sie die „Bösen" nicht mehr lieben und müssen ihre Liebe zurücknehmen. Bei der blinden

Liebe können sie nicht die ganze Wirklichkeit sehen und müssen das Unvollkommene und Böse im Dunkeln lassen, um dem Gefühl der Vergötterung weiterhin nachgehen zu können. In diesen Widersprüchen muss jeder Mensch seinen Weg finden.

Was bleibt dann beispielsweise für das Kind übrig, wenn der Vater die Mutter schlägt? Zuerst stürzt der Vater für das Kind vom göttlichen Sockel. Dann muss das Kind dem Vater seine Liebe entziehen, weil dieser böse und ein Täter ist, und dafür die Liebe gleich doppelt der Mutter geben, da sie gut und ein Opfer ist. So entstehen in der kindlichen Psyche Abbilder vom Vater und der Mutter, die es dem Kind ermöglichen, mit seiner Liebe umzugehen.

Das Bild vom Vater, den es nicht mehr lieben darf:

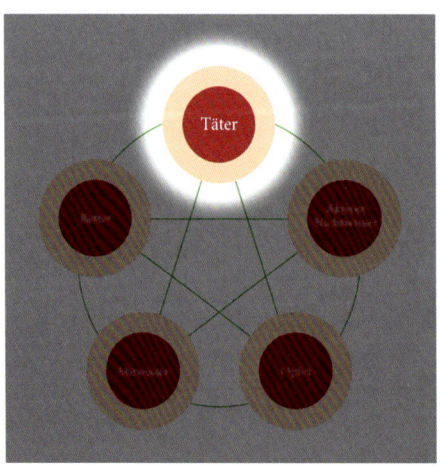

Das Bild der Mutter, die es doppelt lieben muss:

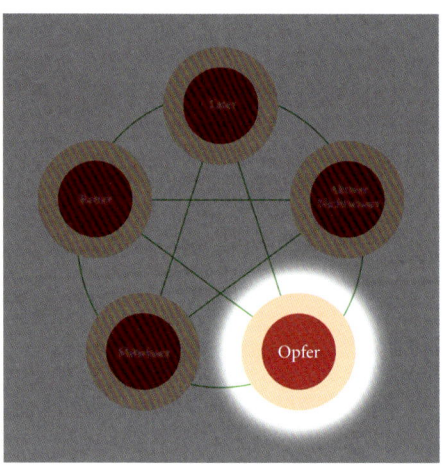

In anderen Beziehungen besteht für das Kind auch die Möglichkeit, all das auszublenden, was unvollkommen und böse ist. So ist es möglich, beispielsweise bei den Großeltern, bei Onkeln und Tanten all das im Dunkeln zu lassen und zu übersehen, was aus ihnen einen Täter macht und damit der Liebe im Weg stehen würde. Hier stellt man dann keine Fragen, will nichts erfahren, was die Liebe stören könnte, um an einem guten Bild festhalten zu können. In solchen Fällen mischt sich dann das Nicht-wahrnehmen-Können mit dem Nicht-wahrhaben-Wollen. Die geliebten Menschen werden in einem einseitigen Licht gesehen, wobei auch gleichzeitig alle anderen, die durch sie Leid erfahren, ungesehen bleiben müssen. Denn würde man ein Opfer des Onkels oder des Großvaters sehen, ließe sich gleichzeitig die Täterschaft nicht weiter übersehen. Stattdessen nimmt das Kind lieber ein einseitiges Bild der Großeltern in sich auf, bei dem die Strenge des Großvaters oder die Gefühlskälte der Großmutter einfach übersehen und unerklärt bleiben. Ihr Verhalten oder ihre Eigenschaften werden nicht im Zusammenhang mit Täterschaft gesehen, sondern erscheinen dem Enkel aus dem Blickwinkel, dass sie nur liebe Menschen sind, die es schwer hatten und daher selbst Opfer der Lebensumstände sind. Meist aber verbleibt dennoch ein unbestimmtes Unbehagen, als würde zumindest in irgendeinem Winkel der Seele verspürt, dass dies nicht die vollständige Wahrheit ist. Durch das Verklären bleibt der eigentliche innere Konflikt ungelöst. Denn die Großeltern oder den Vater klar wahrzunehmen und dadurch auch das Böse und Unvollkommene zu sehen und sie dennoch gleichzeitig bedingungslos zu lieben, ist für das Kind unmöglich. Es würde sich schuldig fühlen, sie klar zu sehen und dabei noch zu lieben.

Obwohl doch beispielsweise gerade der schlagende Vater mehr der Liebe bedürftig ist als die Mutter, oder? Wenn er auch nicht der Liebe des Kindes bedürftig ist, so doch der Liebe von irgendwem. Womit hatten seine Eltern zu tun, dass er so wurde?

So verliert das Kind den Vater, wenn es ihn wahrnimmt. Wenn es aber auch zu ihm hält und ihn liebt, so denkt es, dann verliert es die Mutter, weil diese dann dem Kind ihre Liebe entzogen wird. So verliert es auch die Großeltern, wenn es deren Opfer sehen würde, und kann sie aber weiterhin lieben, wenn all diejenigen übersehen bleiben, denen die Großeltern geschadet haben. Doch wenn deren Opfer unübersehbar sind, bleibt dem Kind vielleicht noch die Möglichkeit, die Schuld an allem den Opfern zu geben oder zumindest zu beteuern, dass die Großeltern ja auch nur Opfer der Umstände waren. Dann sehnt man sich danach zurück, als man von alldem noch nichts wusste und die Dunkelheit des Blindseins es leichter machte.

Ein wie hier aufgezeigter Mechanismus der eigenen inneren Verklärung wird immer noch häufig in Bezug auf das Leben, die Mitwirkung und die Taten zur Zeit des Dritten Reiches und des Zweiten Weltkrieges angewendet. Übertrieben ausgedrückt bedeutet dies, dass es demnach im Dritten Reich nur Opfer, aber keine Täter gab, sieht man mal von der einzelnen Person Adolf Hitlers ab.

Sehende Liebe

„Warum bist du so lange bei ihm geblieben, obwohl er dich doch schlägt?" Das Kind, das eigene Kraft spürt und nicht mehr die Angst vor dem Verlust der Liebe der Mutter spürt, traut sich, ihr diese Frage zu stellen. Es traut sich, in der Mutter nicht mehr nur das Opfer zu sehen, sondern darüber hinaus zu erkennen, dass sie, wenn auch in unverständlicher Weise, etwas zu dem Leid, das ihr widerfahren ist, beiträgt.

„Wie war es für dich als Kind?" Das fragende Kind wird erkennen, dass der Vater in einer anderen Zeit selbst mal ein Opfer war. Nicht, um ihn zu entschuldigen, sondern um auch das Bild von ihm zu vervollständigen. Vielleicht wird es erkennen, dass es von seinem Vater mehr Wärme und Zärtlichkeit bekommen hat, als der Vater selbst als Kind von seinem Vater erhalten hat. Vielleicht wird es erkennen, dass das, was zwischen den Eltern geschah, eine Angelegenheit beider Eltern war und ist. Dass es sich in diesen Lebensbereich der Eltern nicht einmischen muss, im Gegenteil, dass es für die Eltern wichtig ist, sich hier in ihrer Weise zu entwickeln. Es wird erkennen, dass es beide Eltern, wie sie nun mal sind, wieder lieben darf. Bedingungslos. Und dass diese Bedingungslosigkeit auch nicht mit der Bedingung verknüpft ist, es gutzuheißen, was die Eltern machen, und dass das Kind ihnen nicht gleich sein muss. Es muss nicht selbst alles so machen wie die Eltern. Vielleicht wird das Kind erkennen, dass Liebe vor allem bedeutet, das andere, das Fremde, das Unverständliche zu bejahen,

ohne dieses ändern oder sich aneignen zu müssen. Dass auch das, was für einen auch auf Dauer unverstanden bleibt, da sein und mit Liebe gesehen werden darf. Vielleicht wird das Kind dann erkennen, dass diese Liebe, die keine Bedingungen stellt, frei macht. Frei für einen eigenen Weg. Und dann sagt das Kind zu seinen Eltern:

„Mutter, ich sehe dich.

Vater, ich sehe dich." Und es sagt zu beiden: „So wie ihr seid, seid ihr genau die Richtigen für mich. Ich liebe euch. Und meine Liebe zu euch ist frei. Ich muss nicht leben wie ihr, muss euch nicht be- und nicht verurteilen. Ich nehme euch, wie ihr seid, in mein Herz. Durch euch bin ich entstanden, um von nun an meinen eigenen Weg zu gehen, der den euren weiterführt."

Umfassende Liebe

Über die sehende Liebe kann man schließlich zu der umfassenden Liebe gelangen. Die umfassende Liebe versteht und bejaht, dass das Böse das Gute befruchtet und das Gute dadurch erblüht. Dadurch gehört das Böse genau wie das Gute zum Wachstum. So, wie das Helle nur durch das Dunkle erkennbar und verständlich wird, so wird auch das Gute durch das Böse erkennbar und verständlich. Dies gilt ebenso für die seelischen Prozesse. Erst durch die Erfahrung, wie schlimm es wird, wenn die Seele sich entfernt, kann man später erkennen, wie richtig es ist, die Seele in sich wirken und walten zu lassen. Wir müssen, um Gesundheit wirklich zu begreifen, auch erleben, was es bedeutet, krank zu sein.

Die umfassende Liebe bringt uns wieder mit dem höheren Sinn des Ganzen in Kontakt. Aus der umfassenden Liebe gesehen sind das Gute und das Böse ein Ganzes. Durch sie bin ich in der Mitte. Erst die umfassende Liebe ermöglicht eine vollständige Betrachtung des Lebens, von der bereits die Rede war. Durch die Vollständigkeit kann ich wirklich verstehen, dass die aufgezeigten Positionen von Tätern, Opfern usw. sich gegenseitig hervorrufen und beispielsweise auch über die Generationen ständig erneuert werden. Dann sehe ich, dass in Wirklichkeit alle in einem größeren Sinne zusammengehören und dadurch eine Einheit werden. Ich erkenne

dann auch, dass alle Ereignisse durch frühere Ereignisse ausgelöst wurden und dass die Positionen von Täter und Opfer usw. während dieser Entwicklung oftmals gewechselt haben. Bei dieser Kette von auslösenden Ereignissen lassen sich ursprüngliche Ursachen meist gar nicht mehr erkennen. Auch Kriege zwischen Staaten und Völkern haben immer eine Vorgeschichte, die sich letztendlich über Jahrhunderte entwickelt hat, in denen es Wechsel von Täter-, Opfer- und Retterpositionen gab. Ebenso gibt es auch hier Mitwisser und aktive Nichtwisser, die über kurz oder lang in das Geschehen miteinbezogen worden sind. Eine Beurteilung einzelner Beteiligter ist praktisch unmöglich. Versucht also eine Generation für ihren jeweiligen zeitlichen und räumlichen Ausschnitt Gerechtigkeit herzustellen, erzeugt sie damit meist ebenso viel neue Ungerechtigkeit wie Gerechtigkeit, die sie eigentlich herstellen möchte. Dies wird bei einer vollständigen Betrachtung verständlich.

Aber noch etwas wird deutlich: Das Gute zu bejahen braucht nicht die Kraft, die wir Liebe nennen. Es braucht nicht das Öffnen des Herzens. Das Vollkommene zu lieben ist leicht. Aber das Unvollkommene ist lebendig und daher unvollkommen und bedarf der Liebe. Denn Leben bedeutet Wachstum und Entwicklung. Das Vollkommene kann sich aber nicht mehr entwickeln, denn es ist bereits vollständig entwickelt. Das Vollkommene ist damit unmenschlich. Wenn alle gut und vollkommen wären, gäbe es keine Entwicklung mehr und die Kraft, die wir Liebe nennen, würde versiegen. Das

Unvollkommene ruft die Liebe hervor, die es ja auch benötigt. Aus der Sicht des Menschen bedeutet das Leben, nicht bereits im heiligen Licht zu sein, sondern

auf dem Weg dorthin.

Was bedeutet es, in der Mitte zu sein?

In der Mitte zu sein bedeutet, auf ein Urteil und ein Eingreifen zu verzichten und dem Gewesenen zuzustimmen, ohne es dabei gutzuheißen. Denn auch etwas gutzuheißen bedeutet, ein Urteil zu fällen. Jedes Urteil und Eingreifen führt wieder in eine Außenposition des Pentagramms zurück. In der Mitte zu sein bedeutet aber darüber hinaus zu verstehen, dass alles und jeder einen Sinn und damit eine Aufgabe in der Schöpfung hat. Dass jeder sich in seiner Unvollkommenheit entwickelt und damit die Entwicklung der Schöpfung vorantreibt. Dieses Vorantreiben hat ein Ziel, es führt zur Vollständigkeit und zur Vollkommenheit.

In der Mitte spüren wir die Kraft, die uns danach drängt, die einseitige Betrachtung zu überwinden und das Ganze zu sehen. Von dieser Kraft sind auch unsere Tiere erfüllt, denen es nicht möglich ist, einseitig auf die Welt zu schauen und Unliebsames auszublenden. Sie sind immer in Kontakt mit dem Ganzen. Sie nehmen jeden daher vollständig wahr. Sind wir wiederum in Kontakt mit unseren Tieren, kommen wir durch sie auch wieder zum Ganzen.

Verbundenheit mit dem Ganzen

Eine Frau erfüllt sich einen großen Wunsch und gibt einem Hund einen Platz in ihrem Zuhause. Nach drei Monaten zeigt dieser ein merkwürdiges Verhalten, denn er fiept und winselt. Anfangs nur kurzzeitig, später dann dauerhaft. Was mag wohl mit ihm los sein? Erst reagiert die Frau aus ihrer Sicht mit Verständnis, indem sie ihn streichelt, wenn er fiept. Sie möchte ihn beruhigen und trösten, doch auf der Verhaltens-ebene verstärkt sie nun unwissentlich das Fiepen, da der Hund durch das Streicheln Aufmerksamkeit erhält. Das Verhalten verfestigt sich und die Frau schimpft nun anstelle des Streichelns. Der Hund reagiert aber nur kurz auf die lauten Worte, um dann umso intensiver mit seinem Fiepen fortzufahren. Nun erlebt die Frau sich als Opfer des Hundes:

Die Frau wirft mit dem Schuh, brüllt herum und sperrt den Hund ins Bad. Sie weiß keine andere Lösung mehr. Ihre Ausbrüche tun ihr dann auch immer wieder leid, denn wenn sie mit dem Hund spazieren geht, erlebt sie die gemeinsame Zeit anders. Eines Tages liegt der Hund unter dem Tisch in der Küche, während die Frau das Essen zubereitet. Sie schaut ihn an. Sein Fiepen nimmt zu, ihre Nerven liegen blank. Vielleicht sollte sie ihn abge-ben, denkt sie. Denn genau betrachtet war die Anschaffung doch eine Enttäuschung. Sie hatte sich es so anders vorgestellt, hatte gedacht, dass dieser Hund mehr Freude und Leichtigkeit in ihr Leben brin-gen würde. Und nun dies. Sie geht immer unwilliger auf ihn ein, sperrt ihn häufiger ins Bad, um sich seiner fiependen Nähe zu entziehen. Manchmal empfindet sie es so, als könne er ihre Gedanken lesen. Denn wenn sie gerade innerlich beschließen will, ihn ins Tierheim zu bringen, ist er still, fast

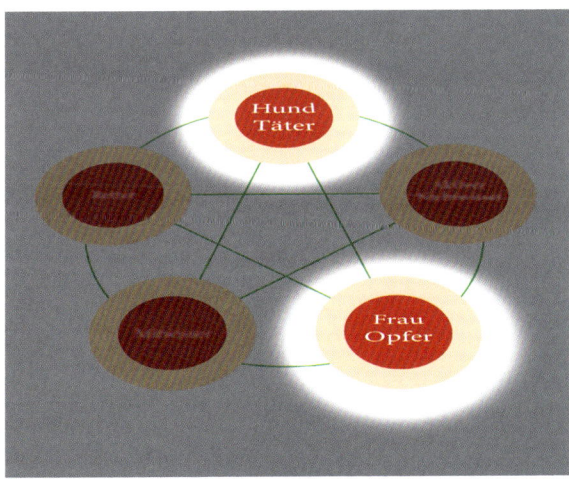

friedlich. Dann schaut sie ihn an und wird traurig, schämt sich ihrer Gedanken. Denn was kann schließlich das arme Tier dafür? Sie ist ihm doch noch einen weiteren Versuch schuldig, schließlich hat sie ihn doch aus dem Tierheim geholt. Wenn er dann wieder nervt, verflucht sie das Tierheim. Dort wurde er ihr als unproblematisch versprochen. Sie lässt wieder ihre Wut und Verzweiflung schimpfend an ihm aus, bis er sich von selbst verkriecht. So kann es nicht weitergehen. Nun nimmt sie ihren Mut zusammen und erkennt, dass auch sie hier nicht nur das Opfer ist. Doch warum fiept der Hund denn überhaupt? Sie fängt an, sich Fragen zu stellen. Das, was in ihrer Gegenwart ihr deutlich wird, führt sie zu dem, was darunterliegt. Sie fragt sich, woran sie das alles erinnert. Ihre Oma fällt ihr ein, die Mutter ihrer Mutter. An diese hat sie lange nicht mehr gedacht. Sie denkt nicht gerne an sie, denn sie war nicht die Oma, bei der man sich gerne auf den

Schoß setzte und die einem Geschichten vorlas. Sie machte nur wenige Worte und ihr Enkelkind fühlte sich in ihrer Gegenwart nicht sehr wohl, denn Oma war eine stille und dabei auch vergrämte Frau. Aber das ist ja auch verständlich bei alldem, was sie mit ihrem Mann, dem Opa, mitmachen musste. Dieser hat ihr zu Lebzeiten das Leben schwergemacht, war unbeherrscht und auch dem Alkohol zugeneigt. Er hatte immer etwas zu beanstanden und meckerte an der Oma herum. Verwundert es da, dass diese dann verbittert wurde?

Die Frau fragt ihre Mutter. Wie war das mit den Eltern? Die Mutter erzählt davon, dass ihre Eltern sich vor dem Krieg kennengelernt haben, aber erst nach dem Krieg so richtig ein Paar wurden. Verlobt hätten sie sich, bevor er in den Krieg zog, wie viele damals. Die Oma hätte den Opa im Krieg vermisst. Sie wollten doch heiraten, dann sollte das schwere Leben endlich schön

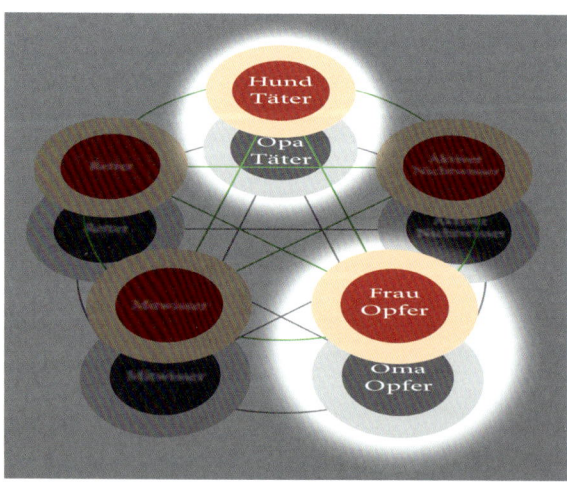

werden. Jeden Abend stellte die Oma eine Kerze ins Fenster und betete, dass ihr Verlobter wohlbehalten nach Hause komme. Er kam dann nach Hause, äußerlich unversehrt, und sie heirateten. Doch das Leben wurde nicht schön, nur anders. Sie hatten sich einander vor dem Krieg versprochen, doch fanden sie jetzt nicht zueinander. Er war so anders zurückgekommen, als sie ihn in Erinnerung hatte. All das Unbeschwerte war verloren. Die Oma hatte im Krieg gesehen, was Männer den Frauen antun können, und der Opa hatte zu alldem nur geschwiegen. Er war für die Oma unzugänglich geworden, und die Berührungen der beiden waren sachlich, nicht zärtlich. Der Opa hatte für die Oma eine dunkle Aura gehabt. Sie hoffte auf Veränderung, er wohl auch. Vielleicht, wenn er Arbeit finden würde, vielleicht, wenn das erste Kind da wäre. Er fand Arbeit, ihre Mutter wurde geboren. Er blieb mürrisch und herrisch, sie wurde schweigsam und abweisend.

Die Oma hätte den Krieg verflucht, der habe alles und jeden verdorben. Als die Mutter der Frau dann erzählte, dass die Oma auch zu ihr als Tochter abweisend gewesen wäre, dachte die Frau nur: „Aber du warst doch genauso zu mir."
Warum ihre Mutter dennoch so oft zum Grab ging, verstand die Frau nicht. Sie ging schon lange selbst nicht mehr mit. Als Kind das letzte Mal.

Dann wird ihr trotz der großen Unterschiede die Ähnlichkeit klar. Auch sie ist abweisend wie die Mutter und wie die Oma. Auch sie vergrämt zunehmend.

Die Oma hätte den Opa wohl auch am liebsten ins Bad eingesperrt. Jetzt will die Frau noch mehr verstehen.

Sie interessiert sich für die Zeit der Großeltern, für den Krieg, die Soldaten und die Trümmerfrauen. Sie findet Berichte davon, was aus Liebespaaren wurde, nachdem der Krieg diese verformt hatte. Sie bekommt eine Ahnung davon, was der Opa seelisch von der Front mit nach Hause brachte. Von dem zerstörenden Verhalten als Besatzer und der Angst vor der Rache als Flüchtender. Sie bekommt eine Ahnung, wen die Oma um Hilfe schreien gehört hat, wenn es bei ihnen zu Hause still war, weil keiner auch nur ein Wort sagte. Die Frau schaut Filme, liest Biografien. Da gibt es einige Frauen, die erzählten, dass statt des charmanten jungen Mannes, der in den Krieg zog, nur ein hilfloser Tyrann mit gebrochenem Blick zuruckkam. Manche von ihnen hatten sich in ihrer Verzweiflung gefragt, warum ausgerechnet ihr Mann zurückkommen musste. Warum hätte er nicht auch, wie so viele andere, im Krieg bleiben können? Nun liest und erfährt sie mehr. Über die Westfront, die Ostfront und über Kriegsgefangenschaft. Wo war ihr Opa damals wohl gewesen?

Sie bekommt eine Ahnung davon, dass die Oma nur durch ihre Kälte und ihre Stille die eigene Seele zusammenhalten konnte und dass durch die Rauheit und das Herrische des Opas seine leise weinende Seele Halt fand. Sie fragte die Mutter, warum die Oma und der Opa zusammengeblieben sind. Die Mutter sagte: „Das habe ich mich auch immer gefragt. Ich glaube, dass sie sich trotz allem irgendwie geliebt haben."

Am Abend des gleichen Tages saß die Frau in der Küche, der fiepende Hund unter dem Tisch. Sie schaute ihn an und musste auf einmal weinen. Sie wusste nicht mehr, um wen sie da eigentlich weinte. Um die Oma, den Opa, deren verlorene Leben? Um die Mutter und all die Trostlosigkeit, die diese kleine normale Familie umgab? Sie weinte auch dann noch, als ihr klar wurde, dass sie nicht mehr auf die Oma und den Opa verzichten wollte. Dass es ihr im Herzen wehtat, sie zu verurteilen oder zu bemitleiden. Sie würde nun auch nicht mehr auf ihre Mutter verzichten, für die ihre eigenen Eltern ja gar nicht wirklich da sein konnten. Sie sah auf einmal die Größe ihrer Mutter, die ohne Freude und Fröhlichkeit aufgewachsen war und dennoch das Leben bejahte. Wenn auch auf eine eingeschränkte Art. Die Frau beschloss, das nächste Mal wieder mit der Mutter zum Grab der Großeltern zu gehen und Blumen mitzunehmen.

Es beglückte sie auf einmal, an die Großeltern zu denken. Die Großeltern und ihre Mutter bedingungslos in ihr Herz zu nehmen, veränderte die Frau. Sie wurde wärmer und weicher.

Später schaute sie ihren fiependen Herzensbrecher an und fragt ihn, als könne er es wörtlich verstehen:

„Habe ich es verstanden?"

Der Hund hörte auf zu fiepen.

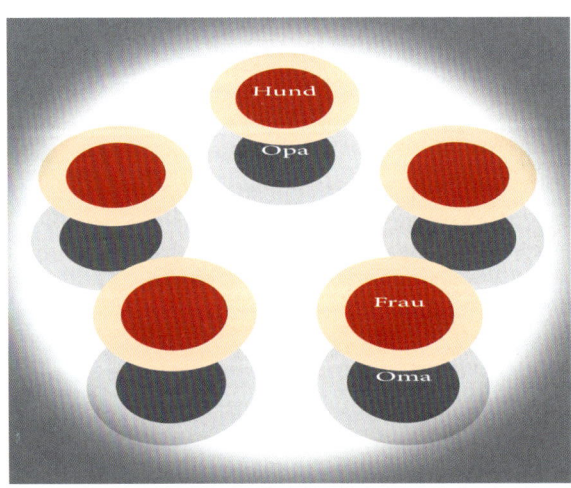

Was kann man tun?

Es gibt Verschiedenes, was man tun kann, um in die mittlere Position des Pentagramms zu kommen, darin zu bleiben und aus ihr heraus zu handeln.

Systemische Identifizierungen lösen

Sich dem Ursprung zuwenden:
Damit es einem selbst und auch den Tieren besser geht, muss man verstehen, in welche ursprüngliche Szene man sich mit den Tieren begibt. Hierzu gehört, dass man ein Bewusstsein dafür bekommt, welche Funktion die Tiere im eigenen Leben übernommen haben. Das ist oftmals ohne Blick von außen, ohne Beratung nicht möglich. Denn es fehlt das Bewusstsein für die Funktion. Die Seele bedient sich des Tieres, um dies bewusst werden zu lassen. Die Ursprungsszene wird sozusagen mit neuen Protagonisten (Darstellern) neu abgebildet. Hinweise dafür, auf wen und auf welche Ursprungsszene Ihr Tier hinweisen möchte, können das Erstellen eines Genogramms sowie die Beantwortung der unten stehenden Fragen geben. Erforschen Sie doch einmal Ihre Familiengeschichte und erstellen Sie einen Stammbaum nach dem nebenstehenden Beispiel.

Ereignisse in der Familiengeschichte erforschen:
Um innere Bindungen und Verstrickungen Ihres Tieres besser verstehen und entdecken zu können, ist es wichtig, wesentliche Ereignisse in der erweiterten Herkunftsfamilie zu kennen. Mit Ereignissen sind beispielsweise gemeint:
Verlobung, Heirat, wichtige Beziehungen vor der Heirat, Geburt der Kinder, auch Fehl- und Totgeburten, Abtreibungen, Todesfälle, früh verstorbene Verwandte, schwere Erkrankungen und Behinderungen, Adoptionen, Abgabe von Kindern zu Pflegeeltern, Trennungen, Flüchtlingsschicksale, Teilnahme an Kriegen, Verbrechen oder Nationalsozialismus sowie Opfer von Verbrechen oder Ähnliches. Darüber hinaus auch Ereignisse wie Enterbung, Verlust oder Bankrott von (Familien-)Unternehmen, Auswanderungen, lebensbedrohliche Erkrankungen und Organspenden (als Spender oder Empfänger). Nicht unbedingt relevant sind Eigenschaften der Personen, also ob jemand zornig oder ängstlich ist. Es kommt vor allem auf die Ereignisse und Schicksalswege an.

Erläuterungen zum Genogramm:
Schreiben Sie zu jeder Person die Namen und möglichst auch das Geburts- und ggf. das Todesdatum auf das Blatt. Wenn möglich, auch Hochzeits- und ggf. Scheidungsdaten. Die Rechtecke stehen für die Männer und die Kreise für die Frauen. Wenn eine Person jung verstorben ist, schreiben Sie auch die Todesursache (z. B. Erkrankung oder Unfall) dazu. Wenn Sie nicht über die exakten Daten verfügen,

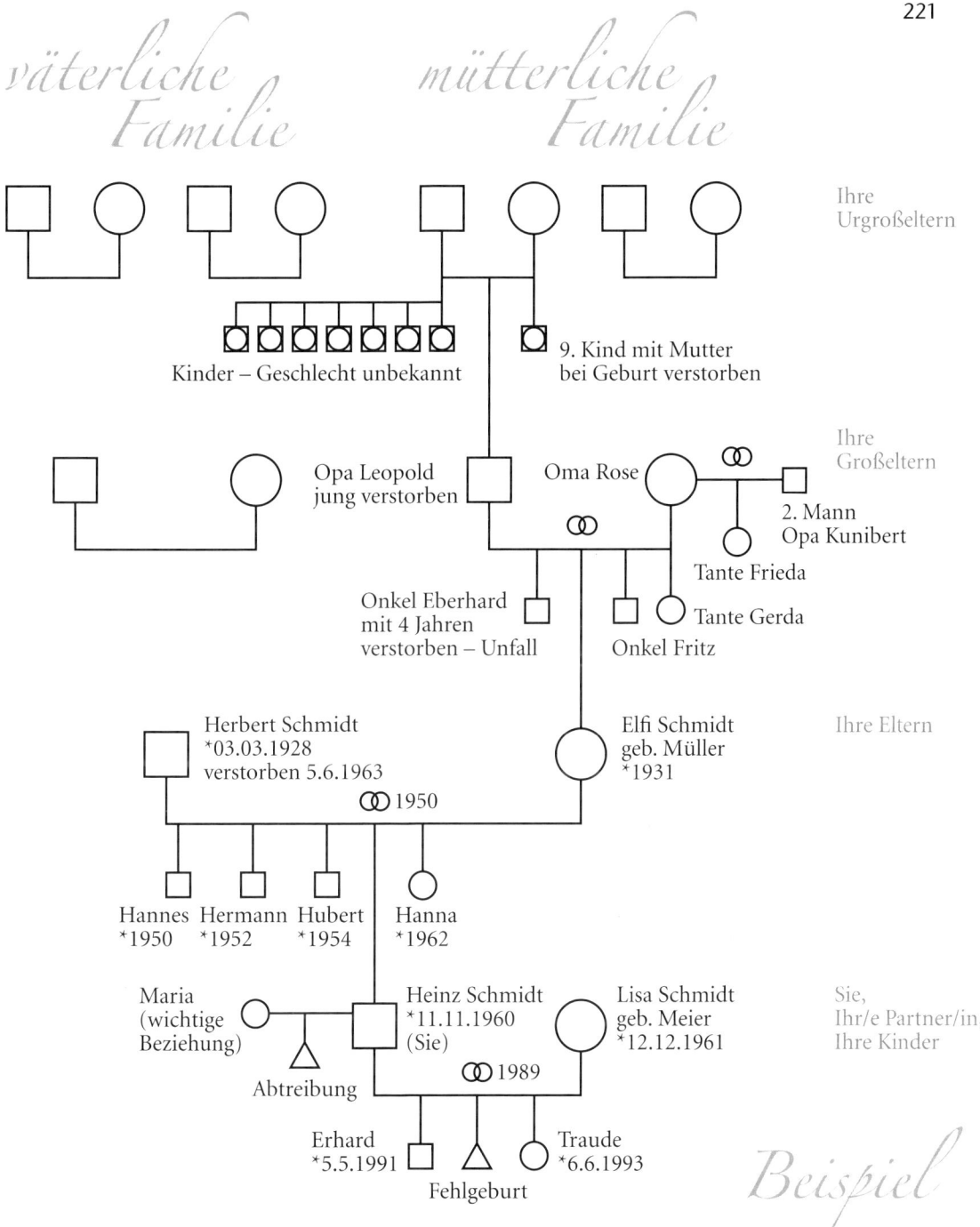

väterliche Familie

mütterliche Familie

Ihre Urgroßeltern

Kinder – Geschlecht unbekannt

9. Kind mit Mutter bei Geburt verstorben

Ihre Großeltern

Opa Leopold jung verstorben

Oma Rose

2. Mann Opa Kunibert

Tante Frieda

Tante Gerda

Onkel Eberhard mit 4 Jahren verstorben – Unfall

Onkel Fritz

Herbert Schmidt
*03.03.1928
verstorben 5.6.1963

Elfi Schmidt
geb. Müller
*1931

Ihre Eltern

1950

Hannes
*1950

Hermann
*1952

Hubert
*1954

Hanna
*1962

Maria
(wichtige
Beziehung)

Heinz Schmidt
*11.11.1960
(Sie)

Lisa Schmidt
geb. Meier
*12.12.1961

Sie,
Ihr/e Partner/in,
Ihre Kinder

Abtreibung

1989

Erhard
*5.5.1991

Fehlgeburt

Traude
*6.6.1993

Beispiel

dann schreiben Sie einfach das ungefähre Alter der Personen auf, damit man die Lebensumstände besser einschätzen kann. Tragen Sie Geschwister in der Reihenfolge der Geburt ein, älteste links und jüngste rechts. Tragen Sie möglichst alle Ihnen bekannte Ereignisse wie erneute Heirat, Abtreibungen oder Fehlgeburten ein.

Fragen Sie hierfür auch bei Eltern und Verwandten nach, auch wenn dies Ihnen vielleicht unangenehm zu sein scheint. Oftmals ist es überraschend, dass die Fragen nicht auf Ablehnung, sondern auf Interesse stoßen.

Das Ursprüngliche bejahen:
Das Bejahen bedeutet, dass man die Personen, die zur Familiengeschichte gehören, und deren Schicksal bejaht. Den Opfern muss man die Benachteiligung zumuten, den Tätern ihre Taten und ihre Schuld. Bejahen ist hierbei im Sinne von Anerkennung gemeint, sodass man sich nicht über jemanden stellt und diesen verurteilt.

Aus Stellvertretungspositionen gehen lassen:
Dadurch, dass man erkennt, in welcher Stellvertretung sich das Tier befunden hat bzw. sich befinden könnte, wird der Weg für das Tier offen, diese Position zu verlassen. Wenn Sie bereit sind, das Tier aus der Stellvertretung zu entlassen und für sich selbst zu sorgen, wird es auch aus dieser Position gehen und einen unbelasteten Platz bei Ihnen finden.

Eigene Bilanz herstellen und ausgleichen:
Wenn man durch vorherige Verurteilungen oder durch Einmischung neues Unrecht und neues Ungleichgewicht geschaffen hat, muss man sich auch diesem zuwenden und hier wieder für einen Ausgleich sorgen. Man ist auch für den Schaden verantwortlich, den man unabsichtlich angerichtet hat, selbst wenn dieser durch bedingte oder blinde Liebe mitverursacht und begünstigt wurde.

Wo stehe ich im Pentagramm?

Es lohnt sich, sich regelmäßig zu fragen, ob man wieder in eine der Außenpositionen des Pentagramms geraten ist. Schlägt man sich beispielsweise mit Schuld- oder Ohnmachtsgefühlen herum? Regt man sich schnell über andere auf, verurteilt diese oder will sie gar retten? In die Mitte des Pentagramms zu gehen beginnt mit einer Entscheidung. Diese lässt sich vielleicht schnell treffen, aber sie umzusetzen ist meist ein Prozess und ein Weg, auf dem Ihr Tier Sie begleiten kann. Empfehlenswert ist es, seine Tiere dauerhaft zu seinen Lehrmeistern zu machen und sich von ihnen zeigen zu lassen, wo man selbst steht. Man kann lernen, ihnen zuzuhören, ihnen zuzuschauen und sie bewusst in die eigenen Lebensprozesse einzubeziehen.

Geschehnisse, die das Tier „durcheinanderbringen" können

Diesmal keine Wasseradern und auch kein Elektrosmog …

Dies ist eine kleine Auflistung von möglichen Gegebenheiten, auf die Ihr Tier reagieren kann, wenn es zu Störungen in Ihrer Tier-Mensch-Gemeinschaft gekommen ist. Da diese Gegebenheiten aber die häufigsten sind, werden sie hier benannt.

In der Regel ist es so, dass alles, was Menschen belastet, vom Tier wahrgenommen werden kann. Ist der Mensch dazu in der Lage, seine Probleme selbst zu erkennen und zu meistern, gibt es keine Schwierigkeiten und keinen Handlungsbedarf für das Tier. Ist dies nicht der Fall, sollte man sich für alle Beteiligten dazu entscheiden, Unterstützung in Anspruch zu nehmen.

FAMILIE

Streitigkeiten unter den Menschen
Eheprobleme
Trennungen von früheren Partnern
Abtreibungen, auch in der Vergangenheit, sowie Fehlgeburten
Lügen unter den Menschen
„Dritte", wie beispielsweise Schwiegereltern oder nahe Freunde in der Ehe oder in der Partnerschaft
Alles, was verheimlicht wird
Stimmungsschwankungen des Menschen
Aggressionen des Menschen
Alkoholprobleme
Erkrankung des Menschen
Streitigkeiten unter den Kindern, Schwiegereltern oder Geschwistern
Der nahe Tod eines Familienmitgliedes, auch wenn dieser nicht im Haushalt des Tieres gelebt hat
Geburt eines Kindes
Wenn es einem Kind schlecht ergeht, zum Beispiel durch Mobbing in der Schule
Wenn der Standort und die Wohnsituation nicht den Bedürfnissen des Menschen entsprechen
Umgang mit dem Leben, Sterben und dem Tod eines Vorgängertieres

UMFELD

Streitigkeiten mit Nachbarn
Mehrgenerationenhaushalt („Jeder kann an den Kühlschrank")
Belastende Besucher wie beispielsweise unehrliche Handwerker, Putzfrauen, „Freunde" usw.
„Eindringlinge", die einen zu freien Zugang zum Haushalt oder Grundstück haben
Umstellen der Wohnung
Veränderung von Gewohnheiten, vor allem dann, wenn die früheren Gewohnheiten zum Erhalt des Systems dienten und die neuen für alle Beteiligten Unruhe bringen. Hierbei spielt es keine Rolle, ob die neuen Gewohnheiten positiv oder negativ erlebt werden (Veränderungen bedeuten immer Stress)
Drohende Gefahren („Es liegt was in der Luft")
Farb- und Stilberatung, andere Frisuren, äußerliche Veränderung, weil diese immer mit einer Veränderung des Menschen einhergehen

UMWELTEINFLÜSSE

Farben, Klebstoffe
Reinigungsmittel
Futter, Wasser (bleihaltige Wasserleitungen)
Textilien, Decken, Teppiche

BERUF

Berufliche Probleme
Berufliche Veränderung
Berufliche Reisen des Menschen

FINANZEN

Finanzielle Probleme
Geldunterschlagungen
Hauskauf, Eigentumswohnung
Zugewinn wie beispielsweise Erbschaft oder Geldgewinne
Umzug aus finanziellen Gründen

LIEBESLEBEN

Fremdgehen
Sexuelle Probleme des Menschen oder die Vermeidung von Sexualität
Liebesunfähigkeit (Ein Tier ist nie eifersüchtig, wenn die Menschen sich nah sind und dies auch ihren Tieren zeigen)

SYSTEMISCH

Verlust eines früheren Partners des Menschen
Verlust eines Geschwisterkindes
Streitigkeiten in der Herkunftsfamilie
Schicksalsschläge in jetzigen wie in früheren Generationen
Kriegsverbrechen
Verschollene Familienangehörige
Ausschluss eines oder mehrerer Angehöriger
Familiengeheimnisse
Tödliche Unfälle

DAS TIER SELBST

Verlust des früheren Menschen
Verlust eines anderen Tieres
Frühere körperliche oder seelische Traumatisierungen
Anschaffung eines neuen Tieres
Auswahl eines ungünstigen Trainers
Verlust der eigenen Eltern (durch Tod oder zu frühes Abgegebenwerden)
Verlust der eigenen Kinder (durch Abtreibung, Tod oder zu frühe Abgabe)
Sterilisation oder Kastration
Operationen
Narkosen (Narkoseerlebnis und Narkoseverlauf)
Ernährung
Alleine sterben
Ansprüche an das Tier, was es leisten oder nicht leisten soll
Nicht artgerechte Haltung (z. B. Langeweile, Unterforderung, Bewegungsmangel usw.)
Überforderung (Diensthunde, Zirkustiere, Zootiere, Hundesport, „Er muss der Beste sein")

Es gibt nichts Gutes, außer man tut es

Die eigene Haltung zeigt sich vor allem in den Handlungen und weniger in gemachten Worten. Dementsprechend drückt man seine Haltung auch damit aus, bei wem und was man kauft. Wenn man beispielsweise beteuert, dass man Kinder liebt, und gleichzeitig Teppiche oder Pflastersteine kauft, die durch Kinderarbeit besonders günstig produziert wurden, dann ist es mit der Kinderliebe nicht weit her.

Durch die eigenen Kaufentscheidungen kann man wirklich etwas bewirken. Jeder Produzent, Händler oder Verkäufer, der keine Kunden mehr findet, wird sein Geschäft schließen. Alles, was nicht mehr gekauft wird, wird auch nicht mehr produziert.

Für Menschen, die auf die Lebensbedingungen von Tieren Einfluss nehmen wollen, ist das Kaufverhalten als Verbraucher die entscheidende Möglichkeit hierfür. Auf den Internetseiten des Vereins Peta Deutschland e. V. (www.peta.de) findet man unter „Lifestyle" viele Hinweise für Verbraucher über tierfreundlich produzierte Kleidung, Kosmetik und Nahrung. Wer mehr über die Macht des Verbrauchers wissen möchte, dem empfehlen wir das Buch von Tanja Busse: Die Einkaufsrevolution. Konsumenten entdecken ihre Macht.

Farbe bekennen

Eine weitere wichtige Möglichkeit, seiner Haltung Ausdruck zu verleihen, ist es, andere zu unterstützen. Viele Menschen teilen die ideologischen Ziele der Tierschutz- und Tierrechtsvereine, doch nur wenige unterstützen diese. Die Vereine aber könnten eine wesentlich effektivere Arbeit machen und hätten bei der Industrie und in der Politik ein ganz anderes Gewicht, wenn sie über größere Mitgliederzahlen verfügen würden. Treten Sie doch einem Verein als Fördermitglied bei, dessen Ziele Sie teilen. Dadurch bewirken Sie etwas, ohne selbst aktiv sein zu müssen. Wenn die Vereine überhaupt Jahresbeiträge nehmen, sind diese sehr gering, damit sie einem Beitritt nicht im Wege stehen. Für die in diesen Vereinen aktiven Menschen und für die Arbeit, die dort getan wird, ist Ihre Mitgliedschaft unverzichtbar. Die Vereine verdienen für das, was sie für uns und die kommenden Generationen tun, unsere Unterstützung. Eine Mitgliedschaft ist eine erste Möglichkeit hierfür.

Tränen sind die Medizin der Seele

Viele ältere Menschen gehen in Kirchen auf fremde Hochzeiten. Niemand kennt sie, aber sie schnäuzen sich am lautesten und weinen ungehemmt all die Tränen, die sie um ihre Liebsten nicht weinen konnten. Früher fand ich sie lästig, heute genial.

Wir werden jetzt in die letzten Seiten des Buches eintauchen und all das, was Ihnen dort begegnet, wird Sie bewegen und berühren, auf eine besondere Art und Weise. Mit Sicherheit bekannt und doch im Alltag lieber vergessen. Wenn Sie weinen wollen, tun Sie es, überlassen Sie sich einfach. Sie weinen nie um das wirklich, was Sie da sehen oder hören. Es ist immer so, dass etwas in Ihnen berührt wird und das schon lange darauf wartet, sich in Ihnen bewegen zu dürfen. Diese Bewegungen sind heilig, da sie uns zu Orten bringen, in denen liebenswürdige Kräfte auf uns warten. Diese halten uns, und nur dadurch können wir andere begleiten, halten und ziehen lassen.

Wir bleiben auch dann nicht allein zurück, denn wir haben immer Wegbegleiter an der Seite. Ob diese Haut, Fell oder Federn tragen, ist dabei unerheblich. Sie lieben uns so sehr, so wie wir sind. Ob diese noch auf der Erde verweilen oder hilfsbereit aus anderen Reichen auf uns einwirken, hängt von den Lebensumständen ab. Es gibt die Zeit des Trauerns und des Feierns, beiden muss man in sich ihre

Zeit geben.

Bär

Du bist der Schamane.
Du berührst mich.
Du streichelst mein Herz, mein gelocktes Haar.
Du bist mit mir, ich bin mit dir, du führst mich, ich nie dich.
Du bist meine Mutter, mein Vater, meine Schwester, mein Bruder.
Du bist und durch dich bin ich.
Ich liebe dich und ich verneige mich vor dir, vor mir, vor uns, vor dem Habicht über uns im Sonnenlicht.

… jetzt weiß ich wieder, wofür.

Die wahren Heiler

Das, was zwischen dem Leben und dem Sterben liegt, ist das, was man „Sein" nennt. In dieser „Zwischenzeit" stehen uns die tierischen Begleiter zur Seite, die sich uneingeschränkt mit uns verbinden wollen. Sie sind die Behaarten, Gefiederten, Borstigen, Glatten, Gepanzerten und die „Unbeirrbaren", immer in der Hoffnung, dass wir ihre Liebe zu uns anerkennen und nutzen. Sie sind die wahren Heiler, die selbst unfruchtbaren kinderlosen Eltern zum Kindersegen verhelfen können. Sie führen uns zu einer Kraft, die größer ist als alles andere auf dieser Welt.

Wenn man ihre einzigartige göttliche Verbindung bejaht, dann macht es Freude, die im Leben beinhalteten Aufgaben in diesem Leben zu meistern. Die Liebe von ihnen und die Liebe zu ihnen weisen uns dann wie eine

gehaltene Fackel

den Lebensweg.
Diese übergreifende Liebe, die sich zwischen den Spezies dann vereint, vereint uns mit den himmlischen Gesetzen.

Einer meiner größten Heiler

Ich danke „meinem" Kater Kerkel, der mich „gerufen" hat. Das erste Mal, als ich ihn in unserer Scheune fand, und ein weiteres Mal in seinem Sterben. Der nach neun Monaten des Bleibens morgens an der Treppe stand und der mit seinen Augen sagte: „Heute ist es so weit."

Der meine „Kinderseele" zu mir zurückführte und mich dadurch heilte. Sein Tod und seine weise Seele haben mich von meiner schon lange verstorbenen Mutter weggeführt.

Obwohl er in seinem Leben keine körperliche Berührung mochte, hat er mich machen lassen bis zu seinem letzten Atemzug. Sodass sie und ich uns endlich versöhnen und Abschied nehmen konnten. Kerkel ging am 8.8.1987.

Mutter, du fragtest mich, ob ich vor deinem Operationstermin noch mal ins Krankenhaus kommen würde, um Abschied von dir zu nehmen. Du sagtest: „Falls ich aus der Narkose nicht mehr wach werde." Ich tat es nicht. Du hattest mir zwei Tage vorher gesagt, dass du das Krankenhaus nicht lebend verlassen würdest. Ich war mit deiner Entscheidung, sterben zu wollen, nicht einverstanden. Ich war siebzehn Jahre alt und ich brauchte dich noch. Drei Wochen haben wir täglich im Kran-

kenhaus angerufen, um zu erfahren, ob du wieder das Bewusstsein erlangt hast. Du lagst im Koma. Täglich sagte man uns, dass die Chancen für dein Erwachen schlechter würden. Die Chancen wurden in Prozenten benannt. Mit 70 fing es an, bei 25 bis 30 hörte es auf. In der Nacht donnerte und blitzte es. Ich nahm in dieser Nacht eine Gestalt wahr, die an das Fenster klopfte und sagte: „Andrea, Ihre Mutter ist tot, wachen Sie auf!" Auch da verweigerte ich mich dir und deiner Entscheidung, diese so anzunehmen, wie du sie getroffen hattest. Ich bin einfach nicht wach geworden in dieser Nacht.

Du hattest dich entschieden, am 8.8.1978 zu gehen.

Seid dem 8.8.1987 stimme auch ich zu. Das darf doch bleiben. Ich liebe dich. Ich liebe euch. Bis später dann. Danke!

Eine Erlösung für den heiligen Übergang

Sie durfte auf ihrem Lieblingsplatz auf die große Reise gehen und ihre Menschin blieb bei ihr und erinnerte sich dabei an viele verstorbene Menschen aus ihrer Familie, um die sie nie eine Träne vergossen hatte. Ihre Hündin blieb so lange bei ihr, bis sie die letzte Träne geweint hatte. Erst dann tat sie ihren letzten Atemzug und nahm all die vergossenen Tränen mit auf den Weg von der Couch zu ihrer beiden Ahnen.

Sie erzählte mir davon und seitdem hatte ich keine Angst mehr davor, dass mein Hund Artis vor mir versterben würde. Seitdem konnte ich die Zeit mit ihm

bis zum letzten Tag

genießen. Durch diese Begegnung mit der Frau und ihrer Hündin haben sich wundervolle Dinge entwickelt.

Ich glaube seitdem an Wunder

Mit manchen Klienten verbindet einen eine jahrelange Arbeit. Unzählige Erlebnisse präsentieren sich in solch einer Zeit. Über diese Tiere und Menschen könnte man alleine schon ohne Punkt und Komma ein ganzes Buch schreiben. Man begegnet sich irgendwie und irgendwann und dann steht man als „Gast" in solch einer Familie. Man erlebt das Auf und Ab dieser sich bemühenden Menschen und der für sie Hilfe suchenden Tiere.

Solch einer Familie stand ich viele Jahre begleitend zur Seite, bis sie sich ohne Unterstützung selbst in ihrem Leben zurechtfand. Heute lebt sie in einem schönen Haus mit einem großen Garten und einem kleinen „Nachzügler", der alle während der Schwangerschaft gut auf Trab gehalten hat. Auch Katzen leben dort, nicht mehr in einer winzig kleinen Souterrainwohnung wie zuvor, sondern auf drei Etagen des Hauses. Mit einer dieser Katzen verbindet mich eine ganz persönliche Erfahrung, die mein Leben geprägt hat, die aber fast schon zu intim ist, um aufgeschrieben werden zu können. Deshalb möchte ich es auf das Wesentliche beschränken, da man nicht annähernd in Worte kleiden kann, was ich da miterleben durfte. Ich glaube, es war ein Geschenk

an mich und an uns alle, und nur deshalb möchte ich diesem hier einen Platz geben. Vielleicht als Hinweis für irgendjemanden, der das Buch jetzt in der Hand hält und liest. Vielleicht nicht für jetzt sofort, sondern für irgendwann und für irgendwen.

Es gibt immer eine tröstende und hilfreiche Kraft um uns, die etwas möglich macht, dann, wenn man anfängt, sich vor ihr zu verneigen und sie wahrhaftig zu bitten. Man muss einverstanden sein mit dem, was dann kommt, egal wie es sich gestaltet. Auch wenn es das ganze Leben auf den Kopf stellt. Ganz egal, machen!

Mut haben, voranschreiten.

Egal was andere sagen und denken. Bereitschaft haben, sich führen zu lassen von der inneren Stimme, die immer ganz nah bei Gott ist.

So war es auch bei uns, bei Elfe und bei mir. Als ich ihrer Menschin sagte: „Nimm sie mit nach Hause. Dort kann sie auch sterben. Dafür braucht man sie hier nicht in der Klinik einschläfern zu lassen. Ich bleibe auch mit bei ihr."
Um drei Uhr morgens saßen ihre Menschin und ich auf dem Sofa. Neben uns machte Elfe, die Kätzin, sich auf ihren Weg. Ihre Atmung war kaum noch wahrzunehmen. Ihre Glieder unbeweglich und kalt. Fäden bildeten sich um und in ihrem Mund. Alle zusätzlichen Sterbeanzeichen

waren für mich deutlich wahrzunehmen. Ich sah Elfe so vor mir liegen und gleichzeitig sah ich sie, wie sie sonst war, eine damals wunderschöne Zuchtkatze. Ich kannte die Diagnose. Auf dem Herzen und der Lunge lagen Schatten. Dies war auf dem Röntgenbild für alle deutlich zu sehen, aber irgendwie verweigerte sich etwas tief in mir. Ich fing an zu beten und erhielt eine Antwort und ich tat das, was ich schon immer bei diesen Tieren, in diesem Haushalt tat, ich legte ihr meine Hände auf. Gleichzeitig hörte ich auf meine innere Stimme und tat das, was mir „gesagt" wurde. Was dann circa zehn Minuten später passierte, veränderte meine Einstellung nachhaltig zu mir selbst und zu Gott. Es veränderte meine Arbeit, mein Leben, einfach alles. Elfe kam zurück.

Am nächsten Tag rief ihre Menschin in der Tierklinik an und sagte, dass Elfe leben würde und es ihr den Umständen entsprechend gut gehe.

Man glaubte ihr nicht.

BOB, EINER DER GANZ GROSSEN

Es war in einem Paargespräch, als er den Raum betrat und mit mir in den Gedankenaustausch ging und mich emotional vollkommen „wegblies". Ich wusste nicht, wie mir geschah. Ich merkte auf einmal, mich erfasste eine Traurigkeit, die ich mir selbst nicht zuordnen konnte. Mir ging es gut und die beiden Menschen, die mit mir gemeinsam im Raum waren, machten mir auch nicht den Eindruck, dass es ihnen so erging, wie ich mich fühlte.

Während ich noch nachspürte, was ich für Gefühle wahrnahm, stieg langsam ein Bild von ihm in mir hoch. Ganz langsam dämmerte es in meinem Gehirn und ich weigerte mich auch nicht mehr, das anzunehmen, was da gerade geschah …

Er sagte: „Der Abschied naht und es fällt mir schwer zu gehen. Ich habe noch so viel zu sagen. Es gäbe noch so viel zu tun, aber die Zeit ist mir nicht mehr gegeben. Bitte

sag ihnen Danke.

Sag ihnen auch, dass es für mich eine gute Zeit bei ihnen war, in der ich erfahren durfte, dass es Menschen gibt, die sich mit mir vereinen wollten und die sich mit mir gemeinsam auf den Weg machten, um eine größere Heilung zu erleben. Es fällt mir schwer, Abschied von ihnen zu nehmen. Ich würde gern noch viel mehr tun und noch ein kleines Weilchen bleiben. Gerade jetzt habe ich das

Gefühl, dass sie mich brauchen. Die Kinder gehen bald und sie sind dann allein mit sich und ich habe Angst, dass sie das nicht schaffen. Das Letzte, was ich tun kann, ist ihr Herz berühren. Das ist mein Geschenk an sie beide."

Ich musste schlucken und fragte beide nach ihrem Kater Bob, ich nahm mir ein Herz und erzählte, was mich gerade ergriffen hatte. Annemarie liefen die Tränen und sie packte sich an ihr Herz. Karl sah mich besorgt an und überlegte und entschied, dass es dazu nichts zu sagen gäbe. Sie gingen nach Hause und Bob verstarb eine Woche später bei ihnen zu Hause in ihrem Beisein und Einverständnis.

Ich gehe immer
weiter …

Streichelnde Hände, liebende Augenblicke, geschwisterliche Gefühle, gegenseitige Verantwortlichkeit …

In der innigen Begegnung zwischen Mensch und Tier wird die Bedeutung der göttlichen Liebe sichtbar. Wenn man von ihr ergriffen wird und sie sich für einen kurzen Augenblick offenbart, wenn man sie wahrnimmt und miterleben darf, ja dann fühlt man sich gesegnet und der wahren Bedeutung des Lebens nah.

Briefwechsel MIT MONIKA

23.02.2005

Liebe Andrea,
Rico ist in der Nacht von Samstag auf Sonntag seinen letzten Weg gegangen. Er hat um 0.20 h, nach Tagen, die für ihn mindestens so schmerzvoll waren wie für mich, aufgehört zu atmen. Ohne dass Sibylle, meine Tierärztin, ihn erlösen musste. Es war unendlich schwer für mich, aber ich wollte ihm so gerne seinen letzten Wunsch erfüllen – den Wunsch, gehen zu dürfen, wenn er es bestimmt, und nicht durch eine medizinische Erlösung und ich bin froh, dass ich es durchgehalten habe – wenngleich ich diese Bilder des Sterbens noch immer im Kopf habe. Mein Herz zerbricht, es ist eine Lücke, die im Moment unüberwindbar scheint, Rico ist eine ganz große Liebe und ich bin unendlich glücklich, dass wir fast 12 Jahre miteinander verbringen durften. Ich hoffe, dass er nun glucklich irgendwo herumspringt, ohne Arthrose, ohne Borreliose, und fröhlich ist, seinen Zustand genießt und ich weiter in seinem Herzen bleibe. Er wird jedenfalls immer in meinem Herzen bleiben. Seine Ruhe und Güte, seine Erhabenheit und sein Blick – er fehlt so sehr.

Mein kleiner Buddha.

Ich schicke dir ein Bild von Rico mit, welches ich im Oktober 2004 gemacht habe, hier im kleinen Garten. Mein kleiner Faro muss sich nun an seine neue Rolle gewöhnen, es fällt ihm schwer. Er war die ganze Zeit dabei, hat mehrfach geschaut, was mit Rico passiert, und ich hoffe, er wird das alles gut überstehen. Ich werde ihm hoffentlich dabei helfen können.

Danke für deine Hilfe und deine Worte.
Liebe Grüße auch an Matthias
Moni

23.02.2005
(Antwort)

Liebe Monika,
mit großem Bedauern, tiefem Mitgefühl zu dir, Rico und dem Kleinen habe ich gerade deine E-Mail gelesen.

Deine Worte berühren tief mein Herz und ich weiß nur zu gut, was eine Sterbebegleitung bedeutet und welchen Prozess er auslöst. Tote ehrt man durch wahrhaftige Tränen, die langsam versiegen dürfen, und nicht durch Tapferkeit. Du bist wirklich eine mutige Frau. Es gibt nur wenige Menschen, die ich kenne, die dieses immer dünner werdende Band vom Leben zum Sterben hin gemeinsam mit ihren Begleitern gehen. Ich bin mir sicher, dass du noch viele kraftvolle Erfahrungen in der nächsten Zeit mit Rico machen wirst – wenn der schlimmste Schmerz sich erlöst hat. Monika, er ist jetzt noch da und er wird noch eine Zeit lang bei euch sein. Wenn du genau hinfühlst und hörst, wirst du ihn fühlen können und der Kleine auch. Das mindert nicht den Schmerz, aber es ist so. Du hast wirklich alles getan, was ein liebender zurückbleibender Mensch für seinen besten Freund tun kann. Du bist ihm wirklich bis zur letzten Sekunde begegnet und er wird es dir danken, da bin ich mir ganz, ganz sicher und auch der Kleine.

Wenn du mich brauchst, ruf mich an. Ansonsten werde ich, wie in den letzten Tagen auch, mit den besten Wünschen und Gefühlen bei euch sein.

In Hochachtung und tiefem Mitgefühl
Andrea

24.02.2005

Liebe Andrea,
mir laufen die Tränen. Deine Worte berühren mich und ich danke dir von Herzen dafür.

Du spiegelst das wider, was ich seit Tagen fühle: Schmerz, Trauer, Verzweiflung, Hoffnung, Glück, Träume und Wünsche, dass er noch da ist, dass er glücklich ist. Andrea, er fehlt mir an allen Ecken und Enden. Sein Blick, seine Ruhe, seine Güte. Auch wenn bei mir Herz und Körper jetzt rebellieren, auch vor Erschöpfung, gibt es mir Kraft, dass ich bei ihm war, bis er die Augen geschlossen hat. Er kam kurz vorher noch einmal hoch, hat mich angesehen und dann ist er eingeschlafen. Es war ein stiller Moment und Rico war ganz ruhig, mir hat es fast das Herz zerbrochen. Aber

ich wusste, nun haben seine Schmerzen, sein Leiden ein Ende. Und das, was er mir 12 Jahre gegeben hat, das bleibt und meine Liebe für ihn auch. Die Tage vorher waren sehr hart. Für ihn, aber auch für mich. Du hattest es mir angedeutet. Eine Vorstellung von dem, was kommt, hatte ich nicht.

Ich hätte manches Mal schreien können,

ihn so zu sehen – aber das gehört wohl zu einem Sterbeprozess, den ich bis dahin noch nie erlebt hatte. Ich bin so unendlich froh, dass wir in den Tagen vorher telefoniert hatten.
Du hast mir diesen Weg überhaupt erst aufgezeigt, in meinem Kopf und meinem Herzen. Die Überlegung und den Wunsch ausgelöst, ihn so gehen zu lassen. Weil ER es so will. Ich hatte nicht gedacht, dass ich das schaffe. Aber ich habe immer an ihn gedacht und daran, wie sehr er sich das wünschen würde.

Faro war bis zur letzten Minute dabei. Er hatte die Gelegenheit, das für sich so zu regeln, wie er das mit seiner jungen Hundeseele kann und will. Er war mehrfach am Körbchen und hat sich überzeugt, dass Rico nicht mehr lebt. Einmal hat er sogar die Decke, mit der ich Rico bis zum Hals zugedeckt hatte, runtergezogen. Ich spüre, dass auch er Rico unendlich vermisst.

Liebe Andrea, ich umarme dich ganz fest.
Moni

Liebe Monika,
ich glaube, dass alles im Leben seinen tiefen Sinn hat, und ich glaube, dass es Begegnungen im Leben gibt, die ein ganzes Leben prägen. Im Positiven so wie im Negativen. Und eine der größten, bewegendsten Begegnungen kann eine große Liebe sein.

Als ich meine große Tierliebe verlor, brach es auch nur so aus mir heraus: „Wie soll es denn jetzt weitergehen?" Für mich brachen Welten über mich zusammen und ich wusste auch nicht, wie ich aus den Ozeanen von Tränen wieder rauskommen sollte.

Viele Dinge, die ich heute tu, tu ich im Andenken und in tiefer Dankbarkeit zu ihm und zu mir. Daraus ist eine Aufgabe erwachsen, aus dieser Liebe heraus. Weißt du, vom ersten Moment an, als ich ihn sah und er mich, war klar, wir beide haben eine gemeinsame Aufgabe. Seine Aufgabe war, mich das Lieben zu lehren, und das tat er unerbittlich. Bis hin, dass ich mein Leben als sinnlos und leer empfand, als er ging. Wir entwickelten zu seinen Lebzeiten gemeinsam die systemische Kinesiologie für Mensch und Tier. Ohne ihn würde ich heute hier nicht sitzen. Wir beide bzw. wir drei – du, Rico und ich – wären uns nie begegnet, ohne ihn. Und das fände ich einen unvorstellbar großen Verlust. Ich bin dem Leben so dankbar, dass ich diese große Liebe habe leben dürfen und sie immer noch lebe.
Ich wünsche mir von Herzen, dass viele Menschen diese Erfahrung in ihrem Leben machen dürfen, die du mit Rico und ich mit Atys gemacht habe. Was ist das für ein

Leben, wenn es dafür keinen Platz gibt? Glaube mir, der Schmerz wird milder und er ist die ganze Zeit bei dir, ohne Klagen und Jammern. Auf diesem gemeinsamen Weg von euch liegen

tiefe Heilung und Hoffnung

für dich sowie für viele andere Menschen und auch immer noch unverstandene Tiere. Vielleicht ist das alles noch zu früh, dass ich das sage, aber ich glaube, dass Menschen, so wie du, die in der Lage sind, solche Erfahrungen zu machen, und sich trauen, solch eine tiefe Bindung mit einem Tier einzugehen, in ihrem Leben Aufgaben haben und daran nicht vorbeilaufen dürfen. Ich habe sein Bild hier vor mir liegen und du hast recht, er ist ein Buddha, der die Fähigkeit hat, einen tief in der Seele berühren zu können.

Mit deinem Einverständnis werde ich Ricos Foto unten hinhängen, und wenn es Sinn macht, von ihm erzählen und von eurer großen Liebe. Damit andere Menschen mit ihren oft unerkannten vierbeinigen Heilern an ihrer Seite davon in ihrer oft verhärteten Seele erreicht werden können. Bevor sie vorschnell Entscheidungen treffen, die unwiderruflich sind. Und auch für mich, wenn ich dann doch mal zweifele und dem Menschen den momentanen Schmerz am liebsten abnehmen würde. Ich bin mit dem Herzen bei euch und dankbar. Liebe Grüße auch an Faro, er hat wirklich

den besten Platz gefunden in seinem noch kurzen Leben und auch er wird jetzt mit mehr Sicherheit durch sein Leben laufen können.
Andrea

25.02.2005

Liebe Andrea,
du sprichst mir so aus dem Herzen und berührst mich mit deinen Worten so sehr, dass mir immer wieder die Tränen laufen.

Ja, ich bin froh und dankbar über diese tiefe Liebe zu Rico und ich spüre auch, dass wir – er und ich – eine Aufgabe hatten. Immer noch haben, auch wenn er nicht mehr an meiner Seite sein kann, so wie in den letzten 12 Jahren. Er bleibt an meiner Seite und seine Liebe in meinem Herzen. Ich wünsche es mir und wenn ich tief in mich hineinhöre, dann spüre ich auch, dass er da ist und dass er mir Kraft gibt, auch wenn die Kraft mich manches Mal zurzeit verlässt. Und ich spüre, dass sich Dinge bewegen, die sein Tod ausgelöst haben. Ich kann diese Dinge noch nicht beschreiben, aber ich spüre es.
Ich bedaure es so sehr, dass wir so weit voneinander entfernt leben. Du bist eine tolle Frau, eine Frau, die spürt, die sieht, die Hoffnung gibt und die versteht. Es macht mich glücklich und stolz, dass Rico bei dir hängen darf – er freut sich bestimmt darüber. Ich würde mir wünschen, dass Rico mit seinen Augen, seinem Blick, seinem „Sein" anderen Menschen helfen kann, ihr Herz zu öffnen, sich fallen zu lassen und zu vertrauen. Und dass er auch dir Kraft gibt, wenn du sie brauchst. Wir zwei – du und ich – sind über ihn

verbunden und ich bin sehr froh darüber. Heute werde ich seine Urne abholen. Ich habe Rico einäschern lassen, weil ich keinen eigenen Garten habe, in dem er seinen Platz finden kann. Mein Element ist das Wasser und ich weiß, sein Element ist es auch. So habe ich beschlossen, die Urne an einem sonnigen schönen Tag zu unserem See zu bringen, an dem Rico die ersten 10 Jahre seines Lebens täglich mehrfach seine Freude hatte. Ich glaube, er darf nicht in die Erde – er muss das Wasser spüren, den Himmel sehen und die Ruhe des Sees genießen. Dann ist er glücklich.

Und ich auch. Ich weiß, wenn ich dort bin, dass ich ihn dort überall finden werde. Ich habe ständig deine Worte im Kopf: Tote ehrt man durch wahrhaftige Tränen, die langsam versiegen dürfen, und nicht durch Tapferkeit. Und meine Tränen laufen.

Ich drück dich ganz fest.
Moni

BOTSCHAFTER GOTTES

„Die Allee war voller Menschen. Seit Stunden warteten wir darauf, dass der Wal sich zeigt"[1], erinnerte sich die Schauspielerin Nicole Heesters. Plötzlich sei ein Aufschrei durch die Menge gegangen und sie habe für vier Sekunden seinen weißen Rücken an der Wasseroberfläche gesehen. „Von diesem kurzen Augenblick zehre ich noch heute."[2]

Was diesen Belugawal umgab, war wohl mehr als ungewöhnlich. Dies zeigte sich bereits auch zu Beginn seiner Geschichte, denn Moby Dick, wie man ihn später nannte, wurde an der kanadischen Küste gefangen, um in einen englischen Zoo gebracht zu werden.

Doch ein Orkan

brachte das Transportschiff fast zum Kentern, und der Belugawal wurde in die Nordsee gespült. Von dort aus trat er seine wichtigste Lebensreise an. Das erste Mal wurde er am 18. Mai 1966 von Rheinschiffern bei Duisburg gesichtet und der Wasserschutzpolizei gemeldet, die wiederum Experten fragte, was nun zu tun sei.
Einer dieser Experten war der Duisburger Zoodirektor Gewalt. In der Hoffung auf hohe Besucherzahlen seines Zoos traf er schnell den Entschluss, das Tier zu fangen. Die ersten Versuche hierzu wurden mit ausgeliehenen Netzen eines Duisburger Tennisclubs und mit Schnellbooten der Bundeswehr durchgeführt und scheiterten alle. Doch Gewalt ließ sich dadurch nicht von seiner Idee abbringen. Inzwischen interessierten sich auch die Medien für den Belugawal. Überall wo er auftauchte, standen die Kameras schon bereit. Während Moby Dick in ganz Deutschland Aufsehen erregte, versuchte Gewalt den weiter in Richtung Köln und Bonn ziehenden Wal auf der folgenden wochenlangen Jagd nun mit allen erdenklichen Jagdmethoden zu fangen. Es wurden Walfangexperten aus der ganzen Welt eingeflogen. So kamen indianische Walfangmethoden zum Einsatz, wie auch ein Affenjäger mit Pfeil und Bogen, der den Wal durch einen Schuss mit einer Boje markieren sollte. Von anderen Jägern wurden Betäubungsschüsse auf den Wal abgefeuert, die aber wirkungslos blieben. Moby Dick wurde mit Stangen und Netzen getrieben, man drängte ihn mit Booten ans Ufer, doch allen Versuchen zum Trotz entkam er immer wieder aufs Neue.

Die Zeitungsmeldungen überschlugen sich und Journalisten charterten Boote und sogar einen Zeppelin, um ein Foto des ungewöhnlichen Besuchers, der in den polaren und subpolaren Meeren beheimatet ist, zu bekommen. Die Fangversuche des Direktors Gewalt wurden in der Presse immer mehr verurteilt.
„Durch diese Jagd wurde in Deutschland und den Niederlanden eine leidenschaftliche Diskussion entfacht. Zoologen hatten einen regen Meinungsaustausch über Sinn oder Unsinn der Jagd – die Bevölkerung stand bald einmütig hinter Moby Dick und hielt zu ihm."[3]
Am 11. Juni wurde er in Köln in Richtung Bonn schwimmend gesichtet.

„Am 13. Juni findet in der ehemaligen Bundeshauptstadt Bonn eine Pressekonferenz zur NATO-Politik statt, als sich die Nachricht verbreitet, der weiße Wal habe direkt vor dem Parlament angehalten. Plötzlich sind die politischen Nachrichten unwichtig und Journalisten und Politiker strömen zum nahen Rheinufer, um Moby Dick zu sehen." [4]

Hier erfüllte Moby Dick seine wohl wichtigste Mission, indem er vor dem sogenannten Wasserwerk in Bonn auftauchte und für alle Dortigen sichtbar wurde. Der mittlerweile abgemagerte Belugawal, dessen Haut durch die damalige chemische Verschmutzung des Rheins angegriffen und zerschunden war, lenkte das Interesse, das vorher auf dem Entkommen und der Jagd lag, nun auf seinen Überlebenskampf in dem vergifteten und völlig verdreckten Fluss. Nach dieser Sichtung in Bonn befürchteten viele nur noch einen Bericht in der Zeitung zu sehen, nämlich den mit dem Foto des Kadavers von Moby Dick.

Für viele Menschen ist mit dem Erscheinen von Moby Dick der eigentliche Beginn der Umweltbewegung in Deutschland verbunden. Tatsache ist, dass ab 1966 erste wirksame Umweltschutzgesetze beschlossen wurden, durch die der Rhein wieder zu dem Fluss wurde, der er heute ist. Als Moby Dick in ihm schwamm, handelte es sich um eine giftige Chemiebrühe. Es stellt sich die Frage, wie entschlossen die Maßnahmen zur Rettung des Rheins wohl ohne sein Erscheinen gewesen wären.
In den nächsten Tagen schwamm der geschwächte Belugawal mit der Strömung

wieder Richtung Nordsee, bog aber, anstatt ins offene Meer zu schwimmen, in das niederländische IJsselmeer ab und fand dort für einige Zeit keinen Rückweg mehr ins Meer. Die niederländischen Behörden öffneten nur für ihn eine Schleuse. Bereits zuvor hatte man sich hier sehr klar dazu geäußert, dass man ihm freies Geleit geben und den Deutschen das Jagen untersagen würde. Dort sprach man von „barbarischen deutschen Jagdmethoden". [5]

„(...) am 16. Juni 1966 war es dann soweit:

Eskortiert von zwei Polizeiwagen

am Ufer, schwamm „Moby Dick" mit zehn Stundenkilometern der Nordsee entgegen – der Wal hatte diesmal den richtigen Weg in die Freiheit gewählt." [6]

1) o. V.: Deutschland im Wal-Wahn. WDR online. http://www.wdr.de/tv/aks/sowars/20060805_moby-dick. jhtml (abgerufen am 30.09.2007)
2) ebenda
3) o. V.: Das Wal-Jahr 1966. Internetseite der Polizei NRW. http://www.polizei-nrw.de/wasserschutz/WSP-Geschichten/ article/Das_Wal-Jahr_1966.html (abgerufen am 01.02.2010)
4) ebenda
5) o. V.: Deutschland im Wal-Wahn.
6) o. V.: Das Wal-Jahr 1966.

Der Götterbote Knut

Wieder ein Zoo, ein Mensch und eine Tierfamilie. So wie am Anfang, so auch jetzt am Ende. Eine Eisbärenmutter namens Toska, ein Eisbärenvater namens Lars und eine Eisbärengeburt. Zwillinge. Eins von ihnen stirbt vier Tage später. Entscheidungen werden gefällt. Das Für und Wider wird abgewogen. Die Vernunft siegt, und das Herz gibt recht. Es war der fünfte Dezember 2006, als Thomas Dörflein mit einer Eisenstange einen 810 Gramm schweren Eisbären aus dem Gehege fischte. Er gab ihm den Namen Knut. Was dann passierte, bleibt hier ohne Worte.

Aber es ist immer noch in der Seelenbewegung dieser Welt. Es wird über Eisbären nachgedacht, über sie und ihre Welten gesprochen. Oft noch verklärt, aber so mancher fühlt die Dringlichkeit dadurch in seinem eigenen Denken. Es bleibt zu hoffen, dass die Zeichen erkannt, verstanden, durchdacht und in der Energie der Vernunft und der Bewegung des Herzens umgesetzt werden.

Ich danke den Eltern von Knut, dass sie uns, den Menschen, ihr Kind geschenkt haben.

Es gibt auf dieser wundervollen Welt Milliarden von Knuts und Belugawalen, die alle nur darauf warten, als solches von uns Menschen anerkannt zu werden. Für die Tiere selbst ist es dabei vollkommen egal, in welchem körperlichen Gewand sie auf uns zukommen. Sie sind in jeder Sekunde ihres Lebens bereit, sich für uns zur Verfügung zu stellen. Sie warten darauf, gemeinsam mit Ihnen Ihren bislang gestürzten Anteil aus dem persönlich geschaffenen Kerker zu befreien. Sie wollen leben, so wie wir, und mit uns diese Welt erleben. Sie erkennen in uns ihre Aufgabe.

Sie wollen mit uns sein.

Seien wir doch mit ihnen, ganz.
Dann sind wir gut beraten.

Thomas Dörflein, 1963-2008
Foto: Jean-Luc 2005, www.wikipedia.org

Die göttlichen Botschafter des Buches

Kalb Umschlag
Rudi
Abtransport ...
„Dachau, Auschwitz und Treblinka und ich sitz hier und schreibe über Tiertransporte." Wir schreiben über die Energie, die den Raum immer noch erfüllt und die danach schreit, gesehen und gewandelt zu werden. Wann wird endlich diese Industrie gestoppt? Wir wollen das nicht, Rudi, und wir erzählen von euch!
[Foto: Dirk Gießelmann]

Gorilla
Seite 10
Wir lieben dich und denken viel an dich. Vielleicht hilft das Buch auch dir. Danke für alles!
[Foto: Susanne Fink]

Susannes Katze Minu
Seite 15
Irgendjemand hatte bei meiner Nachbarin sie und ihre Schwester Diva (S. 173) vor die Tür gestellt. Ohne einen Hinweis. Während einer Fortbildung hier im Haus entschied sich Frau Fink, diese beiden am gleichen Tag mit zu sich nach Hause zu nehmen. Seitdem leben und lieben sie sich gegenseitig.
[Foto: Susanne Fink]

Julie
Seite 20
Sie wurde von ihrem alten Besitzer ins Tierheim des Vereins „Menschen für Tiere Nümbrecht e. V." in Köln-Ostheim abgegeben. Sie litt an Krebs und wurde in der Sendung „Tiere suchen ein Zuhause" vorgestellt. Man suchte für sie eine Gnadenbrotstelle. Es fand sich ein Ehepaar aus Norddeutschland, das sie auf ihrem letzten Weg begleitete. Dort erlebte sie noch mal menschliche Liebe und Fürsorge und starb anderthalb Jahre später in Frieden.
[Foto: Susanne Fink]

Clara und ihre Menschin
Seite 25
Clara, die inzwischen dreizehnjährige Stute, erfreut sich seit der Beratung bester Gesundheit und steht ihrer Menschin nach wie vor mit Rat und Tat zur Seite. Weiterhin viel Glück euch allen.
[Foto: Susanne Fink]

Schwarz-weiße Bulldogge
Seite 45
Ein Straßencafé auf Ibiza, ein Fotoapparat, ein herankommender Lieferwagen, der auf der anderen Straßenseite hielt. Blicke, die sich begegneten, und ein darauf folgender Schnappschuss. Hündin, du bist der Hammer! Danke dir für deinen Blickkontakt. Egal wo du jetzt bist, in unseren Herzen hast du einen Platz eingenommen.
[Foto: Susanne Fink]

Julius / Lucky
Seite 53
Mein Vater verstarb am 01.09.2006. Er hinterließ seinen absolut entschlossenen Bewacher Julius. Bei uns ging Julius in den Ruhestand. Er verstarb am 25.05.2009 und wir ließen ihn einäschern. Seine letzte Ruhestätte wird er auf dem Waldfriedhof in Bremen finden, bei meinem Vater und seiner zweiten Frau Barbara, denen er sein Leben in den Dienst gestellt hat. Danke, Julius. Ach ja, noch kurz: Ein kleiner Junge, dessen Eltern noch keinen Namen für ihren Sohn hatten, wurde nach ihm benannt.
Lucky kam zu uns, nachdem mein Hund Artis diese Welt verlassen hatte. Lucky fanden wir in einem Welpenwaisenhaus, als er drei Monate alt war. Wir waren in seinem jungen Leben die vierte Stelle und die letzte, in der er ein Zuhause gefunden hat. Ich habe noch niemanden erlebt, der mit so viel Freude das ausführt, worum ich ihn bitte.
[Foto: Susanne Fink]

Veronika
Seite 60
Auch von einigen liebevoll Piraten-Lilly genannt. Sie eroberte sich am 11.07.2009 als Zweite von vieren um 15.30 Uhr den Weg in diese Welt. Dieses große Ereignis veränderte den Verlauf eines Familienaufstellungskurses, den wir an diesem Wochenende gaben, vollkommen. Es haben alle Teilnehmer davon profitieren können. Für mich war es eine besondere Erfahrung, ihrer Mutter Alina beistehen zu dürfen. Veronika lebt mit ihren Eltern und Geschwistern bei uns und

254

erobert sich nach wie vor ihre Welt.
[Foto: Susanne Fink]

Witwe Bolte
Seite 63
Sie hieß „Witwe Bolte" und verstarb in einer großen Meerschweinchenrotte im Alter von sieben Jahren an den Folgen der Züchtungsschäden.
[Foto: Susanne Fink]

Jägerjunge und Wildschweine
Seite 70
Der Junge hält euch fest. Auf der Wiese lagen unzählige Wildschweine, Rehe, Hasen und Füchse.
[Foto: www.brennglas.com]

Kaninchen
Seite 73
Wir sprachen am 05.01.2010 über ein möglicherweise fehlendes Foto von einem Kaninchen. Dieses schenkte sich uns an diesem Abend in Stellvertretung seiner Artgenossen, die täglich auf den Straßen absichtlich oder unabsichtlich überfahren werden.
[Foto: Susanne Fink]

Rehe am Fleischerhaken
Seite 75
Sie sollen hier einen Ehrenplatz erhalten. Stellvertretend für weitere 5 Millionen Wildtiere, zusätzlich circa 300.000 Katzen und circa 35.000 Hunde, die jährlich erschossen, erschlagen oder in Fallen von Jägern aus „Hobbyzwecken" ermordet werden. Freundlicherweise hat uns der Verlag www.brennglas.com die Fotos sowie die Statistiken zur Verfügung gestellt.
Ein Lieblingszitat seiner Mitarbeiterin ist von Theodor Heuss, dem ersten Präsident der Bundesrepublik Deutschland: „Jagd ist nur eine feige Umschreibung für besonders feigen Mord am chancenlosen Mitgeschöpf. Die Jagd ist eine Nebenform menschlicher Geisteskrankheit."
[Foto: www.brennglas.com]

Isis, Tierheim Ostheim
Seite 78
Du dreibeinige portugiesische Straßenhündin, seit vier Jahren begleitest du mich jetzt. In schweren Zeiten hat dein gekonnter Herzensblick mir geholfen,

an dem Buchprojekt festzuhalten. Gestern erfuhr ich, dass du jetzt in einer Familie ein Zuhause gefunden hast, in dem du vielleicht besondere Aufgaben hast. Dein Mensch trägt das Conterganschicksal in sich. Ihr alle wohnt in meiner Geburtsstadt Wuppertal. Vielleicht begegnet man sich ja mal auf der Straße. Ich komm dann auf euch zu. Ihr erkennt ja nicht mich, aber ich euch, ich würde mich freuen. Knurr mich bloß nicht an, ich freu mich dann nur so sehr.
[Foto: Susanne Fink]

Oma
Seite 90
Danke für den warmen Vanillepudding mit den frischen Kirschen, den du mir kochtest, als ich vier Jahre alt und schwer krank war. Als du morgens am 06.06.1989 gingst und ich aus dem Schlafzimmer kam, war es still und hell in unserem Haus. Ich liebe dich.
[Foto: Familienalbum]

Zeus
Seite 94
Lebensgeschichte, soweit bekannt, eines sogenannten Kampfhundes. Sicherstellung in Overath als Anlagehund, Auffangstation von TS Pitbull & Co. Bei einem Brand in dieser erlebte er mit, wie im Zwinger daneben zwei Kumpels von ihm lebendig verbrannten. Ihm selbst tropfte bei diesem Brand heißer Teer auf den Kopf. Vermittlung zu tollen Menschen. Heute Ausbildung zum Rettungshund! Es fehlen nur noch unrassistisch denkende Menschen, die ihn in eine Rettungshundestaffel aufnehmen würden. Bislang „Staffs" unerwünscht. Zeus, wenn ich mal einen Retter bräuchte, dann würde ich dich vor allen anderen vorziehen. Bei der Lebenserfahrung – auf wen sollte man sich denn besser verlassen können?
[Foto: Susanne Fink]

Motte und Erika
Seite 98
Was ist ein Hund, wenn er scheinbar seinen eigenen Kopf hat? Ein Held auf vier Pfoten, der sich für die Belange seines Menschen mit seiner ganzen Seele einsetzt! Die Heldin hat uns in diesen Jahren, die zwischen den Texten liegen, gut auf Trab gehalten. Unermüdlich wie sie nun mal ist, hat sie eine Entführung überlebt (binden Sie Ihren Hund nicht vor einem Geschäft an), wurde dadurch zum Medienstar: „Ganz Köln sucht Motte". Und auch ihre Mammakarzinome ließen uns wieder zu Höchstleistungen auflaufen. Es hat mich kein

Hund ein so großes Durchhaltevermögen gelehrt wie sie. Danke, „Frau Dr. Motte"! Übrigens, ihre Hundeschnauze ist einzigartig. Habe ich ihnen zwar schon tausendmal gesagt, aber ich glaube, hier ist ein guter Platz für dauerhafte positive Bestätigungen. Ach so, Frau Küllchen sucht noch einen Gefährten fürs Leben. Motte ist damit einverstanden.
[Foto: Susanne Fink]

Antonius
Seite 105
Wir begegneten uns auf dem Waldbröler Tiermarkt. Ich bezahlte für ihn als Küken 3,50 Euro. Sein Leben war noch nicht mal eine Schachtel Zigaretten wert. Er ist nach wie vor entschlossen, um sein Leben zu kämpfen.
[Foto: Susanne Fink]

Hochsitz
Seite 112
So ist es. Schauen Sie genau hin.
[Foto: Susanne Fink]

Pferd Ostheim
Seite 118/119

Viele „Tierschutz-Menschen" haben sich bemüht, den Hengst aus diesen Verhältnissen zu befreien. Ohne Erfolg. Drei Fohlen verendeten elendig in dieser qualvollen Haltung. Dagegen gibt es in Deutschland immer noch keine ausreichenden Tierschutzgesetze. Sein Mensch verfrachtete ihn und andere Pferde aus dieser Unterbringung von heute auf morgen. Es ist offen, ob er beim Abdecker gelandet ist.
Wenn ich mit Pferden arbeite, frage ich mich eh immer, wo ihre Eltern, Geschwister, Onkel, Tanten und Großeltern abgeblieben sind. Sie können 30 Jahre alt werden.
[Foto: Susanne Fink]

Bulle
Seite 122/123
Ich warte immer noch, dass du das Buch betrittst und alle vor Ehrfurcht den Hut vor dir und deinesgleichen ziehen. Interessant, bislang wollte kein Bauer mir ein Bild von seinen Tieren geben.
20.1.2010, 20 Uhr: Gott ist da und betritt im düstersten Kapitel des Buches den Raum.
Danke, Familie Maier!
[Foto: www.uria.de]

Gerda
Seite 124
Ist die schönste Sau der Welt. Sie wurde, als sie ein paar Wochen alt war, von
Zirkusleuten an einen jungen Mann verkauft. Er versteckte sie wegen der
Nachbarn im Keller. Wochen später fanden wir eine Anzeige in der Zeitung,
in der Gerda unter der Rubrik „Tiervermittlung" zu finden war. Als wir diese
Kellertreppe runtergingen und ihr Grunzen hörten, hat sie damit unsere
Herzen im Sturm erobert. Heute lebt sie mit Rudi, Maria und Knut ein
schweins-gerechtes Leben. Sie liebt alles, was süß ist, und ich teile – natürlich
nur ganz selten – sehr gern mein Eis mit ihr.
[Foto: Susanne Fink]

Herbert
Seite 127
Herkunft des Tieres unbekannt. Aus seinem Fleisch herausgeschnitten. End-
lagerung im Discounter.
[Foto: Susanne Fink]

Schwein und Animals´ Angels e.V. Mitarbeiterin
Seite 129
Siegfried.
Ich verneige mich tief vor euch beiden.
[Foto: www.animals-angels.de]

Willi
Seite 131
Wir vermittelten ihn mit drei Monaten. Die Menschen riefen einen Tag später
an und sagten, er sei bissig. Sie wollten trotzdem ein zweites Ferkel von uns
haben. Wir bestanden darauf, ihn zurückzubekommen, und er blieb bei uns
und lehrte mich einen anderen Zugang zu Schlachttieren. Ihm habe ich dies-
bezüglich einen klaren Blick zu verdanken.
[Foto: Andrea Oppermann]

Tolkin
Seite 132
Vor einer Araltankstelle eingefangener wilder kleiner Kater, ich liebe dich.
Sechs Wochen lang Zentimeter für Zentimeter ein Stück näher an dich und du
an mich. Mein Gott, was hatten wir eine Angst voreinander. Heute klappt die
nonverbale Kommunikation umso besser. Du schickst mir deine Bilder und
ich dir meine. Wäre schön, mit dir noch ein Stück des Lebens gehen zu können.

Wenn du was brauchst, schick Bilder, für dich bin ich immer auf Empfang eingestellt!
[Foto: Susanne Fink]

Huf
Seite 136
Rudolf, auf seiner letzten Fahrt durch ganz Europa.
[Foto: www.animals-angels.de]

Dirk und Ahila
Seite 142
Viele Jahre! Eine gute Zeit! Ich verneige mich vor euch und euren ganzen Familien. Danke für das Teilhabendürfen.
[Foto: Susanne Fink]

Benni
Seite 145
Gerettet von Frau Fink. Viele Spendenaktionen wurden durch sie für dich ins Leben gerufen. RTL und der Sender Vox dabei an erster Stelle. Heute lebst du bei einer netten Frau in Bergisch Gladbach und ich durfte vernehmen, dass du dort wie ein König behandelt wirst.
[Foto: Susanne Fink]

Kalb
Seite 147
Rudi
Mein Herz schlägt für dich.
[Foto: Dirk Gießelmann]

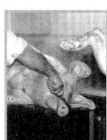

Emil und Jens
Seite 151
Emil mit Schlachtermesser im Gesicht. Dein Schlachter pfiff, während er dich tötete, „Im Frühtau zu Berge". Was soll man dazu sagen? Emil, ich vergesse dich nie.
[Foto: Dirk Gießelmann]

Schlachttiere
Seite 152/153
Verbleib: Tötungsanlagen, wie Schlachthäuser, Abdeckereien, Metzger, Lebensmittelläden und Verbraucher.
Letzte Momente und einziges „Festhalten" der Tiere vom Fotografen Dirk Gießelmann. Sie tun das auch für den Erhalt meiner Seele. Meinen tiefsten Dank!

Kleiner brauner Nerz
So viele wissen von euch und laufen mit dem Strom. Du bist im Herbst der Pelzernte zum Opfer gefallen. So wie Unzählige vor und nach dir. Mir zerreißt es fast das Herz, dich so zu sehen. Du wolltest fotografiert werden, heimlich, und nun bist du im Buch. Jung, ich versuch noch eins für euch alle. Deshalb hier noch eine kleine Information für die Menschen: Es gibt ein selektives Sehen, das heißt, es geschehen Dinge vor unseren Augen, die man einfach nicht wahrnimmt. Diese Tötungsfarmen liegen oft an idyllischen Orten und werden einfach übersehen.
[Foto: Dirk Gießelmann]

Fünf Schweine
Ich gebe euch Namen, sonst schaff ich das nicht. Kurt, Karl, Otto, Reinholt, Walttraut. In einem kleinen Anbau einer kleinen beschaulichen Metzgerei. Zwei Arbeiter Anfang 20 haben die fünf „geschlachtet". Letzte Minuten zu fünft, eins nach dem anderen. Betäubung Elektrozange. Stich in die Halsschlagader. Ausbluten. Herzschlag hört auf. Atmung setzt aus. Tot. Zerlegen. Die anderen warteten noch.
[Foto: Dirk Gießelmann]

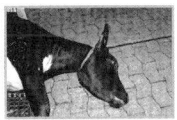

Rind
Liesel, 13 Monate alt. Transport aus Berlin nach Ostwestfalen-Lippe. Als sie getötet wurde, lief während ihres Todeskampfes Tracy Chapman im Radio.
[Foto: Dirk Gießelmann]

Hühner
Ich sehe jedes von euch, keine Angst. Ihr wurdet aussortiert, um zu verschiedenen Zwecken missbraucht zu werden. Ich hatte mal eine so wie ihr. Sie sollte zu Katzenfutter werden, weil sie keine Eier mehr legte. Bei uns hieß sie Trulla und sie saß gerne auf dem Baum. Mein Gott, ist das alles ein Wahnsinn!
[Foto: Dirk Gießelmann]

Huhn

Magdalena. Tötungsanlage: kleinerer „beschaulicher" Schlachtbetrieb für Hühner, hauptsächlich für private Halter. Zehn Mitarbeiter verrichten dort ihre Arbeit. Die letzten Stunden von ihr einfangen. Warten auf den Tod. Aufgehängt an den Füßen, Betäubung im Wasser, was unter Strom steht. Enthaupten, Verbluten, Rupfen, Entfernen von Eingeweiden und noch vorhandenen Eiern in ihrem Leichnam. Stunden nach ihrem Tod: Beerdigung im Magen eines anderen Geschöpfes. Kanalisation.
[Foto: Dirk Gießelmann]

Kälbchen

Hugo, 1-3 Tage alt. Wurde sofort von der Mutter entfernt, die tagelang nach ihrem Kalb rief. Hugo, ich nehme stark an, dass du tot bist. Ich steh für dich auf. Nur für dich und deine Mutter und deinen Vater, deine Geschwister, Onkel und Tanten und alle, die dir verwandt sind.
[Foto: Dirk Gießelmann]

Schwein

Robert im Schlachttiertransporter. Ich glaube, es ist das Beste, auf die Seite zu verweisen, wo man euch alle findet: www.soylent-network.com.
[Foto: Dirk Gießelmann]

Augen von einer Milchkuh

Doris. Bitte sag mir, dass das alles nicht wahr ist. Festgebunden am kurzen Strick, Stunde für Stunde, Tag für Tag.
[Foto: Dirk Gießelmann]

Zwei Kühe, ein Betrieb

Jennifer liegt in ihrer Blutlache. Agathe bäumt sich auf. Schlachtung 2002/2003.
Herkunft unbekannt. Tötungsart hier im Bild und Buch festgehalten.
[Foto: Dirk Gießelmann]

Fuchs

Sarim. Du warst so schön, dass ich überlegt habe, dich überhaupt mit ins Buch zu nehmen. Es gibt eine Bibelstelle, die heißt „und führe mich nicht in Versuchung". Sie geht Gott sei Dank weiter: „… sondern erlöse mich von dem Bösen."
[Foto: www.peta.de]

Reh
Seite 155
Fee. Danke dir für alles. Ich frage mich gerade nur, ob du und deine Kinder
noch leben und was mit euch Überzähligen in diesem Gehege passiert. Lebst
du noch in dem Streichelzoo Köln-Lindenthal? Oh Gott, deshalb der Platz im
Buch? Das kann doch nicht sein, oder?
[Foto: Susanne Fink]

Letzter Transport
Seite 160
Amber, Jacki und Rumonus. In tiefer Demut euch und eurem Land gegenüber
stimm ich zu, was ich da sehe. So wie es ist und ihr es mir zeigt. Ich bin mir
ganz sicher, dass sich etwas durch euer Erscheinen hier bewegt.
[Foto: www.animals-angels.de]

Schäferhund Stella sucht …!
Seite 163
Wir brauchten noch ein Foto von einem Schäferhund. Susanne fand dich rein
„zufällig" im Tierheim Dormagen (Tel.: 02133 976550). Für mich stehst du
in Stellvertretung für Tausende von Schäferhunden, die für andere Menschen
aus einer anderen Zeit hinter Gittern sitzen. Du wartest auf einen ehrenvollen
Platz unter den Menschen in einem gütigen Zuhause. Ich wünsche dir und
deinen zukünftigen Menschen alles Glück dieser Erde.
[Foto: Susanne Fink]

Pearl und Fee oder Mutter und Tochter
Seite 164
Sie hatten eine gute spanische Menschin an ihrer Seite. Diese wendete sich
an eine deutsche Tierschützerin und bat sie, die Tiere zu übernehmen. Ihr
Mann könnte sie nicht mehr zu der Jagd gebrauchen, sie würden ansonsten
von ihm im Wald erhängt. Somit bekamen die beiden ein Flugticket nach
Deutschland. Beide sind später zusammen über das Tierheim von Menschen
für Tiere Nümbrecht e. V. zu einem alleinstehenden Ehepaar nach Wesel vermittelt worden. Da sie in Spanien nur auf dem Balkon ihren Platz hatten und
ansonsten ausschließlich zur Jagd eingesetzt wurden, gab es anfangs erhebliche Schwierigkeiten. Mit viel Ausdauer und Liebe ihnen gegenüber gelang
es, dass sie einen Sinn in den deutschen Sitten sahen.
[Foto: Susanne Fink]

Nerz
Seite 167
Troll. Danke, dass du dabei bist!
[Foto: www.peta.de]

Küken
Seite 173
Verbleib: vergast, ertränkt, erstickt, zerhäckselt, abgepackt, tiefgefroren als
Mus oder im Ganzen (garantiert salmonellenfrei). „Das ganz besondere Fest-
mahl für Ihre Katzen." Ein ganzer Karton tiefgefrorener Küken für 19,90 Euro.
10 kg lose, insgesamt 250-300 Stück.
[Foto: Dirk Gießelmann]

Spinne
Seite 174/175
Danke, dass du unser Küchenfenster immer zu einem geheimnisvollen Ort
machst.
[Foto: Matthias Oppermann]

Zwei Orang-Utans
Seite 177
Jennifer und Pen. Als ich euch beide fast am Ende des Buches wiederentdeckt
habe, dachte ich: „Jetzt ist es bald vollbracht." Danke für den Schlusspunkt,
war nicht leicht. Irgendwo in Amerika seid ihr.
[Foto: www.peta.de]

Wasserhuhn Küken
Seite 181
„Susanne, kannst du mal ein paar Aufnahmen am Wasser machen?" Und mit
dir kam sie zurück! Gildert, Geburtsort: Decksteiner Weiher in Köln.
[Foto: Susanne Fink]

Affe
Seite 192
Tja, wofür Clare? Irgendwo auf dieser Welt bist du vielleicht noch in irgend-
einem Labor.
[Foto: www.peta.de]

Smaragdkatze
Seite 201
Juwelen gibt es auf Ibiza, zu Hunderten! Viel Glück, Mädchen! Danke für deine monatelange Begleitung auf meinem Schreibtisch.
[Foto: Susanne Fink]

Jessa
Seite 204
Einer von 400 Überlebenden, die von den Auslandstierschützern in Obhut genommen werden konnten. Er wartet wie Tausende dieser Hunde aus Rumänien auf eine gute Lösung, aber keine Endlösung. Er ist an sehr verständnisvolle Menschen zu vermitteln. Fotografiert von Robert Jakab. Überlassen von dem Verein www.bmt-auslandstierschutz.de. Schauen Sie sich mal die Seite an.
[Foto: www.bmt-auslandstierschutz.de]

Flora
Seite 219
Von Flora an Susanne.
Ich bin gerne für dich in Stellvertretung gegangen, Susanne! Ich habe dich gern an euren Hund Molli erinnert. So das du unerlöste Dinge in deinem Leben in Angriff nehmen konntest. Lass es dir jetzt gut gehen und mach was draus. Ich komm gut über die Strasse.
Herzensgrüße
[Foto: Susanne Fink]

Jagdhündin Monika
Seite 224
Wofür soll das gut sein? Da in Deutschland weder die Jagd noch die Zwinger-haltung verboten ist, lebt sie 21 Stunden am Tag auf einem großen Bauernhof in einem zwei Quadratmeter kleinen Metallverschlag. Ihr Kot wird dreimal die Woche entfernt.
[Foto: Susanne Fink]

Bär
Seite 230/231
Was soll ich sagen? Ich liebe dich. Du hast mir mein Leben zurückgegeben. Mein Herz klopft. Ohne dich hätte ich das nicht geschafft. Nie! Danke für die innige Beratung.
[Foto: Rolf Hicker, www.hicker.de]

Elefanten
Seite 233
Freie Wildbahn? Nein! Sie leben in Sri Lanka im Elefantenwaisenhaus. Es gibt
so viel zu tun. Danke, dass du und dein Kind dabei seid.
[Foto: Susanne Fink]

Rabe
Seite 234
Als fliegende Polizei auf Autobahnen und Landstraßen häufig anzutreffen. Ich
sagte Frau Fink: „Nimm auf jeden Fall die Kamera mit. Vergiss sie nicht."
[Foto: Susanne Fink]

Sunny und ich
Seite 237
Tagebucheintrag 20.10.2008: 2:08 Uhr. Sunny wird „abgeholt".
[Foto: Susanne Fink]

Rico
Seite 242, 244 (mit Sohn Faro), 247
Ich habe es dir versprochen, Rico, und ich habe es, soweit es ging, gehalten.
Ich hoffe, du bist zufrieden. Mit der Sterbebegleitungs-CD dauert es noch. Ich
überlege, erst das Buch zu vertonen. Deine Pfote auf meiner Schulter kurzfri-
stig, aber nachdrücklich zu spüren war immer gut. Danke!
[Foto: Monika Wiegand]

Faro
Seite 244
So ist es und so ist es mittlerweile für mich gut.
[Foto: Monika Wiegand]

Knut und Herr Dörflein
Seite 250
In der chinesischen Medizin steht die Blase für Stress auf der Beziehungs-
ebene. Ich kann es verstehen. Ich mag auch nicht wirklich Zoos. Mir bricht
diese Lösung der Arterhaltung das Herz und ich finde, diese Lösung verschleiert das ursächliche Problem.
[Foto: Jean-Luc]

Über das Buch und seine Entstehung

In meinem Leben spielten Tiere, bevor ich meine Frau kennenlernte, keine Rolle. Die Tiere lebten in ihrer Welt und ich in meiner, und das fand ich auch richtig so. Erst die sichtbare Liebe meiner Frau zu den Tieren und die ständigen Auseinandersetzungen deswegen zeigten mir, dass an dieser Liebe etwas Positives ist. Heute verstehe ich, wovon meine Frau seit Jahren beseelt ist. Deshalb empfinde ich es als eine Ehre, an dem Buch mitgewirkt zu haben. Die Kräfte, die durch die Auseinandersetzung mit dem Buch freigesetzt wurden, haben uns zusammengeschweißt und ich möchte dies in meinem Leben als Ehemann meiner Frau Andrea nicht mehr missen.

Seit 2004 schrieb Andrea an den ersten Manuskriptseiten. Jedes Jahr kamen neue Aspekte der Mensch-Tier-Beziehung hinzu und deshalb unterlagen das Buch und dessen Idee einer ständigen Wandlung. Es ist ein Unterschied, eine Idee zu haben oder von einer Idee ergriffen zu werden. Beim ersten nimmt in der Regel die Kraft der Idee ab, je mehr Zeit vergeht. Beim zweiten wird, je mehr Zeit vergeht, die Kraft der Idee immer unerbittlicher. So auch bei meiner Frau Andrea. Das Buch ließ sie nie los und wurde beständiger und klarer. Es entstanden viele Manuskriptseiten, Buchkapitel und Buchtitel, die auch wieder verworfen wurden. Aber das Buch selbst blieb und drängte sich ihr zunehmend

auf. Im letzten halben Jahr wurde Andrea vermehrt zu einer Anwältin des Buches und der übersehenen Tiere und ihrer Seelen. Ich bewundere meine Frau dafür, dass sie erst dann Ruhe gibt, auch mir gegenüber, wenn wirklich all das gesagt ist, was gesagt werden muss. Ihre unermüdliche Empfänglichkeit für das Buch hat es zu dem gemacht, was es nun geworden ist.

Ich liebe deine Beharrlichkeit. Die Tierseelen können froh sein, dich als ihre Fürsprecherin und Freundin zu haben. Und ich bin froh, dich zur Frau zu haben. Ich liebe dich.

Ich dich auch.
Dann bleibt uns beiden ja jetzt nur noch, unserem Buch das Beste, nämlich unsere ganze Zuversicht und Liebe, mit auf den Weg zu geben.

Buch, unser beider Herzen sind mit Dir!

Es war und ist ein groß-
artiges Leben mit Euch.
Danke

Danksagung

Frau Gasper, durch Sie fanden wir immer wieder zum Wesentlichen zurück. Wir danken Ihnen für alles. Claudia, Schwester und auch Schwägerin, danke für die ganze unbeirrbare Liebe. Danke, Susanne Fink. Auch durch deine Kreativität hat das Buch eine weitere Kraft und einen besonderen Glanz bekommen.

Wir danken den Menschen und Tieren, die uns erlaubt haben, über sie zu schreiben. Vielen Dank auch den Menschen und Tieren aus den Einzelberatungen sowie den dazugehörigen Gruppen. Auch einen herzlichen Dank an die hiesigen systemisch-kinesiologischen Ausbildungsgruppen und einen besonderen Dank an die spirituelle Ausbildungsgruppe, die uns bis zum Schluss tatkräftig unterstützt hat! Dank an meinen Kollegen Heinrich Breuer und seinen Hund Chico. Dank auch an Marianne Hostetler und ihre Hündin. Herzlichen Dank an Aria den Hartog und ihre Hündin. Dank auch dir, Bert Hellinger. Ferner danken wir dem WDR-Team von „Tiere suchen ein Zuhause", insbesondere Cornelia Baumsteiger und Gina Göss. Ihr Engagement, eine Sendung über die Kinesiologie in unserem Haus zu drehen, hat die Kinesiologie salonfähig gemacht. Damals gab es zwei Interneteinträge hierüber, heute gibt es Hunderte.

Wir danken den Tierschützern, Tierrechtlern und all ihren Mitarbeitern, die uns unermüdlich mit Informationen gefüttert haben. Wir haben selten so viel Gemeinschaftssinn für ein und dieselbe „Sache" erlebt. Es ist schön, von so viel Unterstützung überrascht zu werden.

Die
Autoren

Wir sind,
wir bleiben,
so ist das.

Weitere Informationen über unsere Fort-
bildungs- und Beratungspraxis finden Sie
auf unserer Internetseite, zu der Sie herz-
lich eingeladen sind.

www.oppermann-beratung.de

Empfehlenswerte Filme

Aus einem deutschen Leben
Der Pianist
Jacob der Lügner
Schindlers Liste
Earthlings

Empfehlenswerte Webseiten

www.menschen-fuer-tiere-nuembrecht.de
www.strassenkatzenköln.de
www.bmt-auslandstierschutz.de
www.animals-angels.de
www.provieh.de
www.soylent-network.com
www.peta.de
www.brennglas.com
www.uria.de

fotoseele.de

Ich seh es und halt es fest, versprochen.